JN083714

社会のしんがり

駒村康平
編著

新泉社

社会のしんがり

駒村康平・編著

contents

第3部　障害者問題

第4部　地域社会の取り組み

ブックデザイン　守先　正
装画　坂崎千春

序文　社会のしんがり
――しんがりに学ぶ地域の困窮との闘いかた

慶應義塾大学経済学部教授
駒村康平

1．本書の目的――講義録の出版に際して

急速な高齢化・人口減少、所得格差や貧困の拡大により、多様な困難を抱えたり孤立したりする人が増加し、日本社会の劣化が進んでいます。

長期にわたる出生率の低下と長寿の伸長により、２０２０年前後から全国的に高齢化・人口減少が加速することは以前より予想されていました。すでに、多くの地方では高齢化・人口減少は深刻化しており、大きな地方都市でも駅前にシャッターを閉めた店が目立つようになっています。そして、最近は都市部でも高齢者が目立ち始め、人口減少による空き家も増えてきました。多くの地域が停滞、衰退に直面するなか、社会問題が複合化し、累積しています。そして地域には、高齢者、要介護者、認知症、障がい者、困窮者、無業・失業者、ひきこもりといった動けない人、孤立した人、複合課題を抱えた家族が取り残されています。

右肩上がりの経済成長、人口増加を前提にしてきた社会経済システムの限界は明らかにな

り、低成長、人口減少・高齢化といった右肩下がりを前提にした社会経済のあり方を早急に考える必要が出てきました。

本書は、２０１４年度から２０１８年度までにわたって慶應義塾大学経済学部で行われた全労済協会寄附講座「生活保障の再構築――自ら選択する福祉社会」をもとに、さまざまな分野、地域で、変化する社会経済が引き起こす諸課題を克服すべく格闘している人々の活動をまとめたものです。講義では、延べ68人の講師、約１０００人の受講者に参加いただきました。受講者のなかには公募による市民の方も含まれています。講義の概要は、全労済協会のホームページに紹介されていますので、ご覧ください。

本書では多くの講義のなかから、本書の問題意識である「しんがり（殿軍）」につらなる活動をされている方、そして編著者である駒村が実際に活動の現場に行って、お話をうかがった方を中心に編集することにしました。

本書の読者としては、山積していく地域の問題に直面し、問題意識を持ちながらも、その解決の手がかりを模索し、自分のできることや出番を探している方、福祉団体、ＮＰＯ、ボランティア、学生、研究者を想定していますが、もちろん多くの市民の方に読んでいただきたいと思っています。

なお本書タイトルにある「しんがり（殿軍）」とは、戦いに敗れて撤退する本隊を守るために最後まで戦場に残り、敵を食い止める部隊のことです。名を残し、高く評価される「先駆け」と異なり、全滅する可能性もあり、命がけの危険なつとめとなる役割です。社会や地域が大きく変化し、その対応に既存の諸制度が対応できないときに、起きている問題に格闘する人や組織は必ず必要です。本書では、そうした人々、組織を「しんがり」と呼び、「先駆け（先駆者）」だけが褒めそやされる時代に、「しんがり」の活躍にも光を当てたいと考えました。登山でも「しんがり」という言葉があります。鷲田（2015）[1]はしんがりの役割を「最後尾でみなの安否を確認しつつ進む登山グループの『しんがり』のような存在、退却戦で敵のいちばん近くにいて、味方の安全を確認してから最後に引き上げるような『しんがり』の判断が、もっとも重要になってくる」（鷲田第四章）と説明しています。さらに鷲田は、「よきフォロワーシップの心得」とし、「リーダーがその『しんがり』の務めに戻るべきときがいま来ている。ダウンサイジングという、『右肩上がり』の時代のリーダーたちがいちばん不得手な難問が山積しているという状況が目の前にある」（鷲田第四章）としんがりの思想、役割の重要性を強調しています。

なお、本書における「困窮」とは、狭く経済的貧困のみを意味するのではなく、広い意味での「困りごと」です。困りごとを抱えている人に共通するのが、周りに相談する人、頼れる人、「助けて」と言える人がいない、関係性の貧困です。

1…参考文献：鷲田清一（2015）『しんがりの思想――反リーダーシップ論』（角川新書）

2. 本書の問題意識

（1）規模の経済の時代の終焉

すでに多くの地方では、人口減少により、地域での生活は加速度的に不便になりつつあります。これまで日本は、民間サービスも公共サービスも、利用者が多いほど効率化するという「規模の経済性」を前提にしてきました。しかし今後は、効率的、持続的にサービスを提供することは困難になります。

図表0-1は人口数（需要）と各種のサービスの存在の関係を表したものです。人口減少によって、さまざまな生活に必要なサービスが維持できなくなることがわかります。百貨店を例に挙げると、需要規模27・5万人を下ると確率50％以上で経営が維持できなくなり、比較的多くの人口を必要とします。他方、一般診療所だと地域の人口500人を下ると維持できなくなります。

このようにまず民間企業が、商圏の縮小、採算悪化、非効率化により人口減少地域から逃げ出します。地域や生活に必要なスーパーや銀行がなくなり、不便になっていきます。さらに企業の撤退は、働く場所の消滅を意味するので、若い人が地域から出ていきます。地域から子ど

図表 0-1　サービス提供施設別の必要需要規模（3大都市圏を除く）

（単位：人）

	存在確率 50%	存在確率 80%
飲食料品小売	500	500
飲食店	500	500
郵便局	500	500
一般診療所	500	500
介護老人福祉施設	500	4,500
書籍・文房具小売店	1,500	2,500
学習塾	5,500	6,500
一般病院	5,500	27,500
銀行	6,500	9,500
訪問介護事業	8,500	27,500
介護老人保健施設	9,500	22,500
税理士事務所	17,500	27,500
救急告示病院	17,500	37,500
ハンバーガー店	32,500	52,500
有料老人ホーム	42,500	125,000
ショッピングセンター	77,500	92,500
映画館	87,500	175,000
公認会計士事務所	87,500	275,000
大学	125,000	175,000
百貨店	275,000	275,000

資料：内閣府「地域の経済2016―人口減少問題の克服」2016年8月25日

もの姿は消え、一気に寂しさが増していきます。人口増と便利さ、活気さ、効率の高さが相乗効果を持っていた人口増加社会とは真逆に、人口減少と不便さ、寂しさ、非効率が相乗的に加速し、学校、医療や福祉といった地域に不可欠なサービスも撤退せざるを得なくなっていきます。

最後の頼みの公共サービスもまた、人口数、人口構造に依存しています。人口が減少することにより税収が減少、行政効率も低下します。正規の公務員の人員補充もできず、非正規公務員が増加し、官製ワーキングプアとも呼ばれるようになっていきます。自治体合併やコンパクトシティが推進され、自治体が統合されることによって役所、出先機関も統合されたりして、地域から公共サービスの窓口が消滅していきます。学校も廃校になり、公共交通機関、郵便サービスも縮小され、まるで「茹でガエル」のように、地域は毎日少しずつ、しかし確実に縮小、衰退していくのです。

(2) 就職氷河期・団塊ジュニア世代の惨状

人口減少・高齢化と格差・貧困拡大も相乗効果を持っています。つまり、平均的には所得が低く、所得格差も大きい高齢者の増加は格差拡大を意味します。一方で、格差や貧困、それ自体が少子化を拡大した側面もあります。

90年代前半のバブル経済崩壊以降、非正規労働者が増加しました。特に90年代半ばから２０００年頃の就職氷河期に社会に出た人口の多い就職氷河期・団塊ジュニア世代は、深刻な影響を受けました。非正規労働者は、賃金が低く、雇用の安定性が見込まれないので、将来展望を持つことができずに未婚者が増加したのです。

実際、団塊ジュニア世代は、その前後の世代に比較して出生率が低くなっています。人口の多い団塊ジュニア世代の出生率低下が、人口減少・高齢化を決定的にしたといえるでしょう。すでに30代後半から40歳半ばにさしかかってきている就職氷河期・団塊ジュニア世代の就業者状況を見ると、**図表0-2**のように正社員の割合は54%程度で実は他の世代とあまり差はないですが、非正規の割合が22%と高い状態です。もともと非正規労働者が多かったこの世代は、２００８年にリーマンショックの追い打ちを受けて仕事を失い、長期失業を経験した人も多いのです。長期失業はキャリアの空白を生み、就労意欲を奪います。そして長期無業、さらにはひきこもりの状態になる人も出ています。すでに40歳以上のひきこもりの問題は大きな社会問題になっていて、内閣府の調査（２０１９年3月）では、40歳から64歳のひきこもりの状態の人が61万人に達しています。

図表 0-2　就職氷河期世代の中心層となる35～44歳の雇用形態等の内訳（2018年：1689万人）

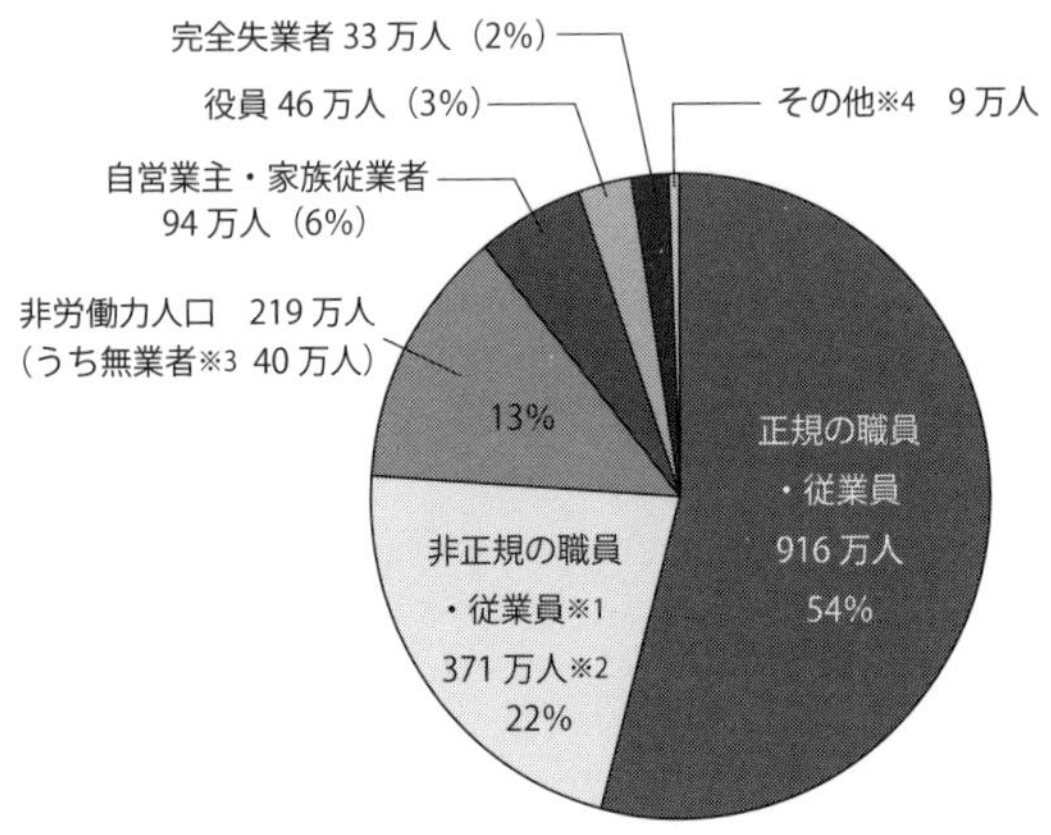

「労働力調査基本集計（2018年平均）（総務省統計局）」に基づき内閣府作成。
各項目万人単位のため、端数処理の関係で合計が一致しない場合がある

※1「非正規の職員・従業員」は、パート・アルバイト、労働者派遣事業所の派遣社員、契約社員、嘱託、その他に該当する者

※2正規雇用を希望していながら、現在は非正規雇用で働いている者（「労働力調査詳細集計（2018年平均）（総務省統計局）」で、現職の雇用形態（非正規）についた主な理由が「正規の職員・従業員の仕事がないから」と回答した者。このほか、潜在的な正規雇用希望者も想定される）が50万人含まれる

※3「無業者」の定義は、非労働力人口のうち、家事も通学もしていない者で、就業を希望しながら、さまざまな事情により求職活動をしていない長期無業者、社会参加に向けてより丁寧な支援を必要とする者などが含まれる

※4「その他」は、「従業上の地位不詳（就業していることは明らかであるが、勤めか自営かの別および勤め先における呼称が未回答の者）」と「就業状態不詳（就業の有無の別が未回答の者）」の合計

出典：内閣府（2019）「就職氷河期世代支援プログラム関連参考資料」を加筆
https://www5.cao.go.jp/keizai-shimon/kaigi/minutes/2019r/0611/shiryo_01.pdf

（3）団塊ジュニア世代と8050問題の拡大

すでに50歳のひきこもりの子どもの生活を80歳の親が見るという「8050問題」が注目されていますが、2030年頃になると、人口の多い団塊世代が80代、ひきこもりの団塊ジュニアが50代となり、団塊世代・団塊ジュニア間での「8050」問題が発現します。

また、「8050」という形で家族内の問題が発現しなくても、家族内の問題はより複雑化していくでしょう。政府は、家族機能が低下しているにもかかわらず、高齢者の在宅介護を推進しているため、孤独死、「ゴミ屋敷」、「猫屋敷」という問題はより大きくなるでしょう。また親の介護のために離職した団塊ジュニア世代は再就職が困難になり、彼らの高齢化とともに、中高年齢者のひきこもり、孤立といった問題が深刻化するでしょう。

すでに家族という社会を構成する最小の基礎単位は大きく変質し、従来の役割を果たすことができなくなっていることを、私たちは直視する必要があります。つまり介護、子育て以外にも社会が家族の支援を行う必要があるということです。

これからの時代は、高齢者、要介護者、認知症、障がい者、困窮者、無業・失業者、ひきこもりといった動けない人、さらに複合課題を抱えた家族が地域のなかでまるで「煮凝り（にこごり）」のように圧縮されて取り残されていくのです。

（4）公共サービスの限界と生活困窮者自立支援制度

人々はその対応、解決を公共サービス、行政に求めるでしょう。論者のなかにもそのような意見は、少なくありません。

困窮問題は、国家、政府、社会保障の役割です。「〝貧困〟なのだから現金給付をせよ」というベーシックインカムはその典型ですが、しかし前述のような複合問題は、必ずしも貧困というわけではなく、現金給付だけで解決できる問題ではありません。また、前述のように複合的な困難を抱えている本人・家族は相談できる人、寄り添ってくれる人がいません。家族内の関係は悪く、たとえ「友人・知人」がいたとしても、本人・家族から搾取するようなケースも少なくありません。

やはり信頼して相談できる組織・人、助けを求めることができる組織・人、寄り添ってくれる組織・人が必要ですが、公的組織はその機能を持っていないのです。そもそも障がい、福祉、貧困、保健・医療、高齢・介護、労働、住宅、子どもといったように、部門別に分かれた行政組織はこうした複合問題に対応することは苦手です。

「高齢者ではない、子どもではない（年齢要件）」、「要介護者ではない」、「障害者手帳を持っていない、障がい者ではない（資格）」、「住所がない」、「働く意欲がないのだから失業者ではない」、「所得がある、財産がある」、「家族・親族にまず頼れ」、「あなたはうちの担当ではない」と、困難を抱えていながら行政部門をたらい回しにされる人も多いのが実情です。

　さらには、自分から「助けてください」と言ってくる人がいないのだからこの町には困窮者などは存在しない、と考える自治体がまだ数多く存在するのも事実です。

　加えて公的サービスの外注化、非正規公務員の増加で、行政の現場力が低下し、複合課題に対する想像力を持っていないという点も問題です。困窮者のなかには、直面する問題が複雑すぎて、あるいは考える余裕もなく、また自分の権利も知らず、一体、自分は何を困っているのか、何を解決してほしいか伝えることもできない人もいるのです。

　こうしたなか、政府も、各地域に地域包括ケアシステムを整備し、高齢問題のみならず、障がい、困窮の問題にも対応できるように改革を進めています。２０１５年には「生活困窮者自立支援制度」が創設されました。しかしこの制度は、当初、経済的困窮を想定しており、広い困窮問題には必ずしも対応できていませんでした。その後、２０１８年の制度法改正により、生活困窮者自立支援制度は、経済的な困窮（貧困）のみならず社会との「関係性の貧困」、すなわち孤独や排除の問題を抱えた人々の支援までに守備範囲を広げています。

　このように改革を経て「生活困窮者自立支援制度」は、社会保障制度のしんがりになりました。従来は、社会保障制度、そして社会のしんがりは、生活保護制度でした。実際に格差・貧困、孤立、困窮問題、高齢、障がいといった「敵」の勢いが強くなると、社会保障制度、社会の安定性、社会連帯といった「本隊」を守るために、生活保護が貧困・困窮問題をすべて一手に引き受けてきました。しかし、困窮が経済的な問題にとどまらなくなると、生活保護での対応に限界が生まれてきました。そこで生活保護と並んで社会保障制度のしんがりになったのが「生活困窮者自立支援制度」なのです。

この新しい自立支援制度では、最初はまず相談（総合相談事業）によって、人々が抱えている多様な問題、健康不安、障がい、貧困、生活困窮、孤立、虐待・DV、犯罪被害、失業、離婚、依存症、多重債務・浪費などの複合的な問題を課題と理解して、本人や家族と一緒に解決策を考えていきます。

まず「相談」そのものに価値があり、「それはうちの担当ではない」とは言わない「断らない相談」を目指すとしています。もちろん「相談」で終わってはいけませんが、生活困窮者自立支援法は「魔法の杖」ではないので、それだけですべてを解決できるわけではありません。相談支援を起点にし、就労支援、家計相談、教育支援、住宅支援といった制度内の他の事業、そして、さらに障害者福祉、児童福祉、介護、生活保護といった他の制度の利用にもつなげる「媒介」、「接着剤」のような役割を果たすことになります。それでも対応すべき問題は少なくありません。

複合課題を抱えている家族を前にしても、部門間で個人情報の保護が壁になって情報共有ができず、「縦割り」と「制度のはざま」を解消できないでいるのです。また高齢者の予算を障がい、貧困の部門では使っていけないといった財政使途の制約もあります。

情報共有、財政使途の制約については、政府も改革しようとしていますが、実際にこれらの課題が克服されるまでには時間がかかるでしょう。つまり行政の対応では限界があり、結局、公的な制度ではきめ細かい対応はできないのが実情です。本書で紹介する「しんがり」の活動では、さまざまな制度を地域の取り組みのなかでうまく活用していることがわかります。

これからは地域住民も、それは行政の仕事だ、社会保障・福祉制度でやってほしい、自分には関係ないという意識では地域社会は維持できないということをはっきり認識する必要があります。行政が担ってきた公共サービスの守備範囲を見直し、地域の問題は、住民自身で解決するという意識が重要になってくるのです。

3. 慶應義塾大学経済学部の講義

(1) 講義の概要

本書は、2014年度から2018年度まで行われた慶應義塾大学経済学部における全労済協会寄附講座「生活保障の再構築――自ら選択する福祉社会」(担当:駒村康平、山田篤裕)の講義から一部を抜粋整理したものです。

全労済協会から貴重な支援をいただいた本講座を開講する際に、講義担当者として、受講した学生が、将来よりよい社会を構想できるような市民になるよう、さまざまな社会課題を考え、セレンディピティ（意外な発見）になるような講義にしたいと考えました。そこで、テキストなどに出ていない、「心に残る」話を聞いてもらいたいと思い、福祉、ＮＰＯ、労働組合、企業、行政など第一線の現場で活躍している方々に講師をお願いしました。

すでに述べたように、今日の日本社会は、「人口減少」と「格差拡大」で社会の劣化が進んでいます。しかし、社会にたまった不安、不満、ストレスのはけ口を他者や外国に求め、攻撃的になるような社会に進む道は避けなければなりません。格差の拡大、社会不安・不満、排外行動、そして戦争という道は、人類は過去2回、第一次世界大戦と第二次世界大戦で経験しています。すでに戦争の記憶が薄れ、戦争を経験した世代が少なくなっているなかで、我々人類はこの愚行を二度と繰り返してはいけません。

ラビンドラナート・タゴール[2]が約１００年前、第一次世界大戦の最中の１９１６年に初来日した際、慶應義塾で講演し、「自然の秘術を体得した日本人」を称賛しながらも、「適者生存」の思想を無批判で受け入れ、選民思想、商業主義、ナショナリズムに偏っていく日本人に対し、以下のように忠告しました。

「さっさと、自分の好きなことをやれ。そしてそれが他人にどんな損失をもたらそうが気にとめるな、尊いのは選ばれた自分たちなので（中略）、しかしそれは、ひたすら愛国心を高揚、礼賛し、道徳的な盲信となり、人を殴りそして結局殴り返され突然の死を迎えるでしょう。（中略）人間と人間とは非常に密接に結びついているのです」（「日本の精神」、高良とみ訳、『タゴール著作集』第八巻所収）

　こうした競争、自己中心的な考えを諫め、他者、他国への思いやりの重要性を強調した忠告もむなしく、日本は戦争の破滅に突き進んでしまいました。

　我々が現在直面している人口構造の急速な変化も第二次世界大戦の結果です。第二次世界大戦に巻き込まれ、最大の犠牲者を出したのは１９１０年から１９２５年に生まれた大正世代です。この世代は、まさに「失われた世代」であります。大正世代の子ども世代が、団塊世代（１９４６‐１９５０）であり、孫世代が団塊ジュニア世代（氷河期世代、１９７０‐１９８０）となるわけです。

　大正世代は第二次世界大戦に巻き込まれ、命を失い、人生を狂わされ、社会への影響を強く、長く受けることになりました。戦争の結果、結婚、出産が遅れ、ベビーブーマー（団塊の世代）が発生したのです。

　技術が進歩し、死とは無縁な生活をし、スマートフォンでいつでも友人、恋人と連絡を取り合える現代世代には、この「失われた世代」の持つはかなさ、つらさは理解できないものかもしれません。しかし、戦争は過去のものではありません。いわゆるＬＧＢＴをめぐる生産性の議論、あるいは相模原の障害者施設における無差別殺人事件などは、タゴールの警告した、戦前、戦中の適者生存、優生思想、自己責任の思想が再び強まっていることの表れではないかとも思います。

　格差の拡大、社会不安の蔓延、再び危機の時代を迎えているからこそ、時代や場所を超えて他者の困窮を想像、共感できる市民を増やすことが平和のために必要です。そのためにも学生時代の経験は重要です。

　現在、私は大学でライチウス会という１９３０年に発足した学生ボランティアサークルの顧問を引き受けています。２０２０年には設立90年になる、大学ボランティアサークルの中でもかなり老舗であります。後ほど紹介する講師の大胡田（おおごだ）誠氏もこのサークルのＯＢです。このサークルは普段から社会的養護施設、障害者施設の子どもたちに勉強を教えるボランティア活動をしています。彼らは、自分と全く境遇の異なる子どもたちの人生を知ることにより、異なる人生への想像、共感し、寄り添うことの重要性を学び、人間として成長しています。

　どうしてそう言い切ることができるのでしょうか。それはこのライチウス会のＯＢ・ＯＧ会が毎年あり、最年長の方では90歳を超えますが、そこで話をするＯＢ、ＯＧの社会への情熱に触れ、若いときに感じたことを大切にし、まさにさまざまな形で「社会のしんがり」を担っていることを知ることができるからです。

この講義を通じて受講者に期待したこと、そして本書の読者に期待することは、「自ら社会問題を考えて、構想し、行動できる市民」になって欲しいということです。こうした姿勢を福澤諭吉は『学問のすゝめ』のなかで「主客二様」と表現しています。

実際の講義では、『経済成長がすべてか』（岩波書店、マーサ・C・ヌスバウム、2013）を参考にし、最初の講義で、以下のような点を受講者に期待していることを説明してから、毎年の講義を始めました。

1．充実した熟議ができるような市民になってほしい
社会や国に影響を及ぼす大きな政治的な諸問題について、伝統にも権威にも屈従することなく、よく考え、検証し、省察し、議論を闘わせる市民になってほしい。

2．他者への敬意を払うような市民になってほしい
自分たちとは人種、宗教、ジェンダー、セクシュアリティが異なっていたとしても、他の市民を自分と同等の権利を持った人間と考え、敬意を持って接するようになってほしい。

3．他者、他国の人の気持ちを想像、共感できる市民になってほしい
さまざまな政策が自分そして自国民のみならず他国の人々にとってどのような意味、影響を持つかを想像、理解できるようになってほしい。

4. 人の「物語」を聞くことにより、人生の意義を広く、深く理解できる市民になってほしい

幼年期、思春期、家族関係、病気、死、その他、さまざまな人生の出来事について、単に統計・データとして見るのではなく、一人ひとりの人生の「物語」として、理解することによって、多様な生き方に共感できるようになってほしい。

5. 政治的に難しい問題でも自ら考え、判断できる市民になってほしい

政治的な指導者たちを批判的に、しかし同時に彼らの手にある選択肢を詳細にかつ現実的に理解したうえで、判断するようになってほしい。

6. 世界市民として自覚し、社会全体の「善」に想いをはせてほしい

自分の属する集団にとってだけではなく、社会、人類全体にとっての「善」について考えてほしい。複雑な世界秩序の一部として自分、自国の役割を理解し、人類が抱えている国境を超えた、複雑で知的な熟議が必要とされる多様な諸問題の解決を考えてほしい。

2…インドの詩聖、アジア初のノーベル文学賞受賞者。ノーベル経済学賞を受賞したアマルティア・センの名付け親。

(2) 本書掲載以外の講義の概要

「自ら選択する福祉社会」においては、「自助・公助・共助」に対応し、「企業経営者・労働

組合関係」、「国や地方の行政に携わった方」、「福祉の現場あるいは当事者」、の3つの領域で講義を依頼しました。基本的には、前述の意識にしたがって、私たちが是非ともお話をお聞きしたいという方にお願いしました。ここで本書に掲載できなかった講義（43〜47ページ）を紹介したいと思います。

なお、ここでの各講義の要約はあくまで「受講者」としての私（駒村）の感想と理解です。

子どもに関わる諸課題に関するテーマでは、貧困、虐待、社会的養護の子どもたちなど、さまざまな課題を取り上げました。貧困の問題を研究し多くの貧困問題の著書を執筆されている社会福祉士の大山典宏氏（２０１４年度講義）からは、誰もが解決すべきと考えている子どもの貧困や貧困の連鎖の問題をお話しいただきました。身体的な虐待、性的虐待、ネグレクト（育児放棄・怠慢）、心理的虐待といった子どもに対する虐待の問題は毎日のように報道され、実際にさまざまな痛ましい事件も増えています。これに対して政府、自治体も、児童福祉法・児童虐待防止法を改正し、体罰禁止、虐待防止などを進めています。貧困と密接な関係があるといわれる虐待は、子どもの発育・発達などに関わる身体症状、情緒不安定、感情抑制、強い攻撃性などの精神症状につながり、他人とのコミュニケーションの問題、成長後の自己嫌悪、自殺願望、アルコール依存に結び付くとされています。子どもは親を選ぶことができないので、この虐待はなんとしても根絶しないといけない社会課題です。

東京都の「体罰などによらない子育てハンドブック」によると「子供への体罰は脳の発達に深刻な影響を与える」、「3歳半までに叩かれた子供は5歳半の時に問題行動を起こすリスクが高まる」、「親に恐怖心を持ち、相談も出来ずいじめや非行に発展したり、巻き込まれる可能性がある」など体罰が子どもの成長に深刻な影響をもたらすことが科学的根拠を持って示されています。他方、虐待する親は、子育ての悩み、孤立、家庭内の不和、親自体が虐待を受けて育ってきた、貧困などの多様な問題からストレスを感じていることも多いとされています。

このように考えると虐待の問題は、親だけの問題ではなく、社会経済全体のゆがみの問題と見ることもできます。最近の脳神経あるいは心理学の研究では、親の長時間労働・深夜勤務、不規則な労働時間、不安定な労働条件などが親の脳・精神に深刻な影響を与え、虐待に結びつくという研究もあります。

こうした虐待の増加に応じて、社会的養護施設に入る子どもたちも増えています。さらに痛ましいことに、最近は障がいを持っている子どもが虐待され、児童養護施設へ入所するケースも少なくありません。施設に入る子どもたちは、親子の分離経験、見捨てられ感情、愛着障害など、施設の入所経験をしない人からは想像もできない過酷な経験をしています。そのため、社会的養護を必要とする子どもは、施設で暮らすよりもなるべく早い時期から家庭的な環境で育ったほうがよいということで、政府は近年児童福祉法を改正し、家庭的養護、里親・里子の普及を進めています。東京養育家庭の会理事の藤井康弘氏（２０１８年度講義）からは、自らが里親となり、何人もの子どもたちと出会い、生活した経験をお話しいただきました。自分のことを本気で心配する大人と出会ったことがない子どもたち、乏しい自己肯定感、愛着障害から大人を試すような問題行動を起こすこともあること、さまざまな里親経験のお話は普段聞くことができないものでした。

また多くの学生にとっては、社会的養護施設の生活は全く想像がつかないと思いますが、ＮＰＯ法人キーアセットディレクターの渡邊守氏（２０１６年度講義）からは子どもたちが、養護施設でどのような生活を過ごしているのかという話をしていただきました。常に多人数で生活すること、家族的な雰囲気を経験できないことが子どもたちにどのような影響を与えるのか。そして里親による家庭的な養育と比較してその可能性と限界について、そして渡邊さんのＮＰＯが行っている「里親支援」についてお話をうかがいました。

虐待や不適切な養育（チャイルド・マルトリートメント）を防ぐためには、親への支援も重要です。特定非営利活動法人子育てひろば全国連絡協議会理事長の奥山千鶴子氏（２０１５年度講義）からは、育児に悩んで孤立する親の相談に応じ、親子の居場所を確保し、子育てを地域全体で支援する「子育て広場（地域子育て支援拠点）」の役割についてお話をいただきました。

ＮＰＯ法人キッズドア理事長の渡辺由美子氏（２０１８年度講義）からは困窮世帯の児童の学習支援についてお話をうかがいました。困窮世帯の子どもの学力が低い背景には、単に経済的に学習塾に通えないという問題以外にも、学習環境の問題、親子関係、メンタル、モチベーション、ロールモデルがいないといった問題もあります。渡辺さんのＮＰＯの取り組みは、寄り添い型の個別学習支援により、自己肯定感を改善させ、「将来なりたい仕事はなに」といった具体的なイメージを広げようという取り組みです。また渡辺さんとともに、企業として困窮世帯の子どもの支援を行っている、三菱ＵＦＪ信託銀行株式会社執行役員の石崎浩二氏のお話もうかがいました。

次に障がい者、難病患者をめぐる問題です。生活上、就労上のさまざまな障がいに直面している障がい者や難病の方、ご本人のお話をうかがい、どのような支援が必要になっているかを考えました。

つくし総合法律事務所弁護士の大胡田（おおごだ）誠氏（２０１７年度講義）からは、視覚障害の方の生活、就労の課題についてお話をうかがいました。大胡田さんが弁護士になるまで、教科書や参考書の点字化など、多くのボランティアに支えられてきた大学時代のさまざまな経験はいずれも感動的なものでした。日本では極めて少ない全盲の弁護士の大胡田さんの弁護活動は、興味深いものであり、大胡田さんが日常使う機器は、例えば振動で時間を教えてくれる時計、物の色を教えてくれる機械など驚く物ばかりでした。そして視覚障害というハンディにより、依頼者や関係者の様子を表面的に理解するのではなく、声や雰囲気に対して鋭い感性を持つようになった点は、ハンディを長所に転換しているという印象を持ちました。大胡田さんの講演のなかで最も記憶に残ったのが、日本と欧米の障がい者への向き合い方の違いです。障がい者に対する交通バリアフリーの整備は、日本は進んでいるけど、社会での生活は欧米のほうが障がい者は生活しやすいといいます。なぜか。日本は交通機関などの「物のバリアフリー」は進んでいるが、障がい者に対するさりげない助けといった「心のバリアフリー」は遅れているという指摘には強い説得力がありました。

　滋賀県の社会福祉法人グロー理事長の北岡賢剛氏（２０１７年度講義）からは、障がい者芸術（アールブリュット）の可能性、そして北岡さんのサポートの下で、高次脳機能障害になった夫を支える福崎保子さんからご家族の話をうかがいました。高次脳機能障害は、頭部の怪我や病気によって脳機能に重要な障がいが発生することで、さまざまな行動障害が起こることがあります。誰にも発生し得る障がいである一方で、外見的には障がいがないように見えるため、周囲から理解が得られない障がいです。周囲との軋轢（あつれき）が発生し、「困った人だね」と地域社会から孤立することもありますが、実は本人と家族が一番困っているのです。

　難病当事者でもある大野更紗氏（２０１４年度講義）は作家であり、同時に大学院でも研究するなど、多方面で活躍されていますが、難病の方がどのように生活しているのか、どのようなことに悩んでいるのか、お話をいただきました。難病（希少性疾患）への治療開発と医療費支援の新制度は、２０１５年度よりスタートしましたが、まだ難病患者の不安に十分寄り添った制度になってはいません。大野さんのお話で印象的だった点は、難病の特徴は、症状が不安定であるという意味で「ゆらぎ」にあり、障がい者でも高齢者でもない難病患者が社会保障制度のはざまで苦しんでいるということです。その一方で、難病患者の集まりなどでは、意外に普通の生活をしているというお話もあり、大野さんの明るさと力強さは記憶に残りました。

高齢者総合ケアセンターサンフレンズ、大牟田市認知症ライフサポート研究会の永江孝美氏（２０１５年度講義）からは、認知症にフレンドリーな街づくりの経験をお聞きしました。高齢化とともに認知症になり、徘徊し行方不明になる高齢者が増加しています。福岡県大牟田市は認知症でも自分らしく暮らしていける街づくりを目指し、市民や小中学生も参加し、徘徊している高齢者を支援する訓練を行い、「徘徊し放題の街づくり」に成功しました。

ＮＰＯ法人ほっぷの森理事長の白木(しろき)福次郎氏と副理事長の深野せつ子氏（２０１６年度講義）からは、白木さんらが関わっている多様な障がい者が参加するスペシャルオリンピックや、障がい者を包摂したアートインクルージョンの取り組みを紹介していただきました。また白木さんが経営する就労継続支援Ａ型・Ｂ型事業所では高次脳機能障害の方や若年性認知症の方の就業支援を行っています。このA型事業所はレストランやカフェで、障がい者を雇用している事業所という雰囲気は全く感じさせませんでした。

トヨタ自動車製品企画本部主査の中川茂氏（２０１７年度講義）からは、障がい者や高齢者の移動支援のお話をうかがいました。中川さんはトヨタで福祉車両の開発を担当し、本人のみならず介助する人にとっても負担にならない車両開発を担ってきました。しかし、移動が困難な人を支える福祉車両が自動車全体に示すシェアは低いままです。福祉車両の抱える市場、経済性の課題と解決策について話をお聞きしました。

有限会社リベルタス興産顧問の有田信二郎氏（２０１７年度講義）は、山口県宇部市で宇部興産の特例子会社の経営に携わっています。障がいがあってもできることはたくさんあります。有田さんは関連企業の協力を得て、障がい者でもできる業務を見つけ出し、仕事につなげていく工夫をしています。有田さんの言葉で一番心に残ったのは、障がいを持っている人に必ずしも「一人前」の仕事を求めなくてもよい、それぞれの障がい者の特性に合ったさまざまにできることを探して、「二人で一人前」の仕事をすればよいという指摘でした。

公益財団法人日本補助犬協会代表理事、補助犬ガイド士の朴善子氏（２０１７年度講義）からは、介助犬、盲導犬、聴導犬など障がい者の生活を支える補助犬の役割、重要性のお話を補助犬の実演も交えてうかがいました。補助犬の育成が不十分なこと、育成の財源確保が課題になっていること、駅などでの視覚障害の方への具体的な接し方、サポートの工夫について詳しくお話をうかがうことができました。

地域の取り組みについても社会福祉法人、ＮＰＯ、自治体行政の方からお話をうかがいました。兵庫県立柏原病院の小児科を守る会代表、丹生裕子氏（２０１４年度講義、２０１５年度講義）のお話は、地域の小児科をどのように守るのかというものでした。親は子どもの病気が心配で、いわゆる「コンビニ受診」と言われる小児医療の過剰利用が生じ、兵庫県丹波市ではこの対応に疲弊した医師が地域からいなくなってしまいました。親たちがコンビニ受診の問題を理解し、子どもの病気・体調変化への対応を自ら学び、コンビニ受診撲滅に取り組んだ結果、地域に小児科を呼び戻すことができたのです。

社会福祉法人佛子園理事長の雄谷良成氏（２０１６年度講義）は石川県で非常に先進的な地域福祉を広めています。具体的には施設や廃寺（「シェア金沢」、「三草二木西圓寺」）に学生向け住宅、障害児入所施設、地域コミュニティセンター、高齢者デイサービス、障がい者の生活介護、就労継続支援施設などを併設し、そこに天然温泉やレストランを用意し、地域住民と高齢者、障がい者、児童、学生が「ごちゃ混ぜ」に集う場所をつくりあげました。印象的だったのは、地域の住民を施設のお客さん扱いしないで、ともに施設を運営するスタッフ側に位置づけた点でした。

ＮＰＯ法人自立支援センターふるさとの会常務理事の滝脇憲氏（２０１８年度講義）は、東京の新宿区、荒川区、台東区山谷で、ホームレスなどに炊き出し、相談活動、住まいの場を提供する取り組みを行っています。高齢化した日雇い労働者のために山谷に居場所をつくり、第二の故郷にしようという取り組み、そして空室の目立つマンションやアパートを借り上げて「ケア付き宿泊所」をつくり、そこでかつてホームレスだった人が介護者として働き、地域活性化を図るというものです。

地域生協であるグリーンコープ生活再生事業推進室長、常務理事の行岡（ゆきおか）みち子氏（２０１５年度講義）からは、九州のグリーンコープ生協で行われている生活再生（家計相談、資金貸付・多重債務対策、予防、消費生活支援〈悪質商法・詐欺対策〉）事業のお話をお聞きしました。注目したのは、まずこの事業がスタートした経緯、すなわち生協がメンバー以外の生活再生を支援する意義は何だったのかという点です。自分たちには関係ないと思う人もいるなかで、生協内で民主的に徹底的に議論をしてから事業を開始した点と、充実した相談支援を行えば貸付資金の貸倒（かしだおれ）率はわずか１％にまですることができるということが印象に残りました。行岡さんたちの取り組みは、生水（しょうず）裕美さん（第10章）の取り組みとともに、その後、生活困窮者自立支援制度の家計相談支援のモデルケースになりました。

埼玉県和光市保健福祉部長、東内（とうない）京一氏（２０１５年度講義）からは、和光市で進められている「地域包括ケア」についてお話をうかがいました。和光市は介護予防などにより、全国的にも要介護認定率が低いことで有名です。それが可能になったのは、和光市の徹底した高齢者のニーズ調査と、介護予防計画の作成、さらに個別の介護サービスを提供する際には、高齢者のケアプラン作成に関わるチームスタッフがすべて参加し、高齢者の生活課題を解決するためのコミュニティ会議を行い、徹底的にケアマネジメントを議論、検討するという手法をとっているからということです。また市町村独自給付として、配食サービス、病院等の送迎サービスを充実し、さらにＩＣＴ（情報通信技術）を使って医療と介護の連携、専門職間、市と医師会の連携などが進められています。

長野県飯田市長、牧野光朗（みつお）氏（２０１７年度講義）からは、地方創生の鍵とは何かというお話をうかがうことができました。高齢者の医療費の増加が大きな社会課題となっているなかで、飯田市は地域連携を強化し、医療費の抑制に成功しています。飯田市の成功は先進的な医療システムの構築だけではなく、自然エネルギー、航空宇宙産業の振興にも及んでいます。さまざまな分野で飯田市に先進的な事例、イノベーションが生まれている理由は何か。それは地域のなかで「共創の場づくり」に成功しているためであるということです。医療では、高齢者医療に関わる多様な専門職、機関が患者や要介護者の情報を共有化し、重度化を防いでいます。この情報共有が産業面でも有効になったようです。航空宇宙産業に関わる地域の企業が技術を見せ合い、新しいイノベーションをつくり出しているということです。変化の激しいグローバル経済、そして技術の変化に対応するためには、単に競争だけではなく、価値の創造を進める共通基盤、すなわち「共創の場」が必要であり、この精神が地域づくりにも根付いているというお話を聞くことができました。

日本労働組合総連合会（連合）からは、連合会長・前事務局長の神津里季生氏、連合会長代行の逢見直人氏、連合事務局長の相原康伸氏、連合非正規労働センター総合局長の村上陽子氏から5年間にわたり、学生にはなじみが薄いかもしれない労働組合の役割や連合の活動についてお話をいただきました。

労働組合は、企業側と労働条件改善をめぐって集団的な交渉を行うことが第一の役割ですが、同時にこの役割は、マクロ経済から見ても適切な労働分配率を維持し、経済の持続的な成長に貢献しています。連合は、現在、働くことを軸にした安心社会の確立、非正規や中小零細の労働条件の底上げに注力しています。また、個別の労働条件のみならず社会経済全体への政策提言にも力を入れています。ただ、最近労働組合は世界的に退潮傾向にあり、特に組織率の低下は賃金上昇率の低下、格差の拡大につながっています。組織率低下の要因はさまざまでありますが、日本の場合は非正規労働者の増加が大きな原因の一つであり、連合としても非正規労働者の組織化が大きな課題となっています。

また全労済（全労済理事長の中世古廣司氏、全労済常務執行役員の稲村浩史氏）からは、5年間、共済という社会保障（公助）でも、市場（自助）でもない「共助」の仕組みについてお話をいただきました。個人的なリスクとリターンの関係で成立している保険と、助け合いの原則で行う共済の本質的な違い、世界と日本における共済の歴史、世界経済に占める共済経済の規模や役割、自然災害が多発する日本において、「共助」がどのような可能性を持っているかなどのお話をうかがいました。

企業経営者からは、キッコーマン株式会社取締役名誉会長の茂木友三郎氏とヤマトホールディングス株式会社特別顧問、公益財団法人ヤマト福祉財団理事長の有富慶二氏から企業の社会的責任の視点からお話をうかがいました。

茂木さんには5年連続で講義をお願いしました。茂木さんのお話は21世紀の国内外の経済界で活躍することになるであろう学生に向けて、大学時代に学ぶべきもの、そして社会に出たあとも学び続ける姿勢の重要性、異文化への敬意など、グローバル経済のなかで当然知っておくべきこと、そして公正な市場のルールの意義、企業の社会的責任などについてうかがいました。経営者はビジネスだけではなく、自国あるいは外国の学問、文化、伝統、芸術などについて外国の経営者とも議論できるだけの教養が重要であるという指摘は、大変強く印象に残りました。

有富さんにも5年連続で講師をお願いしました。ヤマト福祉財団は障害者雇用の促進のための障害者就労継続支援Ｂ型事業所などへの経営アドバイスの研修を行っています。いま、このＢ型事業所は低い工賃のところが多く問題になっています。その原因として事業所の経営者の福祉事業としての「想い」が先行してしまい、「付加価値」、「生産性」といった経済原則を軽視し、事業計画・経営見通しが甘いものが多いということがあるといいます。ヤマト福祉財団の研修では、厳しく事業計画をチェックし、例えば目標とする工賃やボーナスを先に決めて、それを支払えるように経営計画をつくるべきであるとアドバイスをしています。また有富さんのお話のなかでは、ヤマトが転換期の経営危機を乗り越え、今日のような生産性と付加価値の高いサービスを生み出してきた背景に、消費者・社会、株主、労働者の「三方良し」の経営哲学があるとうかがいました。さらに日本の企業の「陰徳」のお話もいただきました。現在ＣＳＲ（企業の社会的責任）が重視され、企業はさまざまな社会的取り組みをＰＲしています。しかし、日本の企業のなかには、「目立たないように社会貢献（陰徳を積む）」をする企業もあります。企業が行う「陰徳」の意義は何かを深く考えさせられました。

政治・行政の方には、社会保障・社会福祉政策などがどのように形成されていくのかというお話を中心にうかがいました。

厚生労働大臣としてさまざまな政策に関わった城西国際大学学長の柳澤伯夫氏（２０１４年

度講義）からは、学生時代に社会政策で学んだこと、政治家として、そして厚生労働大臣として臨んだ年金、医療、介護政策、労働政策への想い、学生への期待をお話しいただきました。

内閣官房参与・元厚生労働審議官の大谷泰夫氏（２０１４年度講義）は、２０００年に厚生労働省の年金課長として、ミレニアム年金改革を担当した他、医療、雇用、児童家庭、高齢者福祉など重要政策に行政官として関わってきました。政府内でさまざまな制度改革が生まれる背景・プロセス、財務省など他省庁との交渉、政治や国会での議論、世論との向き合い方、予期しない出来事への対応、危機管理、組織改革や人事といった行政内部の仕組み、行政官に期待される能力など、豊富な経験に基づいて普段は知ることができない行政の仕組みを学ぶことができました。

社会保障審議会年金事業管理部会委員の磯村元史（もとし）氏（２０１４年度講義）は、消えた年金記録・宙に浮いた年金記録を回復・復元する「年金記録回復委員会」の委員長で、駒村も一緒に回復の議論や作業に参加しました。戦前から始まった年金制度ですが、その年金記録の問題がどのように発生し、回復作業がどのように進んでいったのか詳しくお話をいただきました。年金記録の管理というのはとても地味な作業ですが、国民の生活保障の基盤になります。その記録の管理が長い間軽視されてきた背景に一体どのような原因があるのか、磯村さんは「契約意識の欠如」、「利用者・加入者不在」、「システム面への配慮不足」、「官の無謬性（むびゅうせい）」と「監査体制の問題」を指摘しました。磯村さんのお話で印象に残ったのが、「チームでさまざまな業務や作業を行う際に、気がついた改善点をその作業の前工程の担当者に提案し、そして、自分の担当の留意点を自分の後の作業を担当する後工程に伝えることが重要である」という金融の実務家らしいお話でした。

前駐スウェーデン特命全権大使、渡邉芳樹氏（２０１４年度講義）からは、福祉国家でやさしい国と思われがちなスウェーデンの本当の姿のお話をうかがいました。スウェーデンが、90年以降の変動する世界経済の荒波、危機の時代をどのように乗り越えてきたのか、弱者保護一辺倒ではなく、高い経済成長を維持することで、初めて福祉国家を維持できていること、「過激なまでの個人主義」と「社会への強い信頼」を両立させていること、近年の個人情報の活用やE-Health[3]による医療・介護改革など、スウェーデン社会の強さの源泉についてのお話をうかがうことができました。

前内閣官房地方創生総括官、山崎史郎氏（２０１６年度講義）は、厚生労働省で介護保険創設に関わり官邸では総理秘書官として、東日本大震災に対応した危機管理の経験などから、政策が形成され、実行されるプロセスについてお話をうかがいました。山崎さんは、地方創生推進の行政側のトップとして、人口減少・高齢化や東京一極集中、地方消滅の対応策をさまざまに進めています。そうした政策のなかでも、高齢者の地方移住の手法である「日本版ＣＣＲ

C」[4]の普及、地域における「やねだん」（鹿児島県）など自治組織（地域運営組織）の活動や小さな拠点（コンパクトビレッジ）など、地方の多様な取り組みについて興味深い事例を紹介いただきました。

前厚生労働事務次官の村木厚子氏（2016年度講義）からは、制度導入に初期の時点から関わり、途中、2度の政権交代を経験したものの最終的に社会保障税一体改革に伴い導入された「子ども・子育て支援新制度」の目的機能やその制度創設のプロセスについて、詳しくお話をうかがうことができました。

独立行政法人国立病院機構副理事長、元厚生労働省審議官の古都賢一氏（2017年度講義）からは、本書でも中心のテーマになる生活困窮者自立支援制度ができるまでのお話をうかがいました。古都さんは、地域住民が地域の福祉の推進の担い手になることを明記した社会福祉法改正に関わるなど、地域福祉をライフワークとしてきました。古都さんによると、厚生労働省内では、早くから社会保障・福祉制度のはざまの問題、多様な生活困窮の問題、社会的な孤立の問題、ひきこもりの増加などの新しい社会課題への対応の重要性は、認識されてきました。それが具体的になったのが、リーマンショックや民主党政権の発足からです。その後、再び自民・公明党への政権交代を経て、自治体が地域と連携して、多様な現物サービスによってさまざまな課題を持った人々を支援する生活困窮者自立支援制度が成立しました。

公益社団法人全国シルバー人材センター事業協会専務理事、元厚生労働省総括審議官の村木太郎氏（２０１５年度講義）からは、スポーツ、芸術・美術などの分野にとどまらず、あらゆる分野で国籍、性別、障害有無を超えた多様な人が活躍できる、包摂できる社会、「ダイバーシティ社会」、「ワークライフバランス」、「正規・非正規格差縮小」が日本社会の可能性を切り開くというお話をしていただきました。村木さんのお話で印象に残った部分は、触法障がい者の問題です。知的障害などがありながら、十分な支援を受けずに犯罪を繰り返してしまう障がい者の存在、累犯障害者へのサポートの重要性でした。

そして、５年間の講義の締めくくりとして、ジャーナリスト、著作家、東京工業大学特命教授の池上彰氏（２０１８年度講義）に、日本社会の抱える課題をグローバル経済と世界経済・政治の状況から関連づけてお話をうかがい、世界市民になる学生への強い励ましのお話をいただきました。

以上、５年間の講義を簡単に振り返りましたが、全カリキュラムについては、43ページ以降の一覧表をご参照ください。

最後に、こうした機会をつくってくださった全労済協会の髙木剛前理事長、神津里季生現理事長に深くお礼を申し上げます。

また、５年間一緒に寄附講座を共同担当いただいた山田篤裕教授と本書の編集をお願いした内田朋恵さんの二人にお礼を申し上げたい。お二人には、本書の出版をまさにしんがりとして支えていただいた。

3…ICT（情報通信技術）を積極的に医療に導入することで、個人の健康を高める取り組み。

4…CCRCは「Continuing Care Retirement Community」の略。仕事をリタイアした人が第二の人生を健康的に楽しむ街として米国から生まれた概念。「日本版CCRC」構想とは、元気なうちに地方に移住し、要介護状態になっても医療と介護のケアを受けて住み続けることができる場所を指す。

※文中並びに43～47ページ表内の肩書きはすべて講義当時のものです。

2014年度講義カリキュラム一覧

日程	テーマ	講師
9月24日	ガイダンス	慶應義塾大学経済学部教授　駒村 康平 全労済協会理事長　髙木 剛 氏
10月1日	年金記録問題の発生原因 及び 回復のプロセスと 回復作業の成果	社会保障審議会　年金事業管理部会 委員　磯村 元史 氏
10月8日	「働くことを軸とする安心社会」の 実現に向けて	日本労働組合総連合会（連合） 事務局長　神津 里季生 氏
10月15日	当事者から見る、社会保障	作家・難病当事者 大野 更紗 氏
10月22日	変容する福祉国家 スウェーデンの挑戦	前駐スウェーデン特命全権大使 渡邊 芳樹 氏
10月29日	持続可能な社会の 実現に向けた企業の役割	キッコーマン株式会社 取締役名誉会長　茂木 友三郎 氏
11月5日	生活保護と子ども・若者の貧困	社会福祉士 大山 典宏 氏
11月12日	社会保障政策は どのようにして出来るのか	内閣官房参与・元厚生労働審議官 大谷 泰夫 氏
11月26日	いま働く現場で何が起きているのか――労働相談からみた若者雇用の現状	連合非正規労働センター 総合局長 村上 陽子 氏
12月3日	共助の役割と共済制度	全労済代表理事 理事長 中世古 廣司 氏
12月10日	地域医療を守りたい ――住民としてできること	兵庫県立「柏原病院の小児科を守る会」 代表　丹生 裕子 氏
12月17日	社会政策の立案と実現の過程 ――政治の視点から	城西国際大学学長 柳澤 伯夫 氏
12月24日	障がい者福祉の推進に向けて	公益財団法人 ヤマト福祉財団理事長 有富 慶二 氏
2015年 1月7日	まとめ	駒村 康平

2015年度講義カリキュラム一覧

日程	テーマ	講師
9月30日	ガイダンス	慶應義塾大学経済学部教授　駒村 康平 全労済協会理事長　髙木 剛 氏
10月7日	多様な働き手が日本を支える ——女性、障害者、高齢者の就労	公益社団法人 全国シルバー人材センター 事業協会専務理事　村木 太郎 氏
10月14日	持続可能な社会の実現に 向けた企業の役割	キッコーマン株式会社 取締役名誉会長　茂木 友三郎 氏
10月21日 公開講座	引きこもり、ニート等孤立する 子ども・若者の自立支援	特定非営利活動法人NPO スチューデント・サポート・フェイス 代表　谷口 仁史 氏
10月28日	働くことを軸とする 安心社会の実現に向けて	日本労働組合総連合会（連合） 会長　神津 里季生 氏
11月4日 公開講座	大牟田市における認知症支援 「まちで、みんなで、認知症の人をつつむ」——共感と協働の、まちづくり	高齢者総合ケアセンター サンフレンズ、 大牟田市認知症ライフサポート研究会 永江 孝美 氏
11月11日 公開講座	和光市における 超高齢社会に対応した 地域包括ケアシステムの実践	埼玉県和光市保健福祉部長 東内 京一 氏
11月25日	生活者のお金の困りごと相談 ——生活再生相談室の 取り組み	グリーンコープ 生活再生事業推進室長、常務理事 行岡 みち子 氏
12月2日	共助の役割と共済制度	全労済常務執行役員 稲村 浩史 氏
12月9日 公開講座	市場を用いた障がい者雇用の 推進を考える	ヤマトホールディングス株式会社 特別顧問　有富 慶二 氏
12月16日	地域医療を守りたい ——住民としてできること	兵庫県立「柏原病院の小児科を守る会」 代表　丹生 裕子 氏
2016年 1月6日 公開講座	選択する未来 少子化時代の 生活保障	特定非営利活動法人 子育てひろば 全国連絡協議会理事長 奥山 千鶴子 氏
1月13日 公開講座	経済的困窮と社会的孤立に ついての伴走型支援	NPO法人 抱樸 奥田 知志 氏
1月20日	まとめ	駒村 康平

2016年度講義カリキュラム一覧

日程	テーマ	講師
9月28日	ガイダンス	慶應義塾大学経済学部教授　駒村 康平 全労済協会理事長 髙木 剛 氏
10月５日	「働くことを軸とする 安心社会」の実現に向けて	日本労働組合総連合会（連合） 会長　神津 里季生 氏
10月12日	地方創生と社会保障	前 内閣官房 地方創生総括官 山崎 史郎 氏
10月19日	民間企業らしい 社会貢献アプローチ	ヤマトホールディングス株式会社 特別顧問　有富 慶二 氏
10月26日 公開講座	生活保障の再構築 ――自ら選択する福祉社会	秋田県藤里町社会福祉協議会 菊池 まゆみ 氏
11月２日 公開講座	子どもたちに家庭で育つ チャンスを――未来を変える 里親支援事業	NPO法人 キーアセット ディレクター 渡邉 守 氏
11月９日	障害者雇用の可能性 ――オムロン京都太陽におけ る障がい者雇用拡大の取組み	オムロン京都太陽株式会社 取締役社長 宮地 功 氏
11月23日 公開講座	生活保障の再構築 ――自ら選択する福祉社会	NPO法人 ほっぷの森理事長 白木 福次郎 氏
12月７日	共助の役割と共済制度	全労済常務執行役員　稲村 浩史 氏
12月14日	持続可能な社会の実現に 向けた企業の役割	キッコーマン株式会社 取締役名誉会長　茂木 友三郎 氏
12月21日 公開講座	少子高齢化と子育て支援を めぐる政策決定プロセス	前厚生労働事務次官 村木 厚子 氏
2017年 1月11日 公開講座	地域の困ったを みんなで解決する	大阪府豊中市社会福祉協議会事務局 次長兼地域福祉課長 コミュニティソーシャルワーカー 勝部 麗子 氏
1月18日	まとめ	駒村 康平
1月21日 公開講座	共に助け合って生きる ごちゃまぜの コミュニティづくり	社会福祉法人 佛子園理事長 雄谷 良成 氏

2017年度講義カリキュラム一覧

日程	テーマ	講師
9月27日	ガイダンス （講義の目的と概要説明）	慶應義塾大学経済学部教授　駒村 康平 全労済協会前理事長　髙木 剛 氏
10月４日 公開講座	共生社会の実現 ――何のために、 そして誰の為に	有限会社リベルタス興産顧問 有田 信二郎 氏
10月11日 公開講座	交通バリアフリーと補助犬	公益財団法人 日本補助犬協会代表理事 補助犬ガイド士 朴 善子 氏
10月18日	創業は易く守成は難し	ヤマトホールディングス株式会社 特別顧問　有富 慶二 氏
10月25日 公開講座	全盲弁護士の夢のかなえ方	弁護士法人 つくし総合法律事務所 弁護士　大胡田 誠 氏
11月１日 公開講座	子ども・若者の貧困と 地域づくり	全国子どもの貧困・教育支援団体 協議会代表幹事 NPO法人さいたまユースサポートネット代表理事 青砥 恭 氏
11月８日	生活困窮者自立支援法の 政策形成過程を考える	元厚労省審議官 現独立行政法人国立病院機構副理事長 古都 賢一 氏
11月15日	福祉車両開発者から見た 福祉について	トヨタ自動車製品企画本部主査 中川 茂 氏
11月29日	2035社会を考える	日本労働組合総連合会（連合） 会長代行　逢見 直人 氏
12月６日	共助の役割と共済制度	全労済常務執行役員 稲村 浩史 氏
12月13日	グローバル社会における 企業の役割	キッコーマン株式会社 取締役名誉会長　茂木 友三郎 氏
12月20日 公開講座	高次脳機能障害を 知っていますか	滋賀県社会福祉法人 グロー理事長 北岡 賢剛 氏
12月27日	イノベーションが起こる 地域社会創造を目指して	長野県飯田市長 牧野 光朗 氏
2018年 1月17日 公開講座	野洲市が取組む相談支援	滋賀県野洲市市民生活相談課専門員 生水 裕美 氏

2018年度講義カリキュラム一覧

日程	テーマ	講師
9月27日	ガイダンス （講義の目的と概要説明）	慶應義塾大学経済学部教授　駒村 康平 全労済協会理事長　神津 里季生 氏
10月4日	労働組合の役割とその可能性	日本労働組合総連合会（連合） 事務局長　相原 康伸 氏
10月11日 公開講座	すべての子どもが夢や希望を 持てる社会の実現に向けて	NPO法人 キッズドア理事長 渡辺 由美子 氏
10月18日 公開講座	ホームレス支援の 取り組み実践	NPO法人 自立支援センター ふるさとの会常務理事 滝脇 憲 氏
10月25日	共済の役割と未来	全労済常務執行役員 稲村 浩史 氏
11月1日	地域共生社会の実現に向けて	三重県名張市長　亀井 利克 氏
11月8日 公開講座	逆境から自立する子どもに チャンスを	東北福祉大学特任准教授 池上 和子 氏
11月15日	サービス業経営の 「醍醐味」を考える	ヤマトホールディングス株式会社 特別顧問　有富 慶二 氏
11月29日 公開講座	発達障害を手掛かりとして 考える合理的配慮とは？	一般社団法人 日本発達障害ネットワーク 元事務局長　橋口 亜希子 氏
		NPO法人そらいろプロジェクト京都 理事長　赤松 隆滋 氏
12月6日	企業の社会的貢献	キッコーマン株式会社 取締役名誉会長　茂木 友三郎 氏
12月13日	障害者雇用の新潮流	オムロン京都太陽株式会社 代表取締役社長　宮地 功 氏
12月20日	子どもの社会的養護	元厚生労働省 障害保健福祉部長 東京養育家庭の会理事 藤井 康弘 氏
12月27日 公開講座	ダイバーシティ社会・ 障害者雇用支援への取り組み	NPO法人ワークスみらい高知代表 公益財団法人日本財団 国内事業開発チームチームリーダー 竹村 利道 氏
2019年 1月17日 公開講座	君たちはどう生きるか、 格差・貧困の時代で	ジャーナリスト／著作家 東京工業大学 特命教授 池上 彰 氏

第1部　子どもを取り巻く問題

子どもの貧困および虐待、児童養護施設における「しんがり」の活躍

第1部では子どもに関する「しんがり」の活躍を紹介しています。

第1章の青砥恭さんのテーマは子どもの学習支援ですが、ここで大切なのは、単に子どもに勉強を教えるということだけではなく、大学生などのボランティアと一緒になって多様な課題を抱える子どもたちの居場所づくりを行っているということです。居場所をつくることは、子どもの自己肯定感の回復につながります。さらにはさまざまな課題を抱えているその子どもたちの親の支援も重要になります。

学習支援だから高校進学を目指して、塾や民間の家庭教師の費用を補助すればいいというわけではないという点が大事なところです。青砥さんのもう一つのメッセージは、困難な子どもに寄り添うという経験がボランティアをした大学生を大きく成長させる点です。そして、子どもたちに寄り添う大学生にさらに寄り添うという活動をしているのが青砥さ

んの活動の本質ではないかと思いました。

第2章の池上和子さんのお話は社会的養護施設に関するものです。遺棄や親との別離、虐待などにより家族に恵まれない子どもは、社会的養護施設で暮らすことになります。

社会的養護施設の子どもたちは、非常につらい経験をして育っています。大人から本気で愛してもらったことがない、愛着障害を持って成長する人も多いようです。そして、アンケートなどを見ると、他人に対する信頼感が低く、対人関係をつくるのが苦手な傾向があります。

こうした問題は何ら子どもには責任はないわけですので、社会がどのように子どもたちを抱きしめてあげることができるかが重要になります。しかし、日本の社会的養護施設の質や人的な水準は国際的にはまだまだ低い状況です。個室が保障され、専門家の充実した支援を受けることができる北欧とは雲泥の差です。

また最近の動向としては、家庭的養護、すなわち里親が普及する一方で、育てるのが難しいと思われる障がいなどの課題を持つ子どもたちは養護施設に取り残されていく傾向があり、養護施設の質の充実がより重要になっています。また施設から退所した後の自立支援の強化はきわめて重要な課題になっています。

（駒村康平）

第1章 子ども・若者の貧困と地域の居場所づくり

【講義日：2017年11月1日】

NPO法人さいたまユースサポートネット代表

青砥 恭（あおと・やすし）

１９４８年生まれ。元埼玉県立高校教諭。明治大学・埼玉大学で講師を務めた。子ども・若者と貧困、自立支援問題を研究する。２０１１年、さいたま市において居場所のない若者の支援活動を行っている。さいたまユースサポートネットを設立し、著書に『ドキュメント高校中退――いま、貧困がうまれる場所』（ちくま新書）など。２０１２年より朝日新聞埼玉県版に「まなぶ」シリーズで連載を持つ。

ＮＰＯ「さいたまユースサポート」を主宰している青砥恭さん。10年ほど前からさいたま市で、学生たちと一緒にボランティアで学習支援をやってきました。そして、この活動をより進めようと、２０１１年に法人格をとって、明治大学や埼玉大学の学生たちと一緒に団体を立ち上げました。

おすすめの本と映画

今日は最初に本を紹介します。一つはアメリカの政治学者、ロバート・パットナムの『われらの子ども』です。『われらの子ども』は、１９５０年代と21世紀に入ってからのアメリカの地域社会がどう変わったのか、そのなかで格差の拡大を描きながら、子ども、若者に対して、アメリカの格差の拡大がどういう影響を与えたのか、人間が育つうえで地域社会はどれほど大切なのか、そういったことをかなり綿密に分析しています。子ども、若者の成長、そして彼らの人生にどれほど地域社会が影響を与えたのかということを分析した本です。

それからもう一つは、ブレイディみかこの『子どもたちの階級闘争』。これは新聞などで紹介されました。ブレイディみかこはイギリスの下町、ブロークン・ブリテンという貧困層の人々が集中する地区にある無料保育所で働いていた日本人の保育士さんです。その無料保育所が、保守党政権下の緊縮財政で国の予算がカットされ、運営ができなくなり、フードバンク[1]の場所になってしまった。要するに子どもを育てる場所が、貧困層の人たちに食料を手渡す場所にしたってしまったんです。国の緊縮策が人間の衝突をつくり、他人に優しくできない社会にしてしまったんです。非常に象徴的ないまのイギリスの現実、ヨーロッパの現実と言ってもいいかもしれませんが、それを象徴している。

EU離脱の背景がよくわかる本です。

ぜひこのロバート・パットナムとブレイディみかこの本を読んでみてください。それから、『わたしは、ダニエル・ブレイク』という映画も話題になりました。これもイギリスの映画で、監督はケン・ローチです。彼は、イギリスの1980年代のサッチャー政権の頃からの緊縮財政、新自由主義的な社会変化のなかで、人々がどれほど困窮し、孤立していったか、社会が分断されていったか、そういう市民の姿をかなりきっちり描いている世界的にも有名な監督です。映画好きの方は、ケン・ローチの名前は多分ご存知だと思います。僕も彼の作品は大抵見ています。この映画もぜひご覧になってください。

1…まだ食べられるのにさまざまな理由で捨てられてしまう食品を、食べ物に困っている人や施設に届ける活動。

50年代のアメリカと21世紀のアメリカを比較

ロバート・パットナムの『われらの子ども』の舞台は、１９５０年代のオハイオ州にあるポートクリントンという町。アメリカ合衆国の一番北、カナダとの国境にある五大湖の一番北、エリー湖のほとりにある町です。１９５０年代当時は人口６５００人の小さな町でした。その町のポートクリントン高校では、１９５０年代末に１５０人の生徒が卒業していきました。その卒業生たちの卒業パーティに、この町の住民１１５０人が、６５００人中の１１５０人ですから大変な数だと思いますが、集まりました。要するに町中の住民たちが、自分の子どもでなくても彼らの卒業を祝って、将来この町を支えてくれるであろう若者たちの門出を祝うという情景が、そこにはありました。これが１９５０年代の末のアメリカの姿です。

それが２０１０年になるとこの町は一体どういうふうに変貌したか。例えばコミュニティはどうなったのか、産業はどうなったのか、教育はどうなったのか、そこで生きている家族は……。この本ではその変貌を描いています。大体想像はつくと思いますけれども、１９５０年代にこの町を支えていた工場の多くは、60年後の２０１０年には廃墟となっています。工場の操業は、１９７０年、80年頃に停止しています。いわゆる「ラストベルト」、アメリカ中西部の失われた旧大工業地帯の一つです。

１９５０年代にこの学校で育った若者たちは、階層に関係なく、親が大学を出ていようが、高校中退だろうが、企業経営者であろうが、職工だろうが関係なくチャンスがあった。やる気がある若者たちに対しては、富裕層がどんどん手を差し伸べて大学教育まで援助するという、自分の子どもではないけれども、この町の子どもなのだ、「われらの子ども」なのだという感覚がここに住んでいた人々には共通してあった。そうして、親は高校も満足に出ていないけれども、息子は大学を出て神学校へ行って、町の牧師さんになって、生涯、町のためにボランティアでいろいろな役職をやりながら人生を送り、いまは70代になっている。こういう情景もあった。

ところが２０１０年になると町は大きく変貌して、エリー湖周辺では、富裕層の地域と貧困層の地域に、見事に分断しています。皆さん、「ゲイテッドコミュニティ[2]」とか、「ゲイテッドタウン」という言葉はご存知だと思いますが、所得などの階層によってはコミュニティが住居も地域も完全に分断されているというのがいまのアメリカの姿です。しかも貧困層の若者たちはどんどん貧困化し、孤立し、ドラッグに手を染め、そして犯罪に関わっていく。非常に若い段階で子どもを産んで、またその子どもたちも貧困化していくという、貧困の連鎖がそこでは始まっている。こういう姿を『われらの子ども』で示すことで、ロバート・パットナムはいまのアメリカの社会に対して警鐘を鳴らしているわけですね。ブレイディみかこの本はイギリスが舞台ですが、ここにもほとんど同じ情景がある。これは、日本もほとんど変わらなくなったと僕は思います。

2…ゲイト(門)を設け周囲を塀で囲むなどして、住民以外の敷地内への出入りを制限することで通過交通の流入を防ぎ、防犯性を向上させたまちづくりの手法。ゲイテッドコミュニティという概念自体は目新しいものではなく、以前から租界や米軍ハウス等があり、再定義したに過ぎない。日本においては、ゲイテッドタウンやゲイト・コミュニティとも表記される。

日本にもある貧困の風景

もう一つ持ってきたのは、『捨て子ごっこ』という本です。ご存知の方おられますか。これは永山則夫の本です。永山則夫の名前は年配の方はご存知だと思うんですが、彼は1949年生まれで97年に死んでいます。なぜ死んだのかというと処刑されました。彼は死刑囚でした。

永山則夫は19歳だった68年から翌69年にかけて、横須賀の米軍基地から盗んだピストルを使って京都や名古屋などで4人殺しています。日本では複数の人を殺すと死刑という、有名な「永山基準」という死刑の適用基準がありますからご存知だと思いますが、それは1983年、彼に対する最高裁判決の中でできたものです。

この永山則夫には、『無知の涙』や『捨て子ごっこ』という作品があります。書き物としては、僕は『捨て子ごっこ』が一番優れていると思います。どういう生い立ちをしたか。さきほどのパットナムの本のそれと比較します。

彼は49年に北海道の網走で生まれています。無番地といわれる網走の貧困層が住んでいるあたりで生まれて、育ちました。8人きょうだいの7番目。父親はもともとはリンゴの剪定職人ですが、博打をやり、ほとんど家に金を入れず、母親が行商をしながら8人の子どもを育てる。けれども途中でどうしようもなくなり、育て切れなくなって子どもたちを捨てます。子守りができる子と赤ん坊だけを連れて、自分のふるさとである青森県の津軽へ逃げます。永山則夫はまだ5歳でした。残された4人のきょうだいたちと一緒に、網走の掘っ立て小屋のような家の中で、一冬、子どもたちだけで生きのびるんです。過ごすのではない、真冬の網走を生きのびる。

どう生きのびたか。海辺に落ちている昆布を拾ったり、死んだ魚を拾ったりして生きていきます。そういう捨てられた体験を持っています。しかも兄たちからは小さいから面倒くさがられ、虐待を受けます。そういうなかで過ごして、翌年、近所の人に子どもだけで生きていると通報をされて、親元の津軽へ連れていかれる。行ってももう母だけでぎりぎりの生活をし、学校も満足に通っていません。父はその頃、岐阜で、行き倒れで死んでいる。そういう子ども期を送った若者です。

その後、中学を出て、集団就職で東京に来ます。50年代に永山則夫がどういうふうに生きてきたか。彼が過ごした時代の風景、子どもの頃の情景は、いま僕らがボランティアで貧困層の子どもたちや若者たちの支援活動をしていますけど、その情景とあまり変わらないなと思える子どもたちが相当いるんですね。ほとんど社会から見えないのは同じです。

事件を起こす若者たちの共通点

その永山則夫の話を頭の隅に置いておいて、この数年で起きた日本の若者たちの周辺で起きた犯罪について話したいと思います。広島の事件、前橋の事件、埼玉県東松山の事件ですが、川崎の多摩川の河川敷で起きた事件は皆さんよくご存知だと思います。

２０１３年６月に発生した広島の事件は、虐待やネグレクトを体験し、親からほとんど捨てられたような若者たちが、自分は家族がないから疑似家族、「ファミリー」と彼らは称していますけど、「ファミリー」をつくって、16歳の男女４人で家を借りて暮らし始めるんです。高校は行っていません。中学を出て、その同級生なり友だち、ＬＩＮＥでちょっと知り合った子どもたち、そういうコミュニティのなかで発生した事件です。そのコミュニティができて30日後に、そのなかの一人が惨殺される。すごい殺され方をします。車の中で殺すんですけど、それは周囲にいる男たちも絡んでいる。

何でそういうことになったかというと、彼らは生きていくすべはありませんから、売春をして食べていたと言われていますが、稼いだ金、男の問題、そういうのがいくつかあって、ＬＩＮＥを使った言葉の一つ、二つでもうキレちゃうわけですね。愛着形成、自己肯定感が育っていなかったと思います。それで殺人に至る。呉の山の中に死体を捨てて、後で見に行ったりしている。ちょっと恐ろしい話ですけれども、彼らはそういうことをしている。

なぜそこまでになってしまったのか。自分の家庭には居場所がない、学校にも帰属できるコミュニティがない、居場所がないという若者が、どうやって自分の居場所をつくろうとしたのか、維持しようとしたのか、他者を信頼する力を育てることができなかった若者たちがどうなるのか、一つはそこがポイントだと思います。「なぜ殺したのか」と聞かれ、「ここで止めたら仲間から捨てられると思った」とも言っています。

次は２０１４年に発生した前橋の事件です。事件を起こした若者はいま27歳の死刑囚です。この若者は１歳のときに乳児院へ、それから児童養護施設、祖母と叔母のところに少しいたことがあるけれども、虐待を受けて居住地を転々としていた若者です。自分の「家族」をほとんど持つことがなかったこの若者が最後はどこまでいったかというと、二人のお年寄りを殺害します。一人からは５０００円を奪い、もう一人殺したときはリンゴを2個取っています。「食べ物が欲しかった」と捕まった後、話しています。二人殺しました。リンゴも財物ですので、刑法上は強盗殺人罪です。強盗殺人を二つやった。さっきの永山基準でいうと、死刑です。この青年もいま死刑判決を受けています。裁判の途中、裁判官にいまの気持ちを聞かれて、こう答えています。「自分はもういい」と。反省をするとかそういうことは一切なくて、もうこの人生はいいと。こういう反応をしている。この青年は裁判で「金はいつもなかった」「いつも一人だった」と話しています。さっきの永山則夫もそうでしたが、この青年も同じように孤独でした。

2015年2月に川崎で起きた事件は、学校や家庭に居場所がない若者たちが、外にコミュニティをつくって、そのなかに入ってきた同じような一人ぼっちの中学1年生の12歳の少年を殺したという事件です。

東松山の事件もほとんど構造は変わりません。学校にも家庭にも居場所がない若者が、外のちょびっとヤンキー、――昔のヤンキーみたいなんじゃないです、はっきり言ってたいしたことはない。だけど集団をつくって、そのコミュニティのなかから抜け出そうとする者に対して制裁を加えます。一旦暴力が始まると止まりません。こういうケースはとても多いんです。広島のケースもそうです。

理由の一つは、「虚栄心」と言われています。他の仲間から「やれやれ」と言われて、グループ内の位置を失いたくなくて、もう止めようがなくなってしまった。集団の中で、暴力を止めようということができなくなってやってしまう、そういう事件です。

これらの事件を起こした若者たち、みんなに大体共通していると思うのは、家族や学校に安心して帰属できるコミュニティがないということ、仲間、居場所、自分が安心して過ごせる場所、自分が本当に成長できるという仲間集団を持っていないということです。他者との関係性を育てる力が培われていない。だから選びようがない。そういう若者たちの絶望感とか孤独感のなかで起きた事件です。同じように「豊かな人間関係」への期待は持っていません。常に人間関係への不安を抱き続けている若者たちです。それは共通していると思います。

若者たちに居場所を提供する

僕らの団体は、居場所づくりというのを一つのミッションにしています。居場所というのは、一般的に「安心安全」とよく言われますけれども、人間社会というのは、安心と安全だけで言い尽くせるものではありません。これは学校も同じです。いじめ問題は日常的に発生しますし、人間のコミュニティでは関係性が濃くなれば濃くなるほど排除という現象が生まれてきます。僕の本業は教師で教育学が専門ですが、教育学から考えると、学校とは何か、学びとは何かと問われれば、人間と人間との関係性、要するに関係性の学びの場だと思っています。それが一対一であれ、集団であれ、教師と子どもたち、教師と学生たちの関係であれ、子ども同士の関係であれ、その関係性のなかで互いの文化を交流しながら、社会性を学んでいくものだと、僕自身は考えています。学校とは本来、そういう場であるべきです。

人間は、他者との交流のなかで共感を得たり、承認を得たり、いろいろな意見の対立があってもそこで合意を形成していったり、そういうことを積み重ねながら人間としての喜びやさまざまな感情を交流していきます。仲間というのは悲しみを半分にし、喜びを倍にする関係性だと思います。そういう関係性をどうやってつくっていくかという、それを子どもたちは学校の中で学ぶ。仲間づくり、人間の関係性づくりというのは、そこに本質があると僕自身は考えています。だからいろいろ異なる人々と多様な交流をたくさん積み重ねることで、喜びも何倍にもなっていきます。それが研究者であったり学生であれば、そこからたくさんの知見を獲得するというのは、すごく大きな喜びになると思います。

いまの僕たちが進めている居場所づくりですが、ボランティアで毎週土曜日、さいたま市の与野という地域で2部屋お借りしてやっていて、毎回50~60人が参加します。勉強をしたり、交流スペースでつながったり、そういう活動をずっと一年を通してやっているんです。もう10年近くなります。毎週そこに埼玉県下から50~60人も集まってくるんです。

集まってくる子どもや若者たちに共通する特性は貧困と孤立です。居場所は全部無償です。1円もお金を取りません。ですから大体そのニーズに合った人たちがやってくる。学校に通えないとか、働きたくても働けないとか、仲間がなかなか見つからないとか。虐待を受けた人もいますし、ホームレスだった若者もいますし、犯罪に関係した若者もいますし、本当に多様な人たちが集まってきます。だけどそこはみんな平等に、若者たちの居場所として保証していま す。けれども、何で毎回、こんなにいっぱい来るんだろうと思います。特別にすごいことをしているわけじゃないですよ。ただ「たまり場」「学び場」という居場所を提供しているだけです。僕も行って、いろいろな若者たちとおしゃべりしている。そのくらいのことなんです。

いまの日本で若者支援が必要なわけ

なぜいま、若者支援で居場所づくりをやらなければいけないのかということを少し触れておきます。僕は、若者問題と貧困化と少子化問題はセット、つながっているテーマだと思っています。これからの日本社会は少子化が進行し、働く人がいなくなりますから、同時進行で確実に貧困化すると思います。どうやって、それを我々は乗り越えていくのか。フランスはそれを越えたと、よくヨーロッパでは言われています。出生率が2・0に近いですからやや自然増です。どうやってそれをやってきたかというと、やっぱり子ども政策と言われています。これは教育政策も含めて、安心して子どもを産んで育てる、もちろん財政的ないろいろな問題がありますけれども、それができる社会をつくっていく努力を積み重ねている。移民問題も含めてです。では我々はどうやって、何を目標にして、具体的にどのような政策を実行していくのか。いまの日本社会は大丈夫なのか。先が全く見えません。貧困と少子化問題に関わるいろいろなデータを眺めながら、大変な厳しさを日々感じています。そんな状況のなかで、とにかく、自分はこういうモデルをどうやって地域社会の中につくっていくかということを考えて、就労から居場所、教育と、いろいろなことをやっています。

やっぱり僕は、若者の貧困、子どもの貧困問題で一番の鍵は教育だと思っています。自ら貧困から脱するという、そういう意欲を育てるためには、まず生きる意欲、学ぼうという意欲、将来の目標を立てる。そして他者を信頼し、関わる力を育てるには、やっぱり教育が必要だと考えています。

さいたまユースサポートの学習支援教室に来る子どもたちの世帯の課題

僕らは生活保護世帯とひとり親世帯の学習支援をやっています。さいたま市内に11の学習支援教室を持っていました（2018年度まで）。これはさいたま市から委託を受けた事業[3]です。約300人の学生がボランティアに入っています。週2回ずつやっていますから、1週間で22回の教室が全市で開かれています。大体そこに300人から400人の中高生が来ています。利用者は、生活保護世帯とひとり親世帯の児童扶養手当全額支給を受けたという世帯要件があ

図表 1-1　世帯の課題①　崩壊家庭Aさんの場合

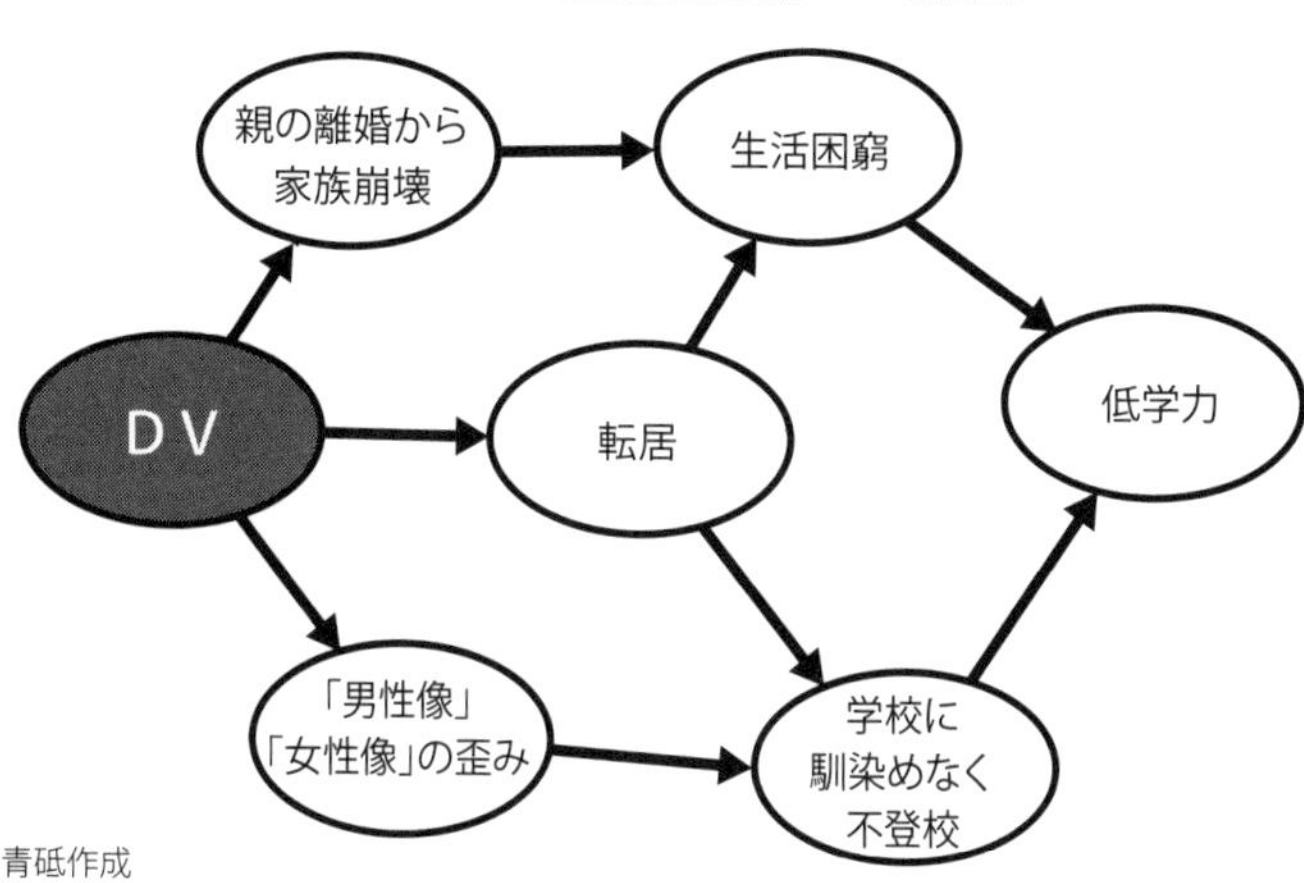

青砥作成

り、その二つの世帯要件に合う生活困窮層の子どもたちがやってきます。

その教室では大学生がロールモデルになって、勉強をしたり、居場所になったりします。そこに来る子どもたちの多くは、家族や親戚に大学生がいないので、大学生という存在を知らない子どもたちです。だから大学生と話をしたのが初めてという子どもたちがとても多いです。

ボランティアの学生スタッフたちと一緒に、僕らが見ている子どもたちの世帯の課題を図式化しましたので、そのうちのモデルになりそうなものを紹介します。

Aさんの場合、家族の中のＤＶで親が離婚して家族が崩壊しました。もちろんＤＶの前には、例えば父親の失業や貧困という問題が必ずついてきます（**図表1-1**）。

Ａさんの母親は夫からＤＶを受けた後、子どもと転居し、それから困窮生活が始まります。母親はあまり収入がありませんでした。日本社会では離婚後、女性が働こうと思っても安い賃金のパート労働しかありませんから生活が困窮します。生活保護を受給する世帯も少なくありません。子どもたちは、ＤＶの様子をしっかり見ていますので、男性像とか女性像、家族像というものに、ものすごい歪みを持っています。

Ａさんは転居した後、勉強もできないし、学校に馴染めなくて不登校になっていました。もともと勉強は得意じゃないうえに、この状況では勉強どころじゃないわけで、それが低学力を生みます。不登校の小中学生は増加し続けていますが、背景にはこのような状況が少なくないと思われます。母親は昼も夜も働いているというケースもあります。

次のＢさんは発達障害があるケースです（**図表1-2**）。同じようにＤＶで離婚して転居して……というのは、先ほどと同じです。お母さんが子どもを育てていくのに孤立して、精神疾患がある。母親の精神疾患はものすごく多いです。

依存症もとても多い。生活保護世帯の家族では、親が保護費をもらったらすぐにパチンコに行くとか、昼から酒を飲んでいるとか、そういうケースを聞いたことがあると思いますけど、これは多くは依存症です。これは非難しても直るものでなくて、治療が必要です。そのあたり

図表 1-2　世帯の課題②　発達障害のあるBさんの場合

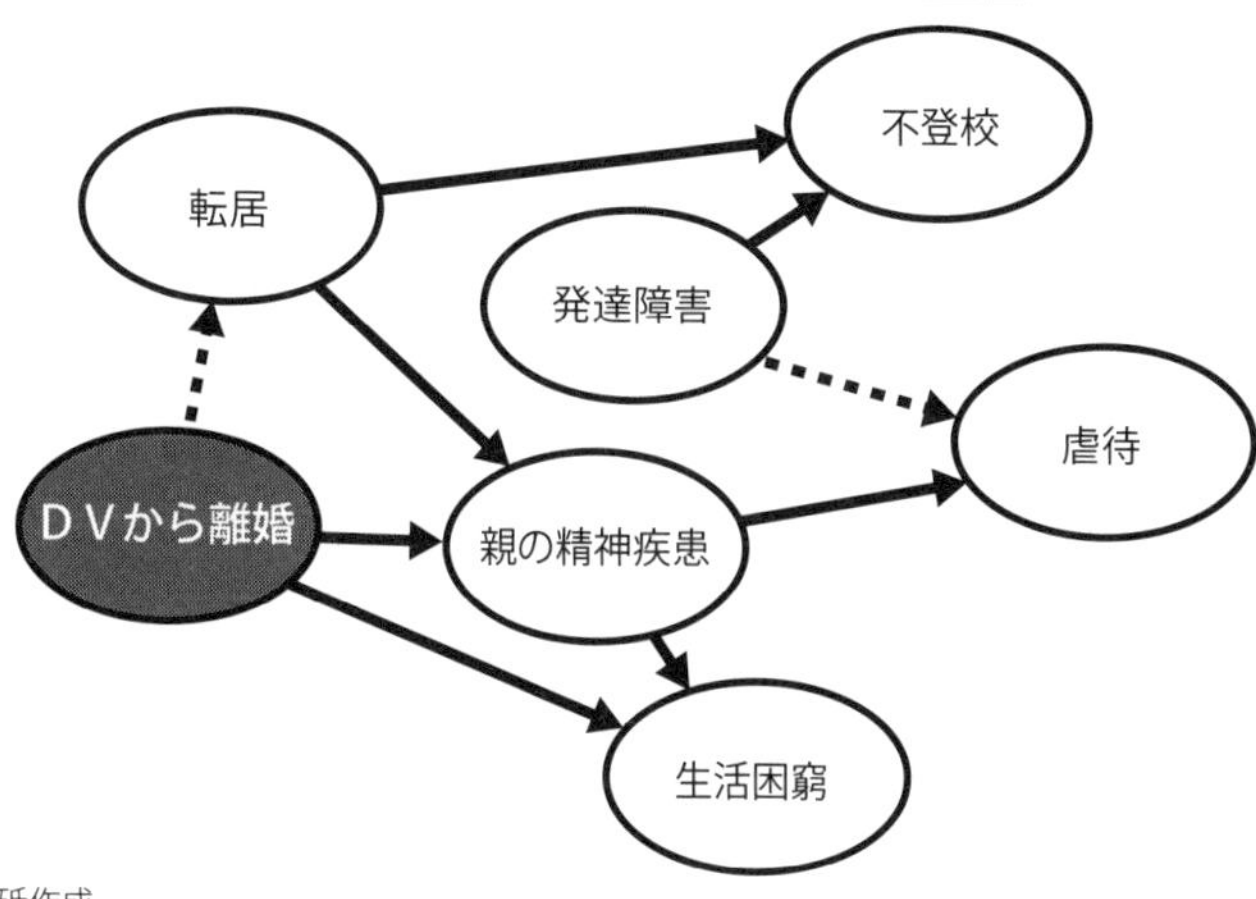

青砥作成

の状況が理解されていない。もう少し正確に、この依存症という病を学ばないといけないと僕自身は思っています。

親に精神疾患があって、さらに子どもにも発達障害がある。こうなってしまうと手の出しようがない。親も子どもを支えようがないということも少なくありません。こういうケースでは多くの場合は虐待が発生します。それから生活困窮、不登校と、最後は大体お定まりのコースになります。

次のCさんは外国人です（**図表1―3**）。日本人の夫が死んで、日本語ができないお母さんと子どもたちが残されたケースです。言葉の壁がありますから情報格差が生まれます。それから生活困窮。言葉ができないので誰にも相談できずに孤立します。

図表 1-3　世帯の課題③　外国人のCさんの場合

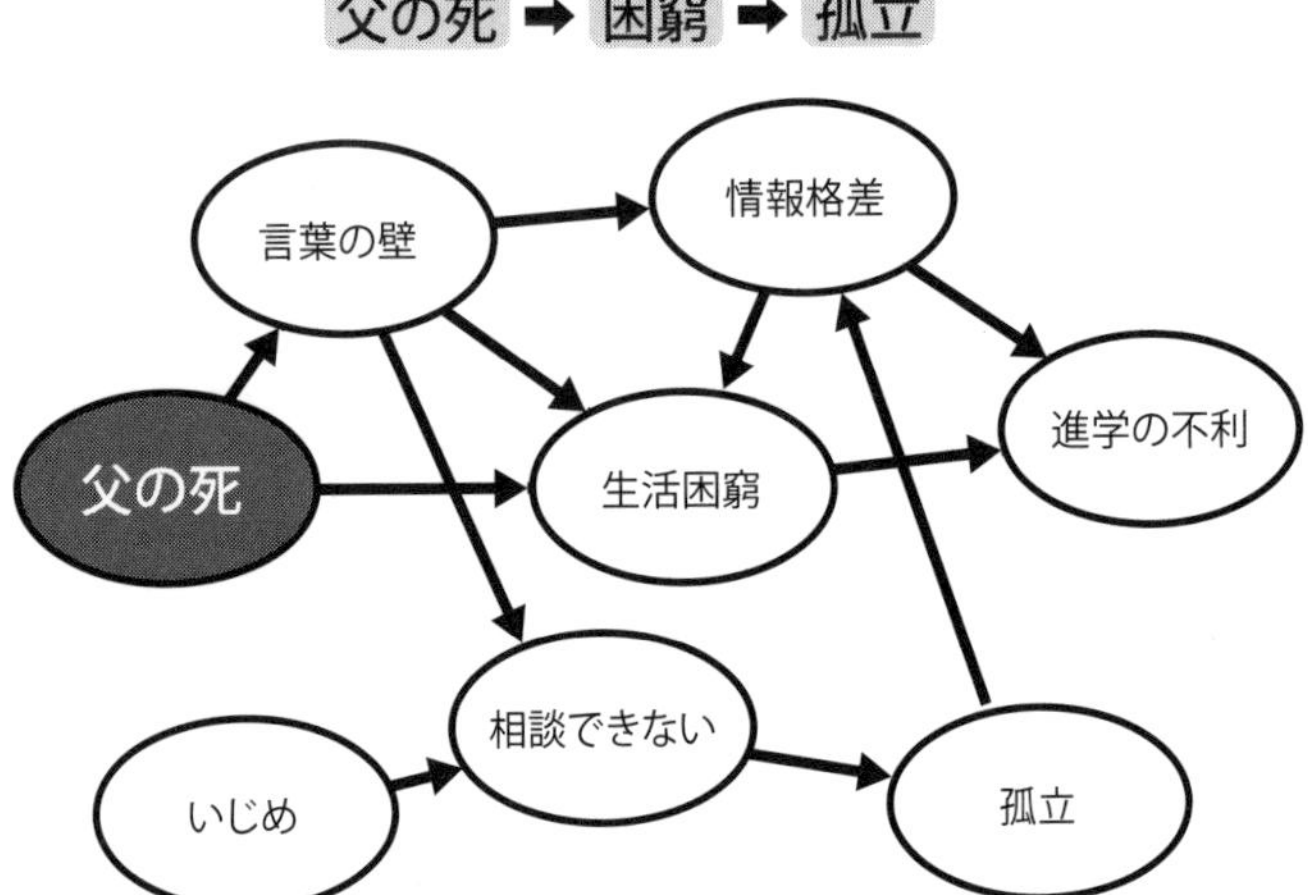

青砥作成

一番しんどいのは、親子の会話が成立しなくなる場合があることです。子どもは初めは日本語が得意じゃないけれど、子どものコミュニティのなかに入っていって日本語の会話はできるようになります。ところが親は相変わらずできないから、元の母語ができない子どもと日本語ができない親との間でも会話がなかなか難しくなる。さらに外部との交渉は日本語をかろうじてマスターした子どもがやることになる。それもなかなか大変です。学校で使用される学習言語も難しいですから、外国人の子どもは進学がどうしても不利です。

3…2018年度でさいたま市からの委託が終了したため、現在、さいたまユースサポートでは学習支援事業は行っていない。

図表 1-4　生活困窮＆無力感を生むリスク

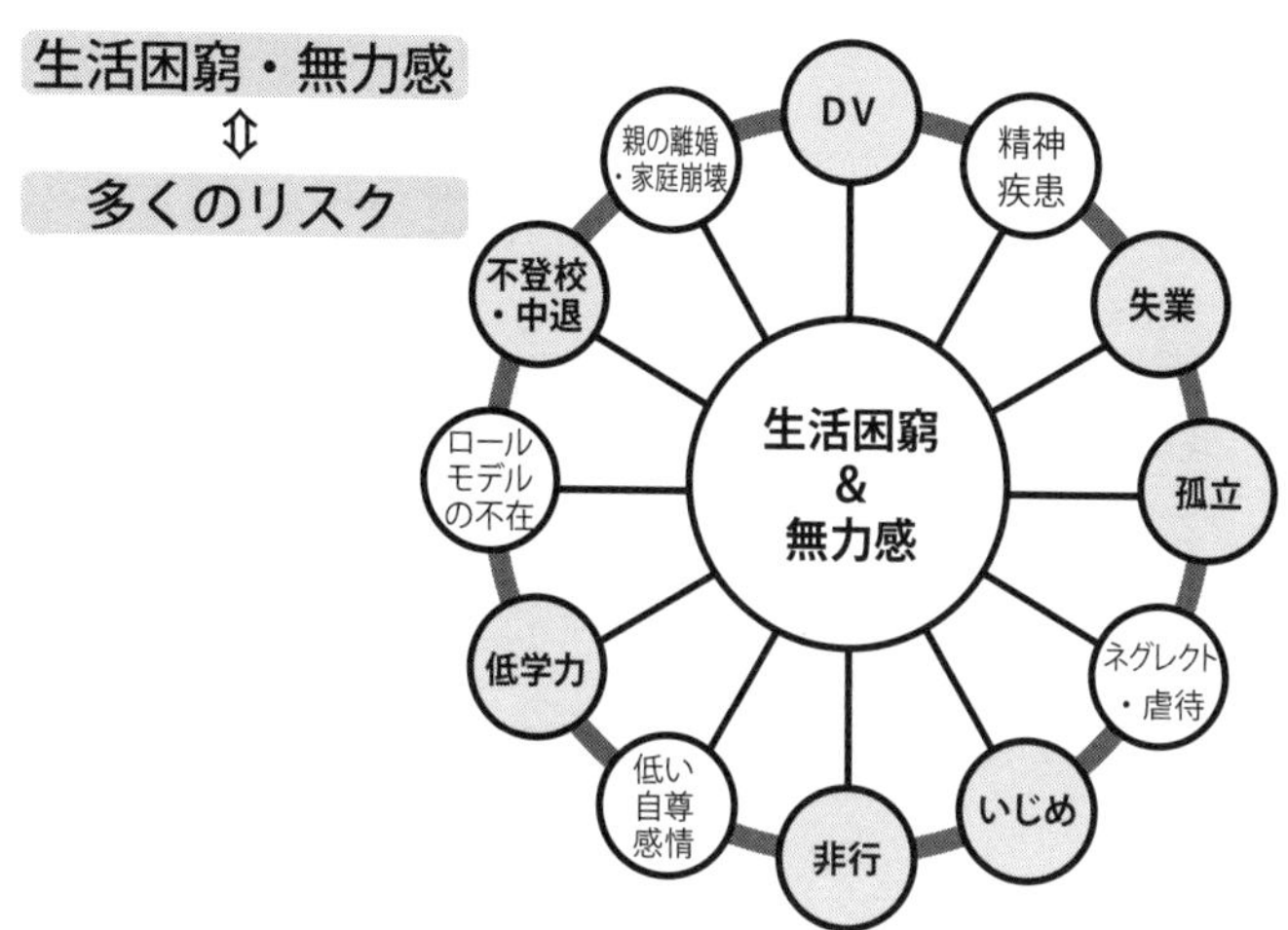

青砥作成

多くのリスクを抱えた若者たち

この図（図表1-4）を見ていただくとわかると思いますが、ロールモデルがいない子たちがほとんどです。不登校とか、低学力とか、自尊感情が低いとか、非行の子もいるし、いじめられているという子もとても多いです。それからネグレクトや虐待を体験した子、孤立している、親が失業して貧しい、精神疾患、もちろん発達障害の子もいます。DVや親の離婚、家庭崩壊を経験している子……。こういうリスクを抱えた若者たちは、リスクが一つとか二つじゃない。不登校で、いじめもあった、学力も低い、それから親は失業している、孤立している、親は依存症とか、精神疾患とか、虐待を体験している……。それが一人の子に集中しているというケースはたくさんあります。

どうやってこの子たちを支えたらいいんでしょうか。僕らは少しずつですが居場所づくりからやっています。一つずつ課題を明らかにして解決できるところからやる。もう一つ必要なのは、支えている存在がいるのだということを伝えることです。「あなた方を見捨てたりはしない。いつでも支えるよ」ということを伝える。そして居場所をつくる。いつでも相談ができ、いつでもほかのいろんな人たちと交流できる場所をつくる。これはすごく大事です。居場所と相談がセットなのがいいです。これが実に大切です。

学習支援をやって随分親たちとつながるようになりました。学習教室に来られない子、不登校の子たちには訪問支援をやっています。そうすると課題が明らかになります。学習支援教室に通ってくる子どもたちは明るいです。なぜか。やはり、自分をいつも受け入れてくれる同世代の若者たちや仲間の存在があるからです。教育は人格的なふれあいと互いの尊敬と承認によって成立します。

子どもの無力感はどのようにしてつくられるか

子どもたちに焦点を当てると、「生活困窮」と「無力感」の二つが大きな問題だと思います。

人は孤立してしまったら、そこから立ち直るという意欲をどうやって育てていくか。絶望からは未来が見えない、自分の将来がデザインできない。そこが一番皆さんと違うところかもしれない。皆さんは自分が勉強して、次はどういうコースを歩んで人生を生きていこうか、大体考えていると思いますが、彼らはそれができない。

学習教室でもどうしても勉強をしない子もいます。ボランティアの学生と会って、おしゃべりするのは楽しみだけど、勉強はしないという子もたくさんいます。なぜ学習教室に来ながら勉強をしようとしないのか。それは、勉強してどうなるか、勉強してその結果、自分がどう変わっていくか、どういう社会が待っているか、どういう人生が待っているか、ということが全く予想できないからなんです。それが見えない子たちには勉強をするのはなかなか難しい。そういう子どもがものすごくたくさんいます。

だから僕らはいま、大学生のボランティアをお願いしているんです。何百人も大学生ボランティアがいますけれども、教師は僕だけで、僕も子どもたちに勉強を教えるということはあまりしません。大学生たちに勉強を教えるようにお願いしている。なぜかというと、大学生たちと仲良くなって、コミュニティをつくって、学生をロールモデル、目標にして欲しいから。いろいろな大学生がいますから、その大学生たちと仲良くして、彼らを目標にして欲しいという思いがあるからです。ぜひ皆さんにも来て欲しい。

ところで、子どもの無力感はどうしてつくられるか。永山則夫と僕はほとんど同世代ですけれども、僕と永山則夫の違いは何か。僕の父は国家公務員で、きょうだいはみんな大学に行って、いろんな仕事に就いていています。僕は十何年も大学に通いました。同じ世代でも、それができた家族と永山の家族と、どこがなぜ違ったんだろうか。同じ人間なのに、片一方は悲惨な人生を送らされて絞首台で死に、いまはもうこの世にいませんし、僕はこの歳まで生きていて、皆さんとこういう話をするチャンスもあるし、まだ勉強しているし、これからもいろいろな勉強をするチャンスもあるし、いろいろな方々とつながって人生を豊かにできている。そういう人間と、どこが、何が違ったんだろうかということを考えます。

社会資源の差が無力感を生む

僕と永山則夫の一番の違いは、一言で言うと社会資源の差、家族や地域の社会資源とのつながり方の差です。僕には親を通じた社会資源が豊富にありました。皆さんもたぶん、そうだと思います。その社会資源を豊富に持っていれば持っているほど、それは圧倒的に有利です。時間があったらぜひパットナムを読んでいただければ、その辺の様子はぐっと見えてくると思います。

「ぼくはみんなと違う。同じようには生きられない」という絶望的な言葉。僕はよく、「ゼミナール」といって、僕の団体が運営する居場所で若者たちと話し合いの会をやっているんですけど、これは僕らが支援しているある若者がそこで話したことです。

貧困層の子どもたちは、無力感の問題があると思います。いままで自分は生きていて何ができたか、みんなと比べて、中学や小学校のほかの友だちと比べて何が違うか。みんなと自分は全然違う。多分、永山もそう思ったと思います。自分は全く他の子たちと違う、何もできない。何やってもうまくいかないし、何も達成されない。子どもの頃からずっとそういう環境にいた子どもと、自分が努力すれば何とかなったという子どもとの間では、この違いを改善しようと思っても、やはり難しい。

これは赤ん坊のことを考えればいい。生まれて間もない赤ん坊は、お母さんのおっぱいが欲しくなったら泣きます。眠くなったら泣きます。お尻が汚れたら泣きます。それを親がカバーして、おむつを替えたり、おっぱいをあげたり、眠くなったら抱いて寝かせたり。そういうことが幼児期からきちっとできていれば、自分はこうすれば状況が改善するということがわかります。逆に、泣こうが、お尻が汚れようが、おっぱいを欲しがろうが、放置され続けた子どもはどうなるでしょう。そういうところが一番の原点ですね。愛着形成と言いますが、自分が意欲を持って改善できたら、それを積み重ねていけば、学習能力の問題や人間の発達や豊かな感情やバランスがある感情が形成されるんです。

さまざまな体験があるかどうか

人間の豊富な体験というのは子どもの成長に影響を与えます。子どもの頃から、例えば家族旅行をしっかりやってきたとか、本をたくさん読んできたとか、親がいっぱい本を読んでいてそれを見てきたとか、新聞を読んで情報をたくさん仕入れて親とよく議論したとか、そういう体験の積み重ねはとても大切です。

実は僕の父はとても保守的な人でしたが、新聞を読んでよく議論をしました。もう父も亡くなりましたけど、僕が若い頃はよく天皇制の問題について父と議論して、田舎に帰るたびにけんかしていたのを覚えています。当時全盛だったマルクス主義の評価についても、父とよく論争していました。母ははらはらしていましたが、僕にはそういう思い出があります。親は僕にたくさん本を買ってくれました。いまから考えれば僕は感謝していますけれども、そういう体験をたくさん積み重ねることを許してくれた。大学に行くのも、僕は山陰の田舎から出て京都に行って、東京に行って、という長い大学生活を送ることも許してくれました。そういう体験が、自分自身のことを考えても、やっぱり人間の想像力であるとか、思想や生き方をつくるためにどれほど役に立ったか。

その体験を持っている人と持っていない人、その体験があるかないかによって、人間がどう変わっていくのかということも、我々は想像力を持つ必要があると思います。貧困問題というのは、物がない、物を買えない、食べる物に差がある、着ている物に差がある、だけではありません。人格の形成にものすごく大きな影響を与えます。本当にこれを放置していていいのかというのは、社会形成という観点からも大きな問題だと思います。

外国籍の子どもたちの居場所をつくりたい

いま僕がとても関心を持っているのは、少子化問題とセットですけど、外国人の問題です。日本にはいま外国籍の人々が256万人[4]ぐらいいますけれども、問題はその子どもたちに対する教育です。「不就学」といって学齢期なのにもかかわらず学校に行っていない、学校で教育を受けていない外国籍の子どもたちがどのぐらいいるのか、実は文科省も正確なデータを持っていません。正確にはわかりませんが、数万人とも言われています。

外国籍の子どもたちは日本の法律では就学義務がありません。この意味、わかりますか。教育委員会は日本国籍の子どもたちだったら、就学していない子どもたちがいたら大問題で、必死で探すと思います。不就学の子どもが日本全体で何百人いるというデータを文科省は持っています。ところが外国籍の子どもたちは、そもそもどのぐらいいるのか、どこで暮らしているのか、学校に通っているのかどうか、はっきりわかりません。だけど彼らは日本の最底辺の労働力として働くことは事実です。

我々はその人たちをこの社会に受け入れる、受け止める、そして仲間にしないと、この国は労働力が圧倒的に足りない。労働力不足という話だけではなく、人権の問題ですし、成り立たないのです。働く人間は受け入れるが、子どもは放置する、そんなことが許されるはずはありません。これはもう欧米の、特にヨーロッパ社会ではあたりまえになっている政策ですけれども、それをどうやってつくっていくのか。日本社会の中にはものすごくアジア系の人々に対する偏見がありますから、それを、まずボランティアという形ですけれど、そういう若者たちに対する学習支援、居場所支援というのを始めようと、いま考えているところです。

4…平成30年3月27日法務省入国管理局報道発表資料 http://www.moj.go.jp/content/001256897.pdf

制度のはざまに落ちていく若者を支援

僕らの活動は、やり直せる、学び直しができる、生き直すことができるという居場所づくりを真ん中に、その周りに学習支援教室、若者自立支援ルーム、たまり場、サポステ（地域若者サポートステーション）を置いています。若者自立支援ルームはさいたま市の事業です。「たまり場」以外は、国の予算とさいたま市の予算が出ています。現在は、生活困窮者自立支援法という法律がありますが、その法律で学習支援教室が行われています。学習支援事業があるのは、いま全国で902の福祉事務所を設置している自治体のうち6割を超える自治体です。

学ぶこと（学習支援教室）、共通した居場所を持つこと（たまり場）、就労を目指すこと（若者自立支援ルーム、サポステ）をセットにして、若者たちに提供する。我々の団体はそれをすべて持っていて、これに加えて畑を持っているので、そこで野菜をつくる活動もしています。私たちの団体は、いろいろな地元企業、社会的養護施設、行政、いろいろな団体と連携をとりながら活動しています。自分たちですべて解決するということはあり得ません。基本は、制度のはざまに落ちていく若者たちをどのように支援したらいいか、というところを考える。学齢期の子どもには学校がありますが、高校卒業程度以降の若者を支える制度が日本にはありません。このための若者たちを支えるスキームを一つひとつどうやって地域社会の中につくっていくのか。僕たちの団体は、ほとんどさいたま市内におさまっています。なぜかというと、外に出るのが大変だからということもありますが、地域を変えたい、互いに支え合える地域づくりをやりたいというのが最大のミッションだからです。

学習支援教室では教室のリーダーの大学生が生徒たちとホームルームをやって、今日はこんなことをやろうねということを、みんなで打ち合わせしています。生活保護世帯の中学生、高校生と、ひとり親世帯の中学生が、1教室（全11教室、週2回）で毎回10～30人やってきます。大学生たちがそれをフォローする形となります。さいたま市の学習支援教室の生徒たちの家族は、ひとり親が8割で、保護者の学歴は高卒以下が8割、中卒・高校中退は3割。参加生徒の不登校率は15~20%、世帯主の障がいや精神疾患も少なくありません。外国出身の生徒も増えています。こうした条件が重なっています。こういう若者たちをどうやって支えればいいのか、すごく大変なことです。

「若者自立支援ルーム」という居場所もさいたま市から委託を受けて運営しています。毎週水曜日はさいたま市内で「子ども食堂」を運営している方々がランチカフェをつくります。この日だけ200円会費です。デザートもあります。デザートつきで200円、お肉がついていることもある。お魚がついていることもある。なぜそんなに安くできるかというと、米は全部もらい物だからです。僕は地方に講演に行って何かくださるというと、必ず米をくださいと言っています。僕の学生時代の友人は、お米をつくってそれを1俵(60キロ)送ってきます。60キロだと相当もちます。他の日は、自分でつくれば食事はただにしています。だから若者自立支援ルームまでやってくれれば、飢えて死ぬことはない。ルームにあるものなら、何を食べてもいい。

僕たちは野菜づくりもしていますが、いまはイモと大根、葉ものなど。ものすごい量ができています。4000平米の畑を借りていますから、すごく広い。サツマイモの収穫はちょっと大変で、すごい量ができます。それは全部ルームで食べても、ただで持って帰って、おうちで食べてもそれは構わない。

若者自立支援ルームではデッサンも教える。これももちろん全部ただ。ここで絵を描いている人たちは、ほとんど長期ひきこもりグループで、ここに通うようになって、アルバイトから働くことができるようになったという人も相当います。

なぜこういう居場所を、若者たちが求めるのか

このように若者自立支援ルームはいろんなことをやっています。英語講座と中国語講座もやっています。希望者に対しては高卒認定試験の勉強も教えます。アート教室ではデッサンも教えます。それからアートセラピーといってカウンセリング機能を持つ教室では専門家が来て教えてくれます。ヨガもやります。体育館で運動もやります、地域の運動会にも出ます。他にもいろいろなイベントやプログラムをつくっていますけれども、学校ではありませんので、参加するかしないかは自由です。

若者自立支援ルームは毎日大体10時から17時までオープンしています。土日以外は毎日、一年間開けています。何時に来てもいい、何時に帰ってもいい。食事をしてもいい、しなくてもいい。すべて自由です。

図表 1-5　若者たちはなぜ、居場所を求めるのか

学校という帰属できる「場」を喪失した若者たち		
①同じ体験ができる場	⇨	生きる場を共有する
②生活リズムを確立する	⇨	毎日通って生活を立て直す
③人との関係性を育てる	⇨	喧嘩・衝突もある＝慣れる、耐える、楽しむ、客観的にみる力
④多様な年代の人と話せる	⇨	コミュニケーションの面白さ、話せる喜び
⑤悩み事を相談できる	⇨	孤立からの解放（第三者に話して整理できる）
⑥人は多様な存在	⇨	それを見つける面白さ（人間観察を通して社会認識を育てる）
⑦働いている人、働いていない人の存在	⇨	人はさまざま。そう思うと孤立感がない
⑧自分を再認識できる	⇨	アイデンティティの確認、自分ってどんな人間？
⑨自分の居場所	⇨	安全で安心感、ふらっと立ち寄れる、他者とつながる喜び

青砥作成

そのなかでいろいろな若者たち――なかには中流かなと思われる子で、発達障害で長期の不登校、ひきこもりという若者もいますが、貧困層の子も多いんです。利用や参加は全部ただですので、貧困層の若者たちにとっては参加しやすく、誰からも受容される、他者からの存在承認を受けられる場所になっています。

それから多彩な人たちと出会う場になっています。ボランティアが20人ぐらいいて、いろいろな人たちが毎日交替でやってきます。その人たちと出会うこともできる。

何でこういう居場所をみんなが求めるのかというのを整理しました。これ（**図**

ものを書いたものです。（**表1-5**）は若者たちがなぜ居場所を求めるのかについて皆で話し合い、そのなかで出てきた

さて、学習支援教室では一年の最後に修了式をやっています。利用者の中学生、高校生たちが、そこのスタッフや大学生たちに感謝状を渡します。ほとんどの大学生スタッフはこの日はみんな泣きます。中学生や高校生の数年のたいへんさを思い出しています。それはとてもいい場面なんですね。

学習支援教室を卒業して、ある大学に受かって、いまボランティアになっている子も来ています。この子がね、利用者の生徒たち、つまり自分の後輩の前で話したんです。自分の家は生活保護で、母親と自分の二人家族で、自分の周囲には大学生は一人もいない。ここに5年来て、ここの大学生の先輩たちから励まされて、頑張って大学に入れた。今度はみんなを支えたいと、そう言ったんですよ。

ロバート・パットナムの『われらの子ども』ではないけれども、やっぱり、どんな階層であれ、どんなに貧しかろうが、どんな境遇で生まれようが、子どもたちは平等に生きる権利があるんです。その子たちに対して、我々はどのように支えていけばいいのだろうか。僕らはいまそれを考え、自分たちで若者たち、地域のニーズに合うスキームをつくりながら、社会に提案をし、若い仲間たちにいっぱい参加してもらいながら、こういう活動をやっています。

学生からの質問

Q1

若者の重大犯罪について少し述べられていたと思いますが、実際に非行に走っていた、そういうコミュニティに所属していた子どもたちが、さいたまの学習支援教室に通うということはあったのか。またそれで更生したのかということをお聞かせください。

【青砥】 学習支援教室に来る子で、大きな犯罪歴があるというのはあまりないです。小さな万引きとか、暴行程度の少年はいました。大きな犯罪で少年院を出た子というのは、実は若者自立支援ルームとか、たまり場という僕らの居場所活動に参加しています。刑務所に行っていた若者も来ていました。それは更生という言い方をしていいかどうかわかりませんが、立派に仲間入りして、僕の知り合いの会社で働いています。

Q2

生活保護世帯全体に占める、こういった教室への参加率はどのようになっているか、教えてください。

【青砥】 生保（生活保護）世帯の参加率ですけれど、この調査は難しいです。２０１６年僕らも出そうと思って必死になって調査をしましたけれど、自治体ごとに対象世帯が異なるので、とうとう出せませんでした。大体ざっくり言って全国的には20％以下で、非常に低いと思います。簡単に言うと、一番困難な層には、まだ手が届いていない事業だということです。さいたま市自体は30％くらいだと思います。

Q3

ここに通えていない子ども、親から虐待を受けている子どもたちは、さいたまユースや他の相談窓口の存在をそもそも認知できないケースや、特に親から虐待を受けている場合は親がそういうところに通わせる必要性を感じていないケースが多いと思う。そういう子どもたちに認知させたり、来させたりする秘策とか工夫がもしあれば、教えてください。

【青砥】認知させる工夫はすごく難しい。これは行政の事業なので行政と協同しないとできないんですね。行政がやる気があるかないか。担当職員のやる気があるかないか、ここも響いてくる。だから僕らだけではなかなかできない問題だけれども、僕自身は意見をいろいろ発表する機会があって、雑誌とか本や新聞に書いていています。ほかにはホームページをつくってなるべく見える化をしていますけれども、それでも十分じゃありません。

やっぱりこれは社会全体でもっと、貧困の解決には学ぶことがどれほど子どもたちにとって大事か、「学ぶチャンス」がどれだけ大事かということを伝えていく努力をしなきゃいけないと思う。

Q4

学校教育の限界性は、いまの学校教育のどの辺の特性から来ているか、またそれがどのように変わっていけばいいかについてお考えがあればお聞かせください。

【青砥】日本の近代の学校教育制度というのは、階層間の移動を含めた社会統合ということをやってきたんだけれど、いまはなかなかそうなっていない。学校の中が非常に競争化されて、市場原理が導入され、階層によって分断されているということを、僕らはとても危惧しています。結局そこが、現代の学校が非常に行きづらいものになっている、特に貧困層の子どもたちにとってはスタートラインが全く違う。それが、非常に学びづらくなっている大きな要因であろうと思っている。

もう一つは、教師があまりにも多忙であるとよく言われるが、そういう問題はやっぱりある。しかも、教師が子どもの貧困問題とか、親支援とか、そういうソーシャルワークの技術、スキルを持っていない。教員養成の段階ではそういう力量はほとんど身につかない。だから誰かとつなぐとか、親までアプローチするとか、学校に来なくなった、学校をやめてしまった子どもたちに対するアクセスの方法を、いまの日本の教員は持っていないというのが致命的だと思っています。

Q5

レジメに、いまの学校というのは運動が得意な人、勉強が得意な人、友だちづくりが得意な人のためにある場だと書いてありました。最終的に学習支援を通じて、居場所をつくり、ネットワークというある種の社会性を鍛え、できるだけ社会に関われるようになることが重要なのかなと講義を聞いて感じました。それに関して、例えばコミュニケーションの技術や趣味としての運動などに、支援事業のなかで働きかけるようなアプローチはあるのですか。

【青砥】社会性を育てることが大切ですが、それには居場所づくりが大切です。学習教室をまず居場所として確立しよう。それは何のためかというと、社会性を子どもたちが持てないと学力は育たないからです。社会というもののありようとか、課題とか、そういういろいろな問題意識を豊かに持つこと、友だちとつながること、人間というものを理解すること。教育の目的はそこですから、それを理解しないと子どもの学力自体が伸びないと考えています。

Q6
地域づくりやたまり場というのは都会でつくるのはなかなか難しいと思います。都会でそういったたまり場をつくるにはどういった工夫が必要か、何かお考えがあったら教えてください。

【青砥】都会でも地域づくりは十分に可能だと思います。そんなに難しくない。僕らは社会福祉協議会から2部屋借りてたまり場に設定し、近くの公立の通信制高校や地域で子どもたちがいる場所にチラシを配っただけで、それが徐々に増えて、いまは50〜60人の若者たちが参加する居場所になっている。多くのボランティアも参加している。そんなに難しくないです。50〜60人でなくても、10人でも十分だと思いますから、それは可能だと思います。

Q7
僕は一時期、子どもの逆境から立ち直る力、レジリエンス力について調べたことがあります。青砥先生の経験のなかで、貧困、DVといった逆境にありながら無力感に陥っていない子に出会うことはあるのでしょうか。もし出会うことがあるなら、他の子とどのようなところが違うのか、聞かせていただければと思います。

【青砥】無力感をどうやって克服できるか、これはとっても難しい。レジリエンス力ですが、僕は無力感をどうやって克服するかという話より、なぜ陥るかという話をした。一言で言うと、無力感に陥る原因の逆をやる。つまり、僕らがいまやっていることは、体験のやり直し。今度はクリスマス会をやる。誕生会、クリスマス会、お花見、多くの家族がやっていたようなことを片っ端からやります。ルームに来ている若者たちから、こういうことをやりたいと言ってくればやる。例えば文化祭をやりたいという若者がいた。自分は学校に行っていないので。そういうことも含めて、本来みんながやっているだろう、この社会の中でみんな若い人たちがやったであろうということを、もう一度やってみる。そんな体験が大切です。やはり、無力感の克服には学びと居場所が大切です。

Q8

たまり場が必要ということにすごく共感しました。例えば学校に行っていない子が夜、友だちとコンビニの前とかに毎日集まるというコミュニティがある。そういう子たちは指導者がいないので、悪い方向に行ってしまう可能性があると思う。でも、そういう子たちは友だちがいるから学習の場に行かない気がするのですが、そういう子たちにどういうアプローチをしているのか、お聞かせ願いたいです。

【青砥】悪いたまり場、コンビニの前には指導者がいない。これがさっきの川崎の事件とか、東松山で起きた事件の子どもたちの話で、実際、ここまでなかなか届かない。ここがうまくいっているという話は、まだ聞いていない。いまやっていることは、僕たちの団体は埼玉県の教育委員会と協同して、埼玉県の定時制高校で全生徒と面談をやり、ヒヤリングをしている。日常、どういう心配や不安や、課題を持っているかを聞き取り、それに対してどういうアドバイスをしていけばいいか、どことつなげればいいかという活動をやっています。東松山の事件、川崎の事件が起きて以降、埼玉県教育委員会と話し合いをしながらそれを始めている。全員が対象ですから、いろいろな課題が見えてくる。すごくおもしろい。

Q9

外国籍の子どもたちの就学問題、親とコミュニケーションがとれなくなってしまう問題についてお話しされていた。さいたまユースサポートネットに来た外国にルーツのある子どもたちに対しては特別な対応をしていますか、またはご両親に対して指導をしていますか。

【青砥】 外国人の子どもたちの親は、実際はほとんど来ていません。だからこれからの課題で、いま一番大きい問題です。外国人の子どもたちのコミュニティというのはやっぱり固まっているので、そこに僕らがボランティアで居場所をつくろうと思って、準備しているところです。さいたま市内のあそこと、あそこと、あそこの県営住宅や市営住宅にはたくさん外国人がいるといった調査をしています。来年（２０１８年）の春から、それをスタートさせようと。これはあくまでもボランティアですが、やる準備をしています。あきらめている親が多い。親を支える活動が大切です。

Q10

きょうの話をうかがって実際にボランティアとして参加してみたいと思いました。不登校を経験している子どもたちとか、自分自身を閉ざしてしまった子どもたちと接した経験がない大学生が、そういう子たちと接するうえで、どういったことに気をつけているのか、何か心を開かせるようなアプローチ方法や工夫があるのか、お聞きしたい。

【青砥】どなたでもできると思う。とにかくその子たちを受け入れてくだされればいい。向き合ってくださって、受け入れてくだされればいい。僕はよく学生たちに、「あの子たちをしっかり受け止めて欲しい」という言い方をする。しっかり話を聞いてやって欲しいと言う。それがまず原点。他にいろいろな技術はあるが、研修会もしょっちゅうやっていますので、遠慮しないで来てくだされればできます。

第2章

逆境から自立する子どもにチャンスを

――児童養護施設から自立する子どもが直面する課題

【講義日：2018年11月8日】

東北福祉大学特任准教授
池上和子
（いけがみ・かずこ）

臨床心理士および精神分析的心理療法士、博士（学術）。2012年より赤坂アイ心理臨床センター代表。淑徳大学、東京成徳大学等で兼担講師。社会的養護（児童養護施設および里親）領域における心理コンサルテーションにおいても活動。共著に『格差社会を生き抜く読書』『日本の大課題 子どもの貧困』（共にちくま新書）、訳書に『社会的養護から旅立つ若者への自立支援』（マイク・スタイン著、福村出版）などがある。

児童養護施設の子どもたちは親からの虐待や貧困、障がいなど問題が複雑に重なり合う多重逆境にいます。また18歳で自立しなければならない彼らにとって、大学に進学することはあたりまえの選択肢ではありません。いま、こうした社会的養護の子どもたちへの支援が求められています。

児童養護施設や児童相談所の実態

私は臨床心理士です。これまで主に医療場面で、乳幼児から高齢者の方までの心理的な問題についての心理相談や心理療法（サイコセラピー）、心理アセスメント[1]などの仕事をしてきました。場合によっては行政やクライアントがサポートを受けている所に所見を出したりもしてきました。

クライアントには幼児から大人までいらっしゃいますが、一生懸命治療に通われても、変化が起きる方と、なかなか変わらない方があります。私だけではなくて、他の臨床心理士や精神科医が取り組んでも同様で、変わる方、変わらない方、いらっしゃいます。治療に通ってこられている方も一生懸命ですけれど、それでもなかなか変わらない方もいらっしゃる。

この違いは、治療を受けるきっかけになる以前の生活背景の深刻さにも要因があるけれども、どこまでがそうした環境の影響なのか、どこまでがその方の持って生まれた資質によるものなのか、それは私の中で考えていきたいテーマになりました。

そういうことについて勉強会や学会で取り上げていたときに、児童養護施設法人の運営をしている先生が、「私の学園の子どもたちに実際会って、いろいろ話をしてくれませんか」と言ってくださり、それがご縁で児童養護施設の活動に携わらせていただくようになりました。その後は児童養護施設だけでなく、乳児院、いまは社会的にも関心が高まっています里親、里親家庭等の活動にも携わらせていただいています。

さて、児童養護施設というのは聞いたことがあると思います。あまり身近な施設ではないと思いますが、実は東京都内には児童養護施設が67カ所あります。日本全国では児童養護施設は605カ所あり、東京は日本の自治体の中で一番多いです。

また児童養護施設に関係がある行政機関として児童相談所があります。児童福祉法が改正になって、2021年から東京の23の特別区では、区ごとに児童相談所を設置することができるように行政基準が変わります。

慶應大学がある港区が児童相談所を建設しようと具体化している話は皆さんご存知だと思います。表参道駅から徒歩数分の所に建設することに反対運動が起きていて、社会的に非常に関心が高まっています。

これから私がお話しする児童養護施設や児童相談所が、私たちの生活のなかで誰もが必要な機関であるということについては全く異論がないかと思います。ところが、それが自分の生活圏のごく身近にあるとなると、そこはまた別の話になる。そこが福祉領域の難しさではないかと思います。

今日は、そうした逆風や日本社会の格差、分断に近い問題を取り去るというところまではいかないけれども、少なくともどういうことなのかという最初の一歩の情報を提供できればと思います。

1…心理アセスメントとは、臨床心理学的援助を必要とする事例について、その人格、状況、規定因などに関する情報を系統的に収集・分析し、その結果を総合して事例への介入方針を決定するための作業仮説を生成する過程。

社会的養護の子どもたちとは

児童養護施設にはどのような子どもたちが入所しているのか。施設に入所している子どもたちの養育背景、成育背景は非常に逆境にある状況で、過酷な面があります。まずは、子どもたちのそうした状況や実態を知っていただきたい。そして、生まれて間もない頃からのこうした厳しい養育環境が、子どもの心にどういう影響を及ぼすか。さらに、物事の感じ方、受け止め方、それから自分自身の捉え方というものが心理的に影響を受けるなかで、そうした子どもたちが18歳になって、自分の進路を選択するときに、そして今後について考えなければいけないというときに、社会として私たちが支援できることは何か、必要なことは何かについて考えていきます。

厚生労働省の児童福祉行政では、児童養護施設にいる子どもたち、児童養護施設に入所する以前の、対象年齢が生まれてまもない0歳から3、4歳ぐらいの乳児院にいる子どもたち、それから里親家庭で養育される子どもたち、そうした子どもたちをすべて一括して、「社会的養護の子どもたち」と言っています。

社会的養護というのは「保護者のない児童や、保護者に監護させることが適当でない児童を、公的責任で社会的に養育し、保護するとともに、養育に大きな困難を抱える家庭へ支援を行うこと」[2]と定義されています。

目黒で結愛（ゆあ）ちゃんという女の子が親の虐待的な対応によって亡くなった事件はご存知だと思います。あのときに児童相談所の対応が報道で多く取り上げられました。

結愛ちゃんの場合、香川県の児童相談所が訪問して2回「一時保護」にはなったのですが、その後の会議で「措置」にはならずに家庭に戻したんですね。そうしたら、結愛ちゃんの両親は児童相談所が何度も呼び出したりしてうるさいからと、お父さんが学生のときに住んでいたことがある東京の目黒に引っ越してしまった。目黒管轄の品川児童相談所は、香川県の児童相談所から緊急性のある案件として引き継いだにもかかわらず、「緊急性なし」と判断して、家庭訪問で結愛ちゃんとの面会を拒絶されてからは面会を求めなかった。その結果、結愛ちゃんは亡くなったということです。

この事件で非常に批判されているのは、なぜもっと踏み込んで対応しなかったのか、家庭に戻さないで、「措置」で児童養護施設に入所させることになぜ行政が権限を発揮しなかったのかということ。このことを強く言われているのは皆さんもご存知のとおりです。

「措置」とは、行政が「この親は、実親であるけれども養育には不適切」という判定をした場合、児童相談所で保護をして、その後、親の元には戻さないことです。どこで育てるかというと、結愛ちゃんのような幼児は児童養護施設となります。このように虐待で保護された後、家庭に戻すわけにはいかないという子どもたちが、まず「社会的養護」の対象となります。

次に、ほとんど報道はされていませんが、最近、実は東京で増えているのが「置き去り出産」です。赤ちゃんを産んで、一晩病院内で過ごし、翌朝になって看護師さんが病室に行ったときにはお母さんだけがいない。ほかにもお寺の前とか病院の前とかに赤ちゃんだけが置かれている。時々新聞報道などにあるように、そういうことは実は少しずつ増えています。

その場合には保護者がいないということで、子どもは児童相談所での手続きを経て、赤ちゃんの場合は乳児院へ入るということになります。そうした子どもたちは、親に代わる人がいなかったり、すぐには見つからなかったりするので、子どもの安全と救命が必要となるため、「社会的養護」の対象になります。

それから、社会的養護のもう一つのポイントに「養育に大きな困難を抱える家庭への支援」があります。厚生労働省の基本的な方針としては、親が養育をすることが子どもにとって非常に危険になってしまう場合は、児童養護施設に入所させます。一方、親がいる場合は、確かに不適切な関わりをしてしまっているけれども、やはり最終的には親子が交流できるようにその家庭にも支援をします。

2…厚生労働省ＨＰより（２０１９年11月29日現在）https://www.mhlw.go.jp/stf/seisakunitsuite/bunya/kodomo/kodomo_kosodate/syakaiteki_yougo/index.html

「社会的養護」の基本的概念と入所までのプロセス

ところで、「社会的養護」の理念ですが、これは基本的には日本が批准した国連の子どもの権利条約の基本的概念と同じです。

一つは、「子どもの最善の利益のために」。いかにも英語の直訳的な文言ですが、子どもにと

図表 2-1　児童相談所一時保護から施設入所までのプロセス

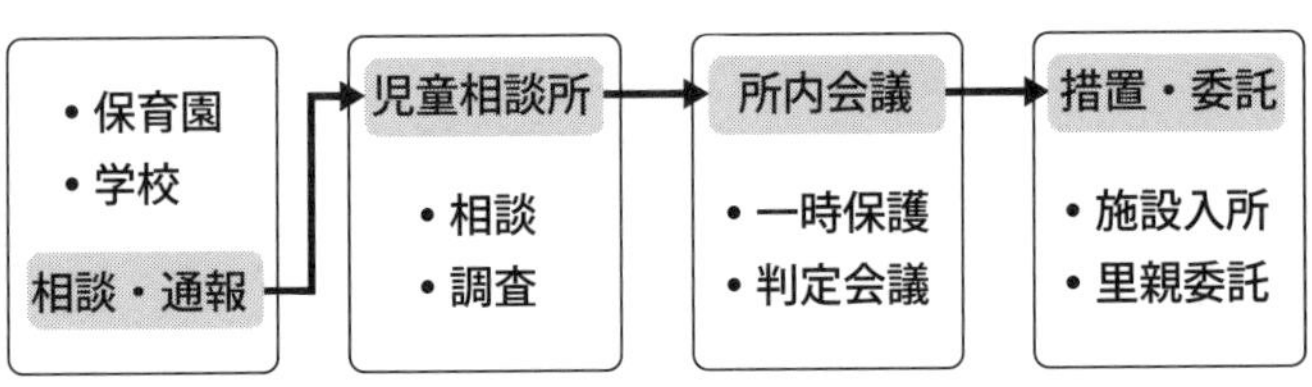

厚生労働省HPをもとに池上が作成

って、その子自身が生きるということにとって、最もふさわしいメリットを常に考えることが必要だということです。

もう一つは、「社会全体で子どもを育む」。子どもがいる人もいない人も、親でないからということではなくて、社会で子どもを育てていくということです。

このあたりが恐らく最後まで議論になるところだと思います。親が責任を持てなくて、子育てを社会で引き受けることについては、自己責任的な意見もあります。しかし、少なくとも子ども自身は選択をすることができなかったわけですから、それこそ子どもの立場に立って考えた場合には、子どもにとって最善の利益というものを社会全体で考えることが必要なのではないかと思います。

先ほど結愛ちゃんのケースで少しお話ししましたが、「社会的養護」の子どもたちがどのようなプロセスを経て児童養護施設に入所するのかについて、もう一度確認します。

まず児童相談所や警察に保育園や学校、近所の人などから相談や通報が入ったら、児童相談所では所内会議を経て、「一時保護」とするかどうかの判定をします。「一時保護」となれば児童相談所で引き受けて保護します。その間に親との面談や家庭調査などをして、家庭の状況が好転したと判断されれば家庭に戻されます。一方、「社会的養護」の理念に鑑みて行政が決定する「措置」となれば児童養護施設への入所が決まります。

どのような子どもが児童養護施設に入所するか

次に、児童養護施設に入所した子どもたちには、どのようなバックグラウンドというか、特徴があるのか、見ていきましょう。

厚生労働省が発表している統計があります。それによると被虐待経験がある子どもがほぼ6割、何らかの障がいがある子が約3割ですが、このうち身体障害はごくわずかで、ほとんどの場合はいわゆる発達障害で、知的障害も一部あります。その発達障害も非定型という言い方をするのですが、クリアにある診断があてはまるというよりは、児童養護施設入所前の養育環境のなかで生じたひずみと言いますか、発達の偏りと言いますか、そういうダメージを背負っている子どもが多いです。

報道等では虐待が増えていると言われていますが、実際、入所児童の被虐待経験は6割くらいと言われます。しかし、これはあくまでも入所理由として児童相談所がつくった児童票、病院でいえば、最初にカルテをつくりますが、それに準ずるような書面上の内訳です。

例えば、乳児院に入所していて、その後年齢的に児童養護施設対象になった子どもの場合、入所理由は「措置変更」となるため、被虐待経験のある子どもには含まれません。ただ、先ほど言いましたように、置き去り出産であったりとか、あるいは棄児であったりという場合に、確かに身体的虐待は受けてはいないかもしれませんが、養育を放棄されたというところでは大変なダメージを受けているはずなので、なかなかこの統計ではすくい取れない、そうした子どもたちの過酷な状況があります。

18歳で退所となる児童養護施設

このような社会的養護の子どもたちが入所する児童養護施設は、厚生労働省の定義では、「保護者のない児童や保護者に監護させることが適当でない児童に対し、安定した生活環境を整えるとともに、生活指導、学習指導、家庭環境の調整等を行いつつ養育を行い、児童の心身の健やかな成長とその自立を支援する機能をもつ」施設とあります。

つまり、親に養育を任せるのではなく、児童養護施設での措置入所が望ましいと児童相談所で判断された子どもたちが生活をする所で、単に生活指導だけではなくて、学習面、それから家庭環境の調整を行う所です。そのなかで家庭に帰れる子も一部はいますが、大半の子は児童養護施設から自立していきます。

ところが児童養護施設は原則18歳までの入所と年齢制限があり、ほとんどは高校卒業と同時に自立＝退所となります。仮にもし皆さんが児童養護施設で生活をしていたとして、慶應大学に合格して4月から大学に入学するというとき、その年の3月までは児童養護施設で生活できるのですが、4月からは「住む所も学費も全部自分の力でなんとかして慶應大学に行きなさいよ」という形になるのです。

そう考えると、18歳で自立をするということが、いまの日本の社会、日本だけではなくて先進諸国のなかでは、いかに大変な課題であるかということが制度的にもよくわかっていただけるかと思います。

増加する児童虐待の実態

「社会的養護」の子どもたちと、その子どもたちが入所する児童養護施設について、また入所理由の約6割が親からの虐待であることをお話ししてきました。

次にその虐待がどのくらい多いのかということについてお話しします。２０１８年度の厚生労働省が発表しているデータを見ると、日本全国で児童相談所が正式に虐待対応相談ということで取り扱った件数は15万9850件です。2015年に初めて日本全国で10万件を超えたので、3年間で3万件以上も増えています。

2000年に児童虐待防止法、正式には児童虐待の防止等に関する法律ができました。その頃はまだ虐待の相談件数というのは確か年間約2万件だったと思いますから、その後本当に爆発的に増えているということがわかります。

皆さんは「児童虐待」と聞くと、殴ったりするという身体的なことをイメージされる方が多いのではないかと思います。つまり身体的虐待です。しかし児童虐待防止法という法律では、虐待とは①心理的虐待、②身体的虐待、③ネグレクト、④性的虐待の4つに定義されています。ですから、いまの日本の現状で虐待をフォローする場合は、この4つの区分のうちのどれか一つを当てはめることになります。

実は、日本の児童虐待で一番多いのは身体的虐待ではなくて心理的虐待です。なぜ心理的虐待が多いのかというと、それは両親、あるいは子どもの母親と事実婚している男性、父親と事実婚している女性が、家庭生活の中でDVを行っている状況があって、警察に通報されて保護されるという件数が一番多いということがあります。

なぜそれが心理的虐待なのかというと、DVというのは夫婦間とか男女間の暴力的なパターンですよね。子どもが仮に殴られていなくても、子どもの前で両親、あるいはそれに準ずるような大人たちがＤＶ状況を展開した場合には、それは子どもにとって心理的虐待になります。このような、子どもは殴られていないけれども、目の前で自分の親、ないしはそれに相当する人がＤＶ状況に陥っている状況を「面前ＤＶ」と言います。そして、このことが子どもにとっては被虐待経験として心に影響を与え、トラウマになるということもいまだんだんわかってきました。

ＤＶが社会で取り組まなければいけない問題であるのは、もちろん当事者同士の暴力事件ということもあるのですが、それだけではなくて、子どもにとってはまさしく心身の発達に深刻な影響を与えるからです。だからこそＤＶ状況があったときには警察に通報し、警察は通報を受けたらすぐに介入に入る。そして介入に入った警察は必ず児童相談所にも連絡をする、ということが次第に徹底されるようになってきました。それで恐らくいまのように、虐待対応件数がおよそ16万件という増大につながっていると言われています。

子どもたちが出会う人生の不条理とは

子どものときに身体的虐待だけでなく心理的虐待を経験するということが、その後の人生にどのような影響を与えるのか、想像してみてください。私たちが概(おおむ)ねあたりまえだと思っているようなことが失われる経験というのはどういうことなのか。それは子どもにとっては逆境になります。

子どもというのは、自分の周りの世界がすべてです。それ以外の世界を知ることはまだ難しいです。大人になればいろいろなことがわかってきますが、それまでは自分の両親が離婚するわけがない、両親や家族の喜びの中で自分は生まれてきた、普段どんなにうるさいことを言っても最後は信じられる、安心できる存在が親である、自分が生きていくことには尊厳と価値がある、ということを暗黙のうちに信じています。ところが、その部分が守られなかった子どもたち、信じていたことを子どもの時期に失うという背景を持っている子どもたちが、言ってみれば「社会的養護の子どもたち」なのです。

私たちは、たとえ大人になってからでも、不条理に出合ったときには非常に強いダメージを受けます。それが子どもの時期に、やはり子どもの力ではどうすることもできない、そういう不条理にいくつも出合ってしまうと、子どもたちはどういう影響を受けるのか考えてみましょう。

また、いままであまり言われていないところではありますが、子どもたちにとって生活の連続性を遮断されるということは思い出の連続性の喪失になります。自分の思い出を話さなくても、多くの人は自分の親の心の中に自分の出来事はこういうふうにあるんだなという確信があると思います。子どもはそういう存在、そういう大人がいるということで、自分が生きているということ、自分に価値があるということを感じ取ることができるのです。それがいわゆる自尊心の土台になっています。ところが社会的養護の子どもたちは、親の困難をそのままかぶってしまい、生活の連続性とか、それに伴う思い出の連続性というものを持てなくなってしまっている。

イギリスで子どもの心理療法を研究しているハットンは、社会的養護の子どもたちにとっての最大の心理的ダメージは、養育の連続性とか生活の連続性が遮断されたり何度も頻繁に変えられたりするということだと言っています。

多重逆境に対するイギリスの取り組みと実態

これまでに児童虐待は経済的困窮や貧困状況のなかで起きやすい、ハイリスクだという話を、皆さんどこかで聞いたことがあるのではないかと思います。確かにそういう面もあるのですけれども、ただ、子どもの貧困だけでは容易にくくれないものがあって、実は親自身がかなりの逆境状況にあって、それが子どもに否応なく被ってきている。そういう親子間での問題の複合化があります。恐らくいま、社会的に「子どもの貧困」が問題になっていますが、その背景には、親にとっても子どもにとっても逆境状況が複合化している「多重逆境」が本質としてあると捉えています。

多重逆境という概念についての研究には、実はイギリスに先行例があります。これはリー（Lea, A. 2011）[3]という社会学者が唱えた概念です。リーは、子どもの時期の困難な状況が大人になってからの社会的機能等々にどのような影響を与えるのか、また子どもの時期の困難な親子関係にはどのような介入が有効なのか、ということについて研究と実践をしています。

リーは多重逆境の定義として、「親自身が逆境であると同時に、子どもも負うもので、なおかつ複数併存している」ということを挙げています。

なぜイギリスでこういう視点が出てきたかということについて、簡単に触れておきます。

イギリスは、歴史的に子どもの貧困問題について政府、国会レベルで取り組んできていいます。その流れのなかで19世紀に上下水道を整備しました。これは子どもの貧困を超えて、国全体のパブリックヘルス（公衆衛生）に寄与しました。それ以前は上下水道が整備されていなかったので、ペストが大流行して多くの人が亡くなっていました。そこで上下水道の整備に国家財政で投資をすることによって、国民の健康が劇的に改善されたのです。つまり、それによって子どもも救われたということです。なぜなら劣悪な状況になりますと、まず子どもが亡くなるからです。

さらにイギリスでは20世紀になって公教育と国民健康保険制度を定めたことによって、国民の生活全体が大変に向上しましたし、子どもの貧困についても大幅に解決しました。もちろん背景としては、イギリスでは産業革命があって、工場労働者が多く必要となったときに、子どもが工場労働者として駆り出されたということがあります。そのために教育を受けられなかったり、健康をそこなったりしたのです。

時代が下ってイギリスでは、労働党のブレア政権のときに、21世紀の子どもの貧困対策として、「チャイルドケア」の変革に取り組みました。その背景には、イギリスでもシングルマザーの家庭が増えてきたということがあります。シングル家庭のお母さんが働くとどうなりますか。子どもの養育を担う主たる大人が不在になってしまいます。そこで働く母親の子どもに対して、早期の幼児教育を導入する形で子どもを養育の欠落から守り、シングルマザーが安心して働けるように、働く母親とその子どもを支援する制度政策を導入し、就労支援と子育て支援を強化していきました。それによって、子どもが育つ過程で格差ができるということを少しでも是正しようと取り組んでいきました。

ところがこの取り組みの結果は、政府が狙ったほどには格差は縮まりませんでした。「なぜなんだろう、いいことをしたのに」ということで問題になりましたが、そこで着目したのが、「逆境的な家庭というのはいくつも逆境があるらしい」ということでした。つまり「多重逆境」です。

ここが当時のブレア政権のパワーがあったところだと思うのですが、「多重逆境家庭とは、7つの社会的不利[4]のうち5つ以上に該当する家庭」と定義し、イギリス全土の子どもがいる30万世帯を調査していきました。この調査報告はちょっと重複するところもあるのですが、統計を取りました。そこでわかったのは、イギリス全土30万世帯のうち1・9％が多重逆境世帯であったということです。

こうした世帯には、先ほど話した就労支援や子育て支援にあてはまらないおうちがたくさんあるということです。そもそも就労支援まで届いていないということです。先進諸国になるほど、就労も自己責任という見方があります。日本でもそういう傾向はありますが、低位学歴——つまり、それなりの教育背景がないと、なかなか安定した仕事に就けません。

そして先進諸国になればなるほど、一つ不利になると次の不利へとさらに拡大されていくという特徴がありますので、不利がいくつもあると、いわゆる就労支援、子育て支援という政策では救いきれないということがわかってきました。

イギリスはこの調査の裏付けとして、同時並行でcohort study（コホート研究）をやりました。これは端的に言うと、ある地域で1970年に生まれた子ども全員を毎年追跡して、その子がその後どうなったかということを、親の経済力などの社会経済的なことから、子ども自身の健康まで、いろいろな項目について追跡調査していくことです。

この研究の追跡調査がまとまった2007年に、その結果が発表されました。ある地区の子どもたち全員を調べたときに、13歳から14歳、日本の中学2年生の段階で多重逆境家庭（7つのうち5つ以上の不利がある家庭）の子どもと、逆境的な要因がない家庭ではどう違っていくかというと、まず学校の中退率は逆境がない家庭と比べて36倍、警察に関わる事件、つまり罪を犯した子どもは6倍でした。こうしたことから、早い段階から逆境家庭に介入するということが、結果的に子どもにとっても救いになるし、社会全体のコストも抑えるという知見が出てきました。

3…Lea, A. (2011) Families with complex needs A review of literature. Leicestershire Country Council.
4…7つの社会的不利とは、①どちらの親も不就労、②劣悪な住宅事情、③低位学歴、④母親の精神疾患、⑤どちらかの親の長期疾病・障がい、⑥低所得（平均世帯年収の60％以下）、⑦必要な食料品や衣料が購入困難。

多重逆境による社会的不利と喪失

このようにイギリスで多重逆境の調査をした結果わかったことがあります。Social Exclusion Task Forceという内閣のなかにある社会的排除局による調査では、社会的排除力に影響のある統計的に有意な因子が3つありました。それは、①どちらの親も不就労である、②

住宅事情が劣悪である、③母親の精神疾患です。

1つ目は言うまでもないことですが、やはりどちらの親も仕事をしていないというと経済的に厳しいというだけでなくて、家庭自体が社会的孤立に追い込まれるため、子どももソーシャル・セーフティ・ネットワークになかなか引っかからないということがあります。それがまさしく目黒の虐待死の事件にあてはまっていました。

2つ目の劣悪な住宅事情というのは、日本でもイギリスでも、大都市というのは特に公営住宅等々で家賃が低く抑えられています。こういう所は、家族の人数の割に部屋数が非常に少ない。また、area deprivation（地域的剝奪状況）といって地域性の問題は日本でもあります。実際、ある集合住宅ではかなりの割合が生活保護世帯であったりします。そのときにどういう影響があるかというと、文化的剝奪状況が深刻になります。

もし周りに不登校の子が多いと、自分も不登校でも何の違和感もありません。「どうせ学校に行ったって、別に何かが変わるわけではないし」というふうに、その子が何か主体的に選ぶというのではなくて、社会に接するとか学ぶとか、そういうこと自体を考えるとか、自分で選んでそうするというよりは、環境的にそうした機会を奪われてしまう。最初から選択肢がないものになってしまうというような状況が起こります。

イギリスの場合は、ロンドンに行った方はわかると思いますが、非常に貧富の差が激しいです。街、ストリートによって、見るからに状況が違います。これを抜本的に変えようと、イギリスではロンドンオリンピックをそのきっかけにしました。オリンピックの主な会場になったイーストロンドンという所は、実は地域的剝奪状況に該当する地域でした。そこにあった集合住宅を一挙に別の所に移して、そこの地域をオリンピック会場にしたということで、イーストロンドン地区の治安が一挙に変わりました。

そのくらい国家的な規模で取り組まないと、こういった問題というのは解決するのが難しい。そういう意味でも、実は子ども一人ひとりの逆境状況も、社会全体で考える必要があるということを学んでいく必要があると思います。

3つ目の母親の精神疾患ですが、これはあまり知られていないですけれども、やはり、子どもの問題を考えるうえでは避けては通れない問題ではないかと私は思っています。

こうした逆境状況にある子どもたちにとって何が一番問題かというと、多重逆境によって生活の連続性が遮断され、喪失されるという体験になっているということです。

具体的にはまず親の離婚であったり、DVの問題が発生したりしますと、よっぽど恵まれた子どもでないかぎりは、親の離婚により引っ越しします。DVだと緊急避難的支援が入ったり、警察の人が来て保護されて児童相談所に一時保護されたりということを経験します。つまり、何度も別れを経験し、住む場所が変わるということになります。

住む場所が変わるということは、住所が変わるという外的な環境変化だけではありません。幼い頃というのは、慣れるというか、馴染むということで、気持ちの状態が安定していられるということがあります。子どもが、そういう大人の状況によって心の準備が整わないうちに自分の生活場所が何度も変わるということは、心の拠り所を失うということになってしまう。

この頃はグリーフワーク（悲嘆の心の作業）とか、特に東日本大震災以降、別れとか喪失というのは、大人の間でも非常に重要な問題になってきています。まして子どもにとっての別れとか喪失には、寄り添ってくれる大人、それからそういう子どもの心の痛みを共有して理解してくれる大人が必要です。

ただ、現実にはそこまでなかなか丁寧な計らいをすることができないうちに、児童相談所に一時保護された子は次に措置入所がふさわしいとなると、児童養護施設での生活に入っていかざるを得ません。多くの子どもたちは、なかなかこうした別れや喪失の心の課題に対応できないままに入所していかざるをえないのが日本の現状です。

日本の社会的養護の子どもたちの家庭状況も多重逆境

恐らく日本の社会的養護の子どもたちも、そこに至る以前の家庭での状況や逆境的な養育環境というのはイギリスにかなり似ているのではないかと、私は日頃の児童養護施設での会議やいろいろな勉強会で見聞きして思いました。

それは具体的に言うと、①親の不適切な養育——目黒の結愛ちゃんの虐待がそうです、②親の不和、③経済的困窮——これが一番の社会的関心事でもあります、④親のメンタルヘルス——あまり着目されていないのですが世界的に先進諸国では多く、親の精神的な疾患によって子どもに不条理な養育状況というものがかぶさってきています。

そこで私は、子どもたちが施設への入所措置を経験する前にどういう状況であったのだろうかということをある児童養護施設で調べてみました。

子どもたち本人に聞くわけにはいきませんので、唯一の手掛かりは児童相談所で作成された児童票の記載です。児童票というのは、病院のカルテのようにずっと時系列で記録が残るもので、福祉行政に何らかの接触をしたその時点からの児童相談所でつくった記録だと考えてください。調査項目は、生活保護、離婚、ＤＶ、精神疾患、死別、拘留、薬物・アルコール依存、親の最終教育歴、施設生活経験などで、私自身が読み取っていきました。

これもあまり知られていない話ですが、東京の児童相談所の職員は東京都の地方公務員だということをご存知でしょうか。つまり、地方公務員は人事異動で数年に一度異動しなければなりません。一カ所にずっと長くいるということは、ある種、権力の集中などで避けなければいけない。そのため、こうした記録の取り方が担当福祉司により違いが大きい。つまり、統一し

図表 2-2　A 児童養護施設入所児童の逆境的状況

生活保護	37.9%	＊1.54%
離婚	75.0%	入籍した関係における割合
ＤＶ	29.3%	
母親の精神疾患	48.3%	診断確定のみ
死別（父か母）	20.6%	病死、自殺を含む
拘留（父か母）	37.9%	
母親の学歴	中学卒業 38.5% 高校中退 20.5% 高校卒業 35.9%	

出典：池上 彰編『日本の大課題　子どもの貧困――社会的養護の現場から考える』（ちくま新書 2015）

たひな型というものがなく、大項目はあっても個々の項目についての記載の仕方というのは担当福祉司の裁量に任されているため、データによって違いがあるのです。

イギリスの多重逆境の状況とまったく同じ報告とはいきませんが、この表（**図表2-2**）にあるのが日本の児童相談所が親の養育から離すべきだという理由として挙げられている項目です。

生活保護を受給している人が約4割いますが、それ以外の人の生活は大丈夫なのかというとそうではありません。自分が生活保護を必要だと思って手続きをされる方はある意味、公的支援につながることができています。多くの人は自分の状況が、生活保護（公的扶助）が必要な状況であるとか、公的扶助を得るにはどこに行って、どのように申し込んだらいいのか、ということを知らない。実態としては経済的に困窮している人がほとんどだと思います。

さらに、既に入所の段階で両親が別れているというケースが75％です。ただし、これは正式に結婚という形を取っている家庭の場合で、事実婚だけれども破たんしているという家庭の子どもも入れると9割以上です。

そしてDVは、はっきりと児童福祉司が把握した段階で3割でした。ほかに予想以上に多かったのが母親の精神疾患です。これは、あくまでもお母さんが通院しているとか、入所前に既に通院しているとか、診断名がついているとか、疾患が確実なものだけです。それ以外にも、実は児童福祉司、児童相談所が医学的、医療的関わりが必要で、診断が必要なんじゃないかと考えている方はもっとおられると考えられます。

そして親との死別。児童養護施設の子どもたちというのは3歳から上限が18歳で、平均11～12歳と言われています。ですから小学生ぐらいの段階で、お父さんかお母さんが既に亡くなっているという子どもたちが約2割います。

それからお父さん、ないしお母さんが服役中という子どもが4割近くいます。

以上が子どもを親の養育から離して、公的な責任で施設入所が必要だと判断するに至った事由です。

公的支援が必要な多重逆境の母親たち

次に、親御さん自身がいかに大変な状況にあるかということがわかる目安として、母親の学歴についてまとめました。お母さんについてはある程度、教育背景までわかっていて、**図表2-2**からもわかるように、中学卒業で教育が終わっている方が4割近い。それから高校に入学したけれども中退した方が2割、高校を卒業した方は4割もいない。今の日本で、中学で教育が終わるという人は全人口の5％に満たないことからも、多くのお母さんが非常に厳しい生活環境にいたのではないかということが推測されます。

日本福祉大学の堀場純矢先生が、東海地方の6つの児童養護施設全体でもう少し大規模な調査をされました。深刻度については、私が調べた児童養護施設より数値としては低めですが、ただ逆にお母さんの養育背景としては中学卒業で終わっている方がほぼ半分でした。またこの調査により、お母さんの精神疾患が中部地方、東海地方でも約4割あるということもわかりました。

こうした数字がどれぐらい深刻かというと、一般的な統計では東京の生活保護受給世帯は全世帯の1・54％（**図表2-2**）ですが、私が調べた児童養護施設ではほぼ40倍近い数字です。また厚生労働省の統計によると、全人口のなかで、精神疾患で現在治療を受けているという人は

0・6%と発表されています。それと比較して、社会的養護の家庭の母親の精神疾患（どこまでを精神疾患とするかという問題はありますが）の割合が48・3%というのは、非常に高いリスクだということがわかると思います。

小児神経学が専門の小児科医である友田明美先生は、虐待が子どもの脳にどう影響するかという研究をしています。友田先生が6都道府県16施設の調査をしたときにも、やはり母親の精神疾患の割合が非常に高いというデータを報告しています。児童養護施設や児童相談所の行政対応で保護された子どもたちは、被虐待経験がとかく注目されがちですが、それ以前に、約3割以上の子どもたちの母親が精神的に医療が必要な状況であるということ、さらには既に1割の子はもう死別して親が存在していないという状況であることも注目すべき問題として報告しています。この状況は、心理的な意味としては、母親を既に喪失している、失っているということを表しています。

精神疾患の場合は、母親は存在していますけれども、長期の治療が必要であったり入院治療が必要だったりすると、事実上、いつも自分を安心させてくれる、守ってくれる、頼れる存在としての母親は存在していません。頼るわけにはいかないということで、親は生きているけれども心理的には不在と同じ重さが考えられます。そして母親自身も公的な支援が必要な深刻な逆境状況にある人が多い。そういう状況を抱えている子どもたちが非常に多いのです。

それから既に親の離婚を経験している子どもたちが約8割です。日本の現状としては、別れるとお母さんのほうが親権を取ったり、子どもを実際に養育したりする場合が多いので、やはりお母さんが逆境的状況にあるということは、子どもにとっては本当に人生の最初から不利な状況からのスタートになっています。

この頃、社会的にも、本当に少しずつ児童養護施設の子どもたちへの関心が高まっているのですが、実は施設の子どもたちというのは、こういう養育の状況のなかで逆境を背負って生きているんだということをぜひ知っていただきたいなと思います。

なぜ児童票に父親の情報がないのか

先ほどの**図表2-2**からお気づきになっている方もいるかと思いますが、父親の情報というのは本当にありません。そのこと自体がこうした子どもたちにとっての根本的な不安ですし、不安定な人生のスタートということに大きく関わっています。

児童相談所で作成する児童票には、父親に関する記録とか情報が少ないです。だいたいが「居所不明」、わかっている場合の多くは、「いついつからいついつまでが何々刑務所に」というようなことです。

それはなぜか。表からもわかるように離婚を経験している子どもがたいへん多いからです。

先ほどもお話ししたように、日本では離婚をすると母親が親権を持って子どもを養育しているケースが多いので、父親について知っている人が、そもそも子どもの周りにいないという状況です。もう一つは、虐待保護は非常に緊急を要します。どうしても安全を確保しなければならないので、緊急に介入することが多いため、あまり家族情報まで詳細に確定してから「保護」ということができません。そうでないと、目黒の虐待死のように子どもが亡くなってしまったら大変なことになります。したがって家族情報がほとんどないままに施設入所にならざるを得ないということも少なくないのです。

また借金から追い立てられている家庭というのも実は少なくありませんし、ＤＶの場合にはとにかくシェルターに逃げ込まないと、となります。そういう場合は暴力をふるう父親との連絡を遮断しなければなりません。その時点でもう父親との連絡も途絶えるので、居所不明となります。

こうした日本の現状ですが、やはり今後、社会全体でこの問題を考えていくときには、父親の情報の不明問題を解明していくことが、子どもたちができるだけ安定した条件で社会への自立へ踏み出すためには非常に必要ですし、多重逆境を少しでも防止するためにも、本質に迫る鍵として必要ではないかと思います。

パットナム[5]という人が『われらの子ども』という本のなかで、アメリカのオハイオ州ポートクリントンという地域の自分の高校の同学年だった人、212人の追跡調査をしました。そのときに、労働者階級の子どもたちは、途中で父親が行方不明、所在不明となった子が3分の1以上上あったと言っています。どうも先進諸国のなかで生活状況、経済状況が厳しい社会階層ほど、父親の存在が不明になってしまうという傾向があるのではないかということが言えると思います。

5…Robert D. Putnam『われらの子ども』(創元社2017)

児童養護施設の子どもたちに必要な社会資本

最後に児童養護施設の子どもの進学状況についてお話しします。大学進学率は平成27(2015)年度で12・4%です。一般の子どもの大学進学率は東京都内では67%ぐらいと言われていますので、大学に進学するという選択肢を持てる子は、児童養護施設ではまだ多くないというか、一般的、平均的な若い人たちよりもかなり少ないという状況に置かれています。

最近は、自治体が学習支援に力を入れていたり、給付型の奨学金制度も始まったり、経済的な援助やスキル的なバックアップはかなり充実してきています。しかし、もう一段階上の支援としては、こうした子どもたちの心の中の気持ちの向かい合いに寄り添う作業が挙げられます。別れとか喪失ということに向かい合うことに手を添え、気持ちの整理を一緒に取り組める存在とか、それから安定した連続性のある生活をすることによって、他者を信じて自分自身を信じられるような人間関係の構築、それがあって初めて自分の将来について考えて選択をする、決断をするという機会や可能性を持つことができるようになるのだと思います。

そういう意味では、こういう子どもたちにとって、自分たちにつながる身近な大人の存在＝社会資本が必要です。いま、子どもたちがそういう社会資本――本当に身近な人で大学を卒業している施設の職員さんとか、学習支援に来ている方とか、子どもたちが自発的に飛び込んだ課外活動の支援の人とか、こうした社会関係資本をもっともっと子どもたちに提供できるように、社会全体の多くの人に何らかの形で児童養護施設の子どもたちに関心を持っていただいて、できることからサポートしていただくことが本当に必要だと思います。

学生からの質問

Q1

最近、友田明美さんの本をたまたま読んで、心理的虐待というのは、経済的に恵まれている家庭でも起こっていることを知りました。経済的に恵まれ、親が社会的地位のある人のそういった心理的虐待はなかなか表面化しにくく、支援につながりにくいという側面があると思いますが、そのことに対して何かお考えがあればお聞かせください。

【池上】心理的虐待というのは、経済的に困難ではなく安定している家庭でもあります。友田明美さんのＮＨＫ新書『子どもの脳を傷つける親たち』（２０１７）にこの問題が書かれていたと思います。いわゆる心理的虐待の問題に対して発信しているのはお医者さんになった人が多いですね。精神疾患の親を持つ子どもが自ら精神科医になって、親が長い間、統合失調症だったということを知らなくてと、そういう当事者の立場から発言する方が出てきました。ポイントは親が精神疾患で、自分がとても苦しんでいることは、子どもにとっては非常に言いづらいことだということです。「そういうことは外に言うべきものではないよ」と、まず親戚に止められた体験を語っている人もいます。ですから、やはりそうしたことについて相談できるような専門の機関というものが最初は必要だなと思います。児童相談所等でも子どもが相談できるような仕組みをつくっていくことが必要なんじゃないかなと思っています。

Q2

パットナムの『われらの子ども』を読んだときに、子どもたちが深刻な状況にあると本当に壊滅的なダメージを心に負ってしまうということを知りました。なんとかして救済すべきだと思いますが、一方、例えば児童養護施設について見ると、どうしても子どもたちに必要な心のつながりといったものを提供するには、人的ソースの問題があったり、また、子どもたちがそもそも大人を寄せ付けたくないということがあると思います。現在このような問題に関してどのような取り組みが行われているのか、もしくは、なされていないとすれば、どのような施策がうたれるべきだとお考えなのかをぜひお聞かせください。

【池上】公的には各児童養護施設に心理職の配置や児童相談所での心理士との面接ということがあるのですが、現状としては非常に人員が足りなくて、なかなか本来的に必要なケアができていません。またおっしゃるとおりで、大人の側は必要だと思っていても、子どもの側がなかなか受け入れないということも少なくないのです。それは日本だけではなくて、イギリスでもそのことは重要な課題になっています。

大人や施設の職員、周りの人が気づいて、非常に救済が必要だというのと、その当事者や養護施設に入所した子どもたち、自立する若い人たち本人が本当に内発的に助けを必要だと思うまでには、どうしても時間差が生じます。そういうところもちゃんと理解した、見越した支援の仕組みを構築することが、これからの福祉の仕組みづくりには必要なんではないかということを、私自身は痛感しております。

Q3

18歳になったら施設を退所して自立してもらうというお話でしたが、いまの社会において18歳で自立というのはかなり難しいんじゃないかなと思っています。大学に進学するにしても、奨学金や生活費の問題で、アルバイトで学費を吸収できないということが起き得るし、逆に就業するにしても高卒だとなかなかいい職に就けない。どうしても生きていくことに精いっぱいで、充実した生活環境を整えるのは難しいという側面があります。前にテレビでいわゆる施設を退所した子どもをサポートするケアマネージャーのような存在を聞いたことがあるのですが、もし自立した後のそういう元施設の児童たちに行われる支援などがあれば教えてください。

【池上】いま、東京の児童養護施設ですと、東京都独自の制度として自立支援コーディーネーターがあり、退所後も原則2年間サポートしています。退所した児童が進学ないし就職してからも安定した生活をしているかどうか、定期的に面接をしたり、必要な手続きを役所に行って取ったり、そういうことをしています。ただ、全国的には広がっていません。そういう意味では児童相談所の取り組みを待っている時間はないので、民間や企業からのサポートも必要ではないかなと思います。

ケアリーバー（社会的養護を終えた人）の自立支援に先駆的に取り組んできたイギリスでは、2008年の児童青少年法において、退所後の自立について次のような支援が受けられることが定められています。担当するリービングケアワーカーの配置、本人が望めば教育や職業訓練プログラムが25歳まで受講可能なこと、地方自治体による高等教育奨学金の義務化などです。

第2部　貧困・社会的孤立の問題

ホームレスおよびひきこもり、ニート支援における「しんがり」の活躍

第2部で紹介する奥田知志さんと谷口仁史さんは、困窮支援の「しんがり」の代表と言えます。二人の共通点は、困窮者と一緒に時間を過ごしながら支援をする「伴走型支援」です。これはとても有効ですが、同時に多くの経験値と時間がかかる支援です。奥田さん、谷口さんのお話からもわかるように、伴走型支援を実現し、継続するためにはものすごいエネルギーと資源が必要になります。

第3章の奥田さんは北九州で「抱樸（ほうぼく）」を拠点に3000人のホームレス、路上生活者を支援し、その多くを自立させた「伴走型支援」の先駆者です。奥田さんは、単に物理的な「家（ハウス）」だけではなく、絆（きずな）や関係性における「ホーム」を失っている人たちを広く「ホームレス」と認識しています。

牧師でもある奥田さんの教会にうかがって最も印象的だったのは、薄暗い納骨堂にこれ

まで支援し、亡くなったホームレスの方々の写真が一面に並んでいるシーンです。まさに奥田さんは「ホーム」を提供してきたことがわかります。日々の支援でも、ものすごい活動量の奥田さんは東日本大震災の被災地復興支援も行ってきました。そして最近の関心は、民間企業などと連携した住宅弱者支援で、住宅セーフティネットの強化に力を入れています。奥田さんの言う、「〝助けて〟と言えない社会はおかしい、〝助けて〟と言いやすい社会をつくろう」というのはとても重要な主張だと思います。

佐賀県で活動する第4章の谷口さんの困窮者支援は徹底したアウトリーチ（訪問支援）です。自治体のなかには、「社会福祉のサービスは申請主義なのだから、窓口まで、自分から『困っています、助けてほしい』と言ってこない以上、本当の困窮者ではない、だから本当の困窮者はうちの地域にはいない」という職員に会うこともあります。しかし谷口さんは、このような「待ち」の支援ではなく、困窮のシグナルをキャッチすると素早く、現場に出向き、支援を開始する徹底的なアウトリーチを行います。その支援内容も徹底的なアセスメントのうえに、個々人の課題を整理し、当事者と「目線・チャンネルを合わせる」ことで、信頼関係を築いてからオーダーメイド型の支援に入っていきます。

若い谷口さんはひきこもりなどの困窮者当事者にも年齢が近く、非常にフレンドリーに支援を開始することはとても印象的でした。

（駒村康平）

第3章 生活困窮者への伴走型支援のかたちを探る

【講義日：2016年1月13日】

東八幡キリスト教会牧師
NPO法人抱樸理事長

奥田知志
（おくだ・ともし）

1963年生まれ。関西学院大学神学部修士課程修了、西南学院大学神学部専攻科卒業。九州大学大学院博士課程後期単位取得退学。1990年東八幡キリスト教会牧師として赴任後、学生時代から始めた「ホームレス支援」を継続。北九州市においてNPO法人「抱樸」（旧北九州ホームレス支援機構）の理事長として、ホームレスの人々を自立に導く重責も担う。著書に『いつか笑える日が来る』（いのちのことば社）、『生活困窮者への伴走型支援』（共著、明石書店）など多数。

キリスト教会の牧師であり、北九州で30年近くホームレス支援をやってきた奥田知志さん。大人が助けてと言えない社会で、どうして子どもが助けてと言えるか？　と問いかけます。生活困窮者への支援は、どれだけその人の人生に伴走できるかだと言います。

子どもが「助けて」と言えない社会

今年（２０１５年）、生活困窮者自立支援法[1]ができました。まず、生活困窮者支援とは一体何を目指すのかについて考えたいと思います。

昨年夏に内閣府が自殺の日毎の統計を出しました。20歳未満の子どもたちについて見ると、一番多く子どもたちが自ら命を絶つ日はいつかわかります？　9月1日なんです。その日だけ数がはね上がっています。子どもが「助けて」とも言えないで、誰にも相談できないで、突然ある日自ら命を絶つ。子どもは「助けて」と言っていいじゃないですか。嫌だったら逃げればいいんです。嫌だったら泣けばいい。けれども泣くこともできない、逃げることもできないで自ら命を絶つ。

私はこの国にはいくつも闇があると思います。そのなかで最も深い闇の一つが、子どもが「助けて」と言えないで死んでいくという現実です。学校の問題であったり、家庭の問題であったりいろいろあると思いますが、子どもたちが「助けて」と言えない最も大きな要因は、私たち大人が「助けて」と言わないからだと思います。

子どもたちから見たら大人社会というのは、自分の力で生きていく、自分のことは自分で解決していく社会で、つまり自己責任を果して生きているのが立派な大人で、そういう大人になるべきだというふうに映っているのかもしれない。でも、そんなことないですよね。皆さんも私も、実は大人だって「助けて」と言いたい。しかし、それがなかなか言えないでいる。なまじ「助けて」なんて言ったら、「なに甘えているんだ」とか「自己責任じゃないのか」と言われかねない。そんな社会を私たち大人がつくってしまったんです。

いま、どんどん自己責任や自助努力が求められています。現政権[2]が書いている政策を見ると、まず「自助」、そして「共助」、それがだめなら「公助」という順番です。つまり自分のことは自分でやってくださいということ。そんななかで大人たちもこれに汲々としています。

社会にはさまざまな支援制度や支援団体がありますが、最終的に目指すものは「助けて」と言える社会をつくるということだと思います。どの法律を使おうが、何の制度で助けようが、地域で助けようが、誰が助けようが、いずれにせよ困ったときに「助けて」と言えるのか、それが問題なのです。

1…生活保護受給者や生活困窮に至るリスクの高い層の増加を踏まえ、生活保護に至る前の自立支援策の強化を図るとともに、生活保護から脱却した人が再び生活保護に頼ることのないようにするための法律。家計相談、住宅支援、就労支援、子どもの学習支援など7つの事業からなる。
2…第2次安倍政権。

半年間の自立プログラムで93％が自立

私たちの団体はNPOで、1988年から活動を開始しました。いわゆるホームレス、路上生活者の自立支援からスタートして、最近は障害福祉や介護事業、子どものいる世帯の支援も行っています。活動を広げたのは、実はホームレスの人たちのだいたい4割から5割が知的障害、ないし精神障害等がある方々であるということがわかってきているからです。

みなさん、ホームレスの人って好きでやっているんじゃないのって思っていませんか。ああいう生活が好きだから、もしくは働きたくないからホームレスになったんじゃないか、自己責任だろうと思っている方は少なくありません。でもね、自己責任というものをちゃんと果たしていくためには、社会の側がきちんと責任を果たさないといけないんです。つまり彼らが自立できる環境を整えれば、たとえホームレス状態に陥ったとしても、もう一歩進んでいく人っていっぱいいるんです。

私たちの支援は半年間の自立プログラムで居宅設置、そして就労支援へと進んでいくのですが、これまでに自立まで行った総数は３５００人になりました。30年もやっているので亡くなった方も結構多いですけれども、半年の自立プログラムで自立率は93％、１００人挑戦すると93人は自立していきます。就労自立は58％、さらにその後、地域で自立生活が継続している率は、いま94％です。これは全国的に見ても秀でた結果となっています。

このように自立率が非常に高いのですが、これからその理由と考えられることについてお話ししていきます。

28年続く炊き出しとトータルサポート

いま４つの市で活動して、５つの施設を運営[3]しています。これまで私たちは非正規雇用とか、不安定雇用と闘ってきたので、ＮＰＯですがフルタイムのスタッフは全員正規雇用としています。職員はいま正職員が90名、宿直とか食堂で働いてもらうパートさんが若干いて、約１００名のスタッフで動かしています。ボランティア登録されている方も２５０名います。

28年間さまざまな事業をやってきておりますが、一貫しているのは炊き出しで、冬場は毎週炊き出しをやっています。一番しんどいところに出かけていって、一番しんどい日に出会うというのはすごく大事です。日本の福祉とか相談事業というのは、「申請主義」が原則で、困ったら自ら言ってこいというもの。けれども何も言ってこない人こそが困窮者です。「何でもっと早く来なかったの」と言いたいけれども、それが困窮者の現実なんです。

ですから、アウトリーチという言い方をこの頃よく耳にしますが、炊き出しのお弁当を持って夜の町をうろうろする。それが大切でした。

私たちのホームレス支援には、炊き出し、相談、自立支援、自立後支援という4つの柱があります。多くの地域では、炊き出しだけやっているとか、相談だけやっているとか、居宅の確保だけやっているとか、それぞれの団体が分担してやっていることが多いですが、抱樸ではこれを全部一括でやっています。一つの顔で全部やっていくというトータルな形をとる。このトータルサポートは後々とても大事な概念になりました。

また、私たちは「自立支援」という言葉はあまり使いませんでした。家がない人が家を持つとか、仕事がない人に仕事に就けるようにするとか、状態の変化を自立支援と言います。我々は、それは大切な要素だけれども、本当に必要なのは伴走、つまり「つながる」ということだと考えています。ですから、自立支援ではなくて人生支援だと言っていました。まさに「出会いから看取りまで」です。

幸い私が牧師だということもあって、支援を始めて30年近くなると、最近はお葬式ばかりやっています。ホームレスから自立した人で結婚式をした人はまだいませんが、一人、この間所帯を持ちましたので、結婚式しなさいよと言っているんですけれども、二人とも60歳を過ぎている人たちなので、なかなか恥ずかしがって結婚式をしないんです。結婚式も葬式も自立支援ではないですが、人生支援という伴走型支援においては大切な要素です。

3…4市とは北九州市、下関市、福岡市、中間（なかま）市。抱樸館北九州、抱樸館下関、自立支援センター北九州、抱樸館福岡（グリーンコープとの協働）、プラザ抱樸（グリーンコープ生協ふくおか）の5施設を運営。

自分が困っていることがわからないのが困窮者

ホームレス支援に向かう姿勢は、そのまま出会うということです。あれこれ整ったら出会いましょうとか、申請してきたらやりましょうなんて言っていたら手遅れになります。先ほども言いましたが「なぜもっと早く来なかったの」と言いたいけれども、早く来ない人たちが困窮者です。孤立している人たちです。さらに孤立の故に、自分が困窮しているということがあまりよくわかってない人々です。

皆さん、自分のことは自分が一番よく知っていると思っているでしょ。そうですかね、本当に。自己の認知というのは、実は他者というものを介して起こるということが多い。脳科学者によると、人間の脳神経細胞にはミラーニューロンというのがあって、これが他者と話しているなかで鏡の役割をして自己を映しているというんです。つまり他者と対話をしたり出会ったりするなかで、他者のなかに自己というものを投影するそうです。だから社会的孤立状態にある人は、案外自分のことがわかってないことが多い。

ですから出かけていってまず出会うということ、そのなかで自己認知が始まります。そういうことがすごく大事で、だから待っていてはダメなんです。そして生活困窮者の場合、世の中の制度のこととか、仕組みのことがよくわかってないことが多くて、その人を捕まえて、専門家だと称する相談員が「何がしたいの。何がしたいの。当事者視点ですから、当事者主体ですから」なんてことを言っても、当人は、「私は誰?」みたいな話になっています。わかりやすく言えば、世の中に冷蔵庫があるということを知らなければ、冷たいビールが飲みたいという欲求は起こらないということです。

リーマンショック以降、路上で若い世代の人たちと出会っています。その前までは、40歳未満のホームレスは10%を切っていました。大体7~8%ぐらいでしたが、いまは25%を超えています。[4]

中高年のホームレスの人は、割と素直によく話しますし、彼らには人生経験もある。ところが若いホームレスの人は、「僕は違います、大丈夫です」と言う人が多いですね。「大丈夫、僕は違う」というのは、要するにホームレスと思われたくないという彼らのプライドなんだけれども、実はそれだけではない。

確かに、昔のホームレスみたいにブルーシートに住んでいるわけではない。今日は派遣で働いた、今日はホテルに泊まった、しかし3日後には路上にいるという、そういう「携帯派遣」の世界で生きている若者ですから、純然たる意味でホームレスではないというのはわかります。しかしよくよく話してみると、本気で自分は大丈夫だと思い込んでいるんだろうなという人が結構いるんです。僕から見たら、その若者はほうっておいたら死ぬんじゃないかというぐらい青ざめた顔しているんだけれども、彼の自己認識では大丈夫だ、まだ大丈夫だ、なんです。

4…これはホームレスの年齢別構成比のことで、リーマンショックをはさんで、若年層が増えた。

なぜ「抱樸」という名前に変えたか

こういうなかで、我々はまず、そのまま出会うということに重きを置いて活動をしています。出会わなければ始まらない、認知もできない、何が必要なのかもわからない。ではどう出会うかということが私たちのテーマになっていったんです。

そうした活動をしていくなかで団体の名称を変更しました。いま、団体の名前は「抱樸」といいます。どんな思いでこの名前に変えたか、少しお話ししたいと思います。

以前は「北九州ホームレス支援機構」という名前で長く活動していました。これは2000

年からです。実は２０００年にＮＰＯをつくったときの私の理事長就任挨拶は、「一日も早い解散を目指し、これから頑張ります」でした。つまり北九州のホームレス問題が解決したら、私たちは消えてなくなりますということです。

こういう問題解決型のＮＰＯというのは宿命的な矛盾を抱えていて、問題が解決したら自分たちの存在意義がなくなるという仕事をしている人たちなんですね。世の中にはそういうことを担う人たちが実際にいて、うちの場合は90人もの職員がそれを担っています。

しかし最近になって名前を変えました。それはなぜかというと、「これでは、解散できない」と思ったからです。なぜ解散できないと思ったかは後でお話しします。

まず「抱樸」という言葉の意味ですが、抱くという字と木偏の樸です。これはどういう意味かというと、木偏の「樸」は、原木とか荒木という意味です。「抱樸」は老子の言葉です。つまり、原木、荒木をそのまま抱き止めるという姿勢、「抱樸」という言葉はそのような意味の言葉です。その人をそのまま抱きましょうということ。その方との全人的な出会いです。

原木、荒木をそのまま抱き止める。製材して何かができるようになったら抱き止めるんじゃなくて、原木のまま抱き止めるんだから、抱かれるほうも抱くほうも傷ついたり、いろいろなことが起こります。いまの時代は、人と出会うということが非常に億劫になってしまった。若者たちは特にそうですね。あんまり深い出会いはしない。それはなぜかというと、傷つくからです。

私は、社会とか、こういう困窮者制度というのは何のためにあるかというと、人と人とが、いわば赤の他人が、どううまく出会って、どううまく傷つくか、健全に傷つくかという仕組みだと思うんですね。傷つきたくないからと、自己責任だとか、身内の責任だとやってきた社会に対して、制度でそれをカバーしようというのが困窮者制度なんです。お互いに少しずつ傷ついて、しかしその傷が致命傷にならないように、もっと言うならば、出会った傷が新しい社会を創造していくような意味のある傷にしようという、それが生活困窮者自立支援制度です。

三無だけではない、ホームレス問題は個別支援で対応

いまから30年近く前に、私たちがホームレス支援を始めた当時の一般的なホームレスのイメージというのは、「三無(なし)」、飯が食えない飯無(なし)、家無(なし)、つまり宿無(なし)ですね、それに仕事無(なし)、この3つがないのがホームレスだと言われていた。先ほども話しましたが、多くの支援団体は炊き出しをやるか、アパート設定をやるか、再就職支援するのか、この3つをやっていたんです。

しかし、こうした支援だけではうまくいかないということを感じていました。そして1988年に初めて北九州で支援を始めたんですが、その支援を通してこの3つの無だけじゃないということに気がつくんですね。

あたりまえのことなんだけれども、飯無、宿無、仕事無のほかに、障がいがある人──知的障害が4割、精神障害や依存症を入れると5割を超える人に障がいがあることがわかってきました。多重債務問題を持っている人も6割以上いた。低学歴問題、生活保護世帯の世代間の貧困の連鎖。刑余者もいました。刑務所から出たばかりで、誰の支援もなかった人たちです。そういう複合的に問題を持っている人たちがホームレスをやっているということに気がついたんです。

ですから、これはもはやホームレス問題、つまり家がないという問題ではないと私たちは考えています。実際、支援の現場では、ホームレス支援なんていう感覚はありません。ホームレスという人は世の中にいません。あたりまえのことで、障がい者という人がいないのと同じです。ホームレスという状態と私たちは言ってきたんだけれども、実際には山田さんとか、田中さんとか、奥田さんとかいう、そういう名前のある個人しかいない。

この意味でホームレス支援とは個別的でトータルな支援でなくてはならない。だから「抱樸」という気持ちでやってきたんです。そのまま抱えるということは何を意味するかというと、人を属性で見ないという支援なんですね。要するに障がい者の誰々さん、高齢者の何々さん、ホームレスの誰々さんとは言わない。「これは、奥田さんという方の支援プランです」と、奥田という人を支援するためにはどうするのか、個人という概念を前面に立てるというのが我々の支援の形である「伴走型支援」の最も大きな特徴です。

私たちは制度に人を合わせるのではなくて、その人に合わせた支援をこれまでやってきました。そういった支援は、いまや光が当てられつつありますが、20数年前は、世の中はそのようには考えてはいなかったのです。制度に合わせて支援する。役所の窓口へ行く。相談者は一人しかいないのに、ここからここまではあの窓口で、ここからここまではこの窓口という状態でした。そういうひどい経験を、実際、元野宿だったおじさんを窓口に連れていってしばしばするわけです。

これじゃだめなんです。でもね、役所の窓口を統合させるというのは、これもまた物理的に難しい。やっぱり専門というのは必要なんです。それなら、その手前のところで我々が、ある意味コンシェルジュみたいな役割で総合的なプランを立ててしまい、そのあとでどこと「つなぎ戻す」かという仕組みを考える。それがトータル支援であり、伴走型支援としてのホームレス支援でした。

現場が対応できない縦割り福祉の限界

縦割りの福祉やワンフレームの福祉がいまの日本の現実です。私はこういった日本の施策はおかしいと思うんです。

子どもの貧困といったら、学習支援と子ども食堂でしょう。子どもの貧困が学習支援と子ども食堂で解決するのか。子ども食堂をやっている人は気がついていますよ。子ども食堂をやっている人の問題なのではなくて、これを何となくブームにしている社会が問題なんです。制度からの発想は、子ども＝学習支援、若者＝就労支援、高齢者＝介護福祉、障がい者＝障害福祉、生活保護＝現金給付ということになります。しかし、現実はそんな単純な話ではありません。現場ではこんなものは全然通用しません。

そこで、私たちがいまやっている子どもの支援は「子ども・家族marugotoプロジェクト」という名前にしました。それはなぜか。去年実際にあった生活保護のケースワーカーから頼まれた事例で説明します。

当時中学3年生の女の子がひきこもっている、学校に一切行っていない、何とか高校受験させたいので面倒を見てもらえないだろうかという相談がありました。私たちは、訪問型の学習も含めた家族支援を始めていました。NPOの支援員がこの子の家に訪問しました。

行ってみると、確かに中学3年生の女の子がひきこもっていました。でもそれだけではなく、18歳のお兄ちゃんが大学受験に失敗してそのままひきこもっていました。お母さんは精神疾患を抱えてうつ状態で寝込んでいました。お父さんは失業状態で生活保護世帯、さらにお母さんに対するDVもあった、そんな状態だったんです。

このケース、中学3年生の女の子は役所でいうと教育委員会の仕事、18歳のお兄ちゃんは子ども家庭局の仕事、お母さんは精神なので保健福祉局の仕事、お父さんは仕事を探しているので労働局の仕事、一軒の家のなかに役所が丸ごと入っている、これが現実なんですよ。これを切り刻んでいくことに何の意味があるのか。子どもの支援で入ったんだけれども、家族丸ごとでやらないと、支援できないというあたりまえのことに気がつくわけです。

子どもの貧困率、つまり、子どもがいる世帯貧困率は13・9%です。これがひとり親家庭になると50%を超えてくる。とんでもない数字になっています。こういう現実では子ども食堂だけでは足りないということになります。やっぱりご飯を食べさせるだけではどうしようもないと。その背景にある課題をどうするのか。国はわかってないように思います。

私たちは「抱樸」ですから、その人をそのまま丸ごと抱える、同時にその人の家族も含めて抱き止める。しかも属性で見ない。やれ障害者問題だ、やれ高齢者問題だと言わない。それらは奥田さんの課題だ、奥田さんの家族がいま持っている困難要素だと見ていく。個人のなかでも問題は複合化しているし、その人を取り巻く環境、家族の困難も複合化している。だからそういう状況のなかでどうするの、という話になるんです。

社会に対して困窮者支援が抱える問題

困窮者支援というのは「対個人」と「対社会」という二つの面を持っています。つまり個人の問題のみならず、問題を抱えるその個人や家庭が存在している地域社会というものは何なのかということです。

ホームレス支援施設を開設しようとすると、行くところ行くところで住民反対運動に遭います。最近はホームレスに限らず、保育所を建てようとしても、介護施設を建てようとしても反対運動が起こります。これは、社会、つまり助け合うという社会の絶対要件が不成立である現状を示していると言えます。

２００９年のリーマンショックの後に、国は1万２０００円の定額給付金を国民に配るという話になりました。そこで私は急遽、記者会見をして、「北九州市民は、約１００万人いる。定額給付金の1割を社会還元しませんか。定額給付金をもらえない人がいるんです」と訴えました。

例えばホームレスの人はもらえませんでした。他にも、派遣で全国を転々としている若者たちは手続きできない。外国人もできない。困った人が困ったときに助けてもらえるようなそんな施設が必要だから、給付金の1割寄付しませんかと呼びかけて、目標金額を５０００万円に設定して募金をやったんです。北九州市民100万人のうち、たった5万人が応えればこれは達成できる数字です。

その結果、3年間で6000万円集まりました。それで新しい施設を建てることになりました。私が住んでいた地域の、私の教会の道路を挟んだ真向かいの土地が売りに出されたので、これは最もいい位置だと思ってそこを買ったんですね。

それまでテレビに出たり新聞に出たりすると、地域の人は「奥田さん、頑張ってね」といつも温かい声がけをしてくれていました。ところがその建築計画を発表した途端、それまで応援してくれていたその地域に大反対運動が起こりました。当然、建築はストップしました。

もう設計も終わっていましたし、建築の確認申請も終わっていました。その段階で、ともかく住民説明会を開いたんですが反対が激しく、着工を遅らせたんです。その後、5月から12月まで17回の住民説明会をやりました。最初は説明の仕方が悪い、「奥田、謝れ」とか言われて、みんなの前で謝りました。謝って建てさせてくれるんだったら、謝っておこうと思って。しかし、反対理由は「説明の仕方」ではないことは明らかです。ホームレスや困窮者に対する差別が根底にある訳です。

「ホームレスでしょう。ホームレスの人が来るんでしょう」と。あるいは「ホームレスの人のなかには、障がいのある人が多いってニュースで見ましたよ。そんな人たちを連れてくるんで

住民の反対を押し切って建設した抱樸館北九州

明るく開放的な入り口には抱樸の文字が

すか」ということで反対が起こったんです。

実はそれまでにも各地で反対運動をされていて、これは3回目だったんですけど、もうやるしかない、もうやってみせるしかないということで、建設に踏み切ったんです。その結果、抱樸館北九州は、日本で一番いいホームレス支援施設として誕生しました。

「抱樸」の無料低額宿泊施設

私は、自分自身が「ここで住める」と思えない施設は建てちゃいかんと思うんです。ホームレスだからこれぐらいでいいだろう式でやっていると、だめなんです。

写真（次ページ）はこの施設の中庭です。2階、3階が居室で、中庭が吹き抜けになっていて空が見えます。この庭は元ホームレスのおじさんたちがつくりました。彼らは、実は人材も豊富で、庭師がいるとか、大工がいるとか、いろんな人がいるので、建設資金が足らず自分たちで2階に中庭をつくることになったのです。専門の業者が舌を巻いていました。

これ（149ページの写真）は1階のレストランです。地域の人も食べに来ています。この頃は反対住民の方も食べに来ています。ランチが420円です。互助会に入ったら420円、入らなかったら450円のランチを提供しています。また、このレストラン自体が就労訓練事業所となっています。

元ホームレスの人たちが力を合わせてつくった快適な中庭

ここは通称「出てこい食堂」、家にこもってないで出ておいでということで、入り口にカードリーダーがあって、会員の人は全部このカードリーダーを通します。そうするとポイントがたまります。ポイントがある程度たまると、ランチが1回ただになる。もしくは地域でボランティア活動をすると10ポイントがもらえる。そういう楽しみもやっています。

このカードリーダーには別の意味もあります。それは、入退室のチェックをすることで、いつも来ている人が最近来ないということが把握できます。家で倒れているんじゃないか、すぐにケアに入ろう、というアフターケアの仕組みも組み入れているケアつきのレストランです。介護のお弁当は

いまでは地域の人も食事に来る

家に届くので便利なんだけれども、家から出なくなっちゃう。だからご飯食べに出ておいでということで、「出てこい食堂」と名付けました。

ここの施設は無料低額宿泊所[5]という社会福祉法上の第2種施設です。社会福祉法人等が行う第1種施設ではなくて、NPO等が行う第2種施設です。この第1種施設と第2種施設の違いは、第1種施設は特別養護老人ホームなどに象徴される非常に高度なサービスを提供する制度内の施設。制度を使う施設ですから国の補助金等が伴います。一方、私たちがやっているこの第2種施設というのは、国の補助はありません。そのかわり制度で縛られていないので誰でも入れます。利用条件がない。断らない施設です。
制度を使うと、その制度の利用条件、対象者の資格に合った人しか利用できない。やれ介護度はどれだけ要るかとか、障害手帳の何級以上とかが前提となります。だからお金はしんどいけれども、誰でも入れる施設をつくりました。私たちの施設に入った方で、いままでで一番若い人は17歳の女の子で一番年上は90歳ぐらいです。この間まで認知症の姉妹も入っていましたし、いろいろな人が来ます。だれでも私たちの絆(きずな)に入ることができます。これがいわゆる制度ではない、人を属性で見ないということの利点です。

5…生計困難者のために無料又は低額な料金で宿泊所を利用させる事業に基づき設置される施設。生計困難者に簡易住宅を貸し付け、宿泊所その他の施設を利用させることを目的とし、かつ近隣の同種の住宅に比べて低額であるか、又は1カ月当たりの料金を住宅扶助で賄うことができる宿泊所。

地域が社会的孤立をつくる

ホームレスの社会復帰とか、生活困窮者の社会復帰とよく言われますが、無料低額宿泊所の建設反対運動をするような地域に復帰したいですか。こういう地域に復帰したいと思いますか。さらに言えば、ホームレスや自殺、さまざまな困窮状態を抱えた人というのは、元々地域の住民です。そこまで追い込まれる前に、なぜ地域で受け止めることができないのか。残念ながら反対運動の現実を見ていると、それが難しいことがわかります。

こういう地域は一つの翻訳作業を持っています。何かに悩んでいる人、苦しんでいる人、「困っている人」が地域にあらわれると、何とか助けようとします。でも、困難さがある一定のところを超えた瞬間に、「あの人は困っているね」と言っていた人を指さしながら、「あの人は困った人だね」と言い出します。「困っている人」と「困った人」は全然違います。こうした地域が持っている翻訳機能が、社会的孤立の入り口になってしまっていると思います。

社会的孤立は自己喪失を起こします。結果、自殺やホームレスへと事態が進んでいく。それは果たして困窮者個人の孤立問題なのか。それは社会的排除の問題ではないか。ですから社会を問わないという生活困窮者の支援活動はだめなんじゃないのかと思います。

例えば社会というバケツがあって、なかに人間という水がたまっている。バケツの底に穴があいていて、そこから、つまり社会から人間が落ちていく。いろんな支援団体が、やれ子どもの食堂だ、やれホームレス支援だといって、下まで落ちると死んでしまいますから、途中で受け止めて一生懸命バケツに戻そうとする。でもね、漫然とそういうことだけやっていて、バケツの穴があいているということを問わないならば、結局、そういう歪んだ社会の補完作業で終わってしまう。歪んだ社会を助けていることになるわけです。

伴走型支援のなかで新しい社会を追求する

生活困窮者支援というのは、個人に対してどれだけ伴走できるか、それをしかも包括的、総合的にどう伴走できるかということにあるけれども、その包括性とか伴走性は実は社会そのものにも向けられるべきものなんです。

現にこういうことがありました。リーマンショックが起こった翌年2009年に、福岡の派遣会社が雇い止めした従業員を北九州のホームレス自立支援センターの前に置き去りにしました。2回にわたってうちのホームレス自立支援センターの前に置いていったんですよ。大きなニュースにもなりました。

こういう社会を、こういう会社なりブラック企業を問わないで、生活困窮者支援という個人の問題のみに対応していくというやり方は、結果的にブラック企業を応援していることになるんじゃないか。だから生活困窮者支援というのは、対個人であり、対社会であるということなのです。

社会とは、人と人とが出会い、支え合い、その結果、健全に傷つく仕組みであるわけです。そんな地域社会をどのように構築できるのか。

生活困窮者自立支援法という名前だと個人が対象に見えてしまうから、そうではなくて例えば、生活困窮者を創出する社会の改革法とか、生活困窮者を自立支援する社会の創造法とか、こういう別名を持たない限り、どうしても個人の枠ですべてが進んでいってしまう。そこが心配です。

地域生活継続のためのアイデア

私たちが当初始めた頃は、こういう地域のベーシックなネットワークのなかでやっていました（**図表3-1**の中心円の薄いグレーの部分を参照）。

しかし、これではどうしても足りないので、28年かかってさまざまな地域資源をつくりました。右の上のほう、法律家の会の上に不動産業者の会というのがあります。ホームレス支援ですから、アパート入居が多いときで年間400件ぐらいあります。当初、ＮＰＯのなかで不動産部門をつくろうとしたんですが、やめました。世の中には不動産の専門家がいるわけですから、プロフェッショナルの人たちに困窮者支援のスキルをつけてもらったらいいじゃないかと考え、不動者業者を中心とした居宅設置支援の会というホームレス支援の不動産業界のチームをつくっています。いま、北九州市と福岡市の53社が加盟しています。

私たちは無償でお客さんを紹介します。一人につき大体手数料だけでも地方都市でも5万円ぐらい入ります。そうすると、年間300人紹介すると1500万円の商売になるわけです。

図表 3-1　地域生活継続のためのネットワーク

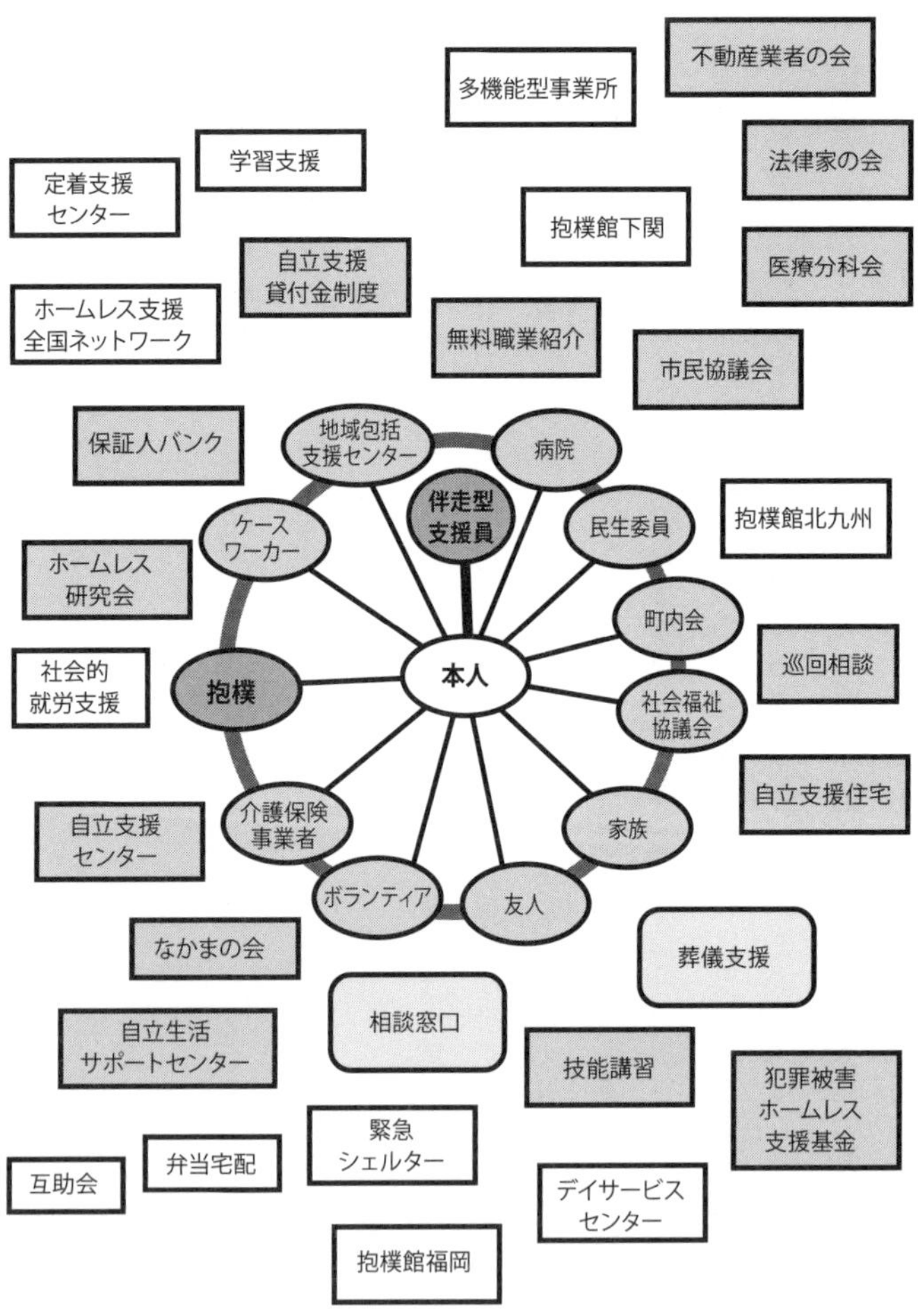

NPO法人抱樸 作成

我々が情報提供をしますから不動産業界はちゃんと潤ってください、そのかわり我々が行うアフターケアの一翼を担ってほしいとお願いしています。アフターケアとは何かというと、入居者の見守りは当然なんだけれども、一番大事なのは家賃滞納情報です。家賃滞納情報をいち早く不動産業者がうちに連絡してくれる。情報が来たらうちのスタッフがすぐに駆けつけて手当てをすることで、地域生活の継続率94％を維持しています。こうした社会的資源や連携の仕組みをいろいろつくってきました。

日本社会の変化によりホームレス支援も変わっていった

この30年近くの間に日本の社会は大きく変わったと思います。私たちが活動を始めた1988年というのは、労働人口の85％が正規雇用だったんです。だから一般の人の感覚からいうと、ちょっと頑張れば安定雇用に就けるのに、ホームレスをやっている人というのは頑張る気がないんじゃないのと言われた時代でした。つまり、不安定就労層の人は15％ぐらいしかいなかった。

実際は、当時のホームレス層というのはもともと日雇い層だったので、この言葉にはフィットしなかったんです。とはいえ俯瞰的に見れば、当時は8割以上の人が安定雇用という様相でした。

しかし、あれから30年たって何が起こったか。まさに去年（2015年）の10月ですかね、非正規雇用が4割に達し、正規雇用6割の時代になった。年収200万円以下の労働者が全体の30%になった。

一方で、アベノミクスで有効求人倍率は1・24倍になって、仕事が出ているじゃないか、景気はよくなったじゃないかと言われます。確かに仕事は出ているんです。しかしばらつきはあります。求人の量だけでなく、正規・非正規ということを含めた求人の質の問題や実質賃金の伸びなどもよく見ておかないといけません。

かつては頑張れば安定雇用というのは比較的可能だった。いまは仕事に就けたとしても、非正規雇用故に、2年後、3年後に第2の危機、第3の危機が起こるということを想定しなければならない。つまり、雇用を含めた社会自体が極端に不安定化した。もしくは不安定な人と安定している人の差が広がった、「安定の格差」の時代になっている。

そうなるとこれは景気の問題ではないんじゃないか。構造の問題なのであって、私たちがNPOを解散できないと判断した理由はここにありました。もはや日本の社会は、かつての終身雇用であるとか、日本型雇用というのにはもう戻らないんだと。アメリカ式のそういう社会になっていくだろうということで、我々は解散できない。貧困や格差は、もはや景気変動に因るのではなく構造的で常態化したと言うことです。だから、ホームレス支援機構という名前はおろして、「抱樸し合う社会をつくる」ことに活動が変わっていったんです。

伴走型支援とは何か、なぜ必要か

私たちが伴走型支援に舵を切ったきっかけは、「社会的孤立」という貧困が増えて、不安定な社会になっていると感じたからです。だから、再就職をしても第2、第3の危機がその後に起こるという前提で、そのときに誰かに相談できるか。誰かに「助けて」と言えるかということが、生活困窮者支援の大きな目標になりました。

伴走型支援とは何かということですが、私たちは現場でホームレスの人は何を悩んでいるのか、何を苦しんでいるのか、その答えを探るなかで、二十数年前に二つの貧困があると気づきました。一つはハウスレス問題、もう一つはホームレス問題です。つまり、ハウスとホームは違うという概念に立った。これが抱樸の支援の特徴と言われています。

ハウスとは何か。これは家に象徴される問題で、家がない、食べ物がない、着るものがない、職がない、お金がない、そういう経済的、物理的問題をハウスレス問題と言いました。ですから、炊き出しから始まって、アパートの設定、再就職の支援、そういうことをやってきたんです。アパートに入られると、もう野宿時代とは全く違う。隔世の感があります。訪ねていきますと、身ぎれいにして、就職に備えてお風呂も入られ、ひげも剃っている。「おじさん、よかったね」という話になりますが、帰るときに「じゃあ、また今度来ますね。さようなら」と言って、部屋のなかを見ると、ポツンと一人座る人の姿が見える。その姿は、あの駅の通路で段ボールの上にポツンと一人座っていた日の姿にかぶって見えるわけです。

何が解決できて何が解決できてないのかということを、私たちは活動の初期の段階から問われました。

路上のときは、「畳の上で死にたい」、とおっしゃった。実際、アパートに入って畳の上に乗ると、じゃあ、もうこれで安心だと言うかというと、そうでもない。次におっしゃるのは、「おれの最後は誰が看取ってくれるか」とか、「おれが死ぬ日、誰が一緒にいてくれるだろうか」という話をされる。そこにあったもう一つの問題、すなわち自立はできたけれども、孤立は続いているという問題でした。ホームレス支援のもう一つのテーマは、ハウスではなくてホームに象徴されてきた関係の問題だと考えたわけです。

「参加と自立」で「ホームレス問題」に対応

このようにハウスレス問題は脱してもホームレス問題は脱することができない。しかも、そのハウスレス問題を解決する受け皿は、就労にしても何にしても不安定なわけです。その不安定な受け皿に戻したのはいいけれども、第2、第3の危機が起こったときに、ホームレス状態、つまり孤立状態のままであるならば、相談することもできず再びホームレスに戻ってしまう。そのときのためにも、「ホーム」をつくっておくということが、ずっと我々のテーマだったんです。

そこでいろいろなキーパーソンをつくっていきました。キーパーソンってＫＰと書きますが、私たちはキーパーソンだけに全部おっかぶせるというのは大変なので、最近はＬＫＰＳ、ライトキーパーソンズといって、ちょこっと参加できる軽めのキーパーソンを何人か集めています。そのうちの一人が先ほどお話しした不動産屋さんです。最終的には、伴走型支援は質より量が大切です。

支援の方向性としては、参加と自立です。いままでは自立一辺倒だったけれども、参加は大切です。しかも、自立の前に参加がある。いままでは自立した人が社会参加できると言ってきたけれども、そうではない。社会参加できた人が自立していくと私たちは考えます。

だからハウスレス問題、経済的困窮に関しては、この人には「何が必要か」を考え、例えば再就職するために、多重債務を何とかするのは弁護士に調整してもらおうとか、携帯電話を買わなければいけないけれども、ブラックリストに載っていて取れないから、これを解決しようと、さまざまなことをやってきました。けれどもホームレス問題、社会的孤立にはそれだけではだめなんです。この人には「誰が必要か」という問いが大切でした。

「何が必要か」と、「誰が必要か」という二面からの支えが伴走型支援です。しかも、こういう孤立の問題は、実は二十数年前から日本の社会の中では路上にいた人たちだけに見られた現象ではなくて、地域のなかで進んでいました。すなわちハウスレスではないけれども、ホームレス状態になっているという人が地域には多く存在している。この間、地域のなかでもその現実がだんだんと一般化した。孤独死や孤立死の問題も含めてそうなってきたと思います。つまり、時代が路上に追いついたと思います。

「関係の困窮」は新たな問題

困窮には3つの困窮があります。まずは経済的困窮です。国もそう考えたからハローワークをつくったり、年金制度をつくったりしていた。次は身体的困窮です。国民皆保険制度や介護保険制度をつくりました。けれども、現在の困窮者はこれらの制度につながらないということが起こりました。これは制度自体の不備というよりも、実はこの制度につなげてきた役割、3つの縁と言われた地縁、血縁、社縁といわれる人たちが脆弱になったということです。

地域の縁もなくなり、会社にしても終身雇用が減った。会社が継続的に家族まで含めた面倒を見るという体制――かつての中間層というのは、まさに企業社会が支えたわけですが、そこがどんどん目減りした。日本の社会保障費は大体、高齢社会の経費でした。それはつまり現役層に使わないということ。なぜか。その人々の支えは企業がやってきたからです。でもいま、とくに中小の企業の力や安定雇用が減ったために、社会保障を現役層にどのように使うのかを考えなければならなくなりました。

いずれにしても、そういう「制度につなげていた人たち」がいなくなりつつあるなかで、第3の困窮である「関係の困窮」も制度設計のなかに盛り込んでおかないと、どんなにいい制度をつくっても、困窮者が制度に到達しないということになる。ここに生活困窮者支援制度の必要が現われたのです。

貧困が生む関係の困窮

貧困のスパイラルは世代間連鎖が有名です。これは有名な道中隆[6]さんの表（**図表3-2**）で、生活保護の世帯を調べたら子どもの頃も生活保護世帯だったという世帯が全体の25%を占めていた。つまり親から子、子から孫へと貧困は連鎖している。これが母子世帯になると4割を超えています。この貧困の世代間スパイラルというのは、一つの問題です。これはよく押さえておきましょう。

でもね、これだけじゃないんです。私はハウスレス問題とホームレス問題のスパイラルがあると考えています。ハウスレスからホームレスへ、ホームレスからハウスレスへというスパイ

図表３-２　貧困世代間連鎖の実態

調査数		該当世帯	該当割合
	390世帯	98世帯	25.10%
うち母子世帯数	106世帯	43世帯	40.60%

※生活保護受給世帯の世帯主が、過去の出身世帯においても生活保護を受給していたことが明確に確認された世帯（「貧困の連鎖」が生じた世帯〈A市の例〉）

出典：道中隆「保護受給層の貧困の様相―保護受給世帯における貧困の固定化と世代的連鎖」『生活経済政策』2007年8月号 No.127 生活経済政策研究所

ラルが起こっている。ここに着目しないとだめだと思います。

最初のスパイラルは、「金の切れ目が縁の切れ目」というスパイラルです。

このグラフ（**図表3-3**）を見ると、北九州市の全一般世帯の中学3年生の高校進学率は97・2％です。これが生活保護世帯になると10ポイント落ちて86・4％になる。ほぼ全員が進学しているようなデータで、1割落ちるというのはすごい数で、これは大変なことなんです。これが北九州市ではずっと続いている。市内で就学援助を受けている世帯は2割を超えています。

お金がないから進学できない、お金がないから受験勉強できない、そういうことが起こるということですね。

かつて、NHKの「日本の、これから」という番組の2011年の最終回のときにスタジオに呼ばれました。テーマは「若者の貧困と孤立をどうするか」。「無縁社会」とい

図表 3-3　生活保護世帯の子どもの高校進学率（北九州市）

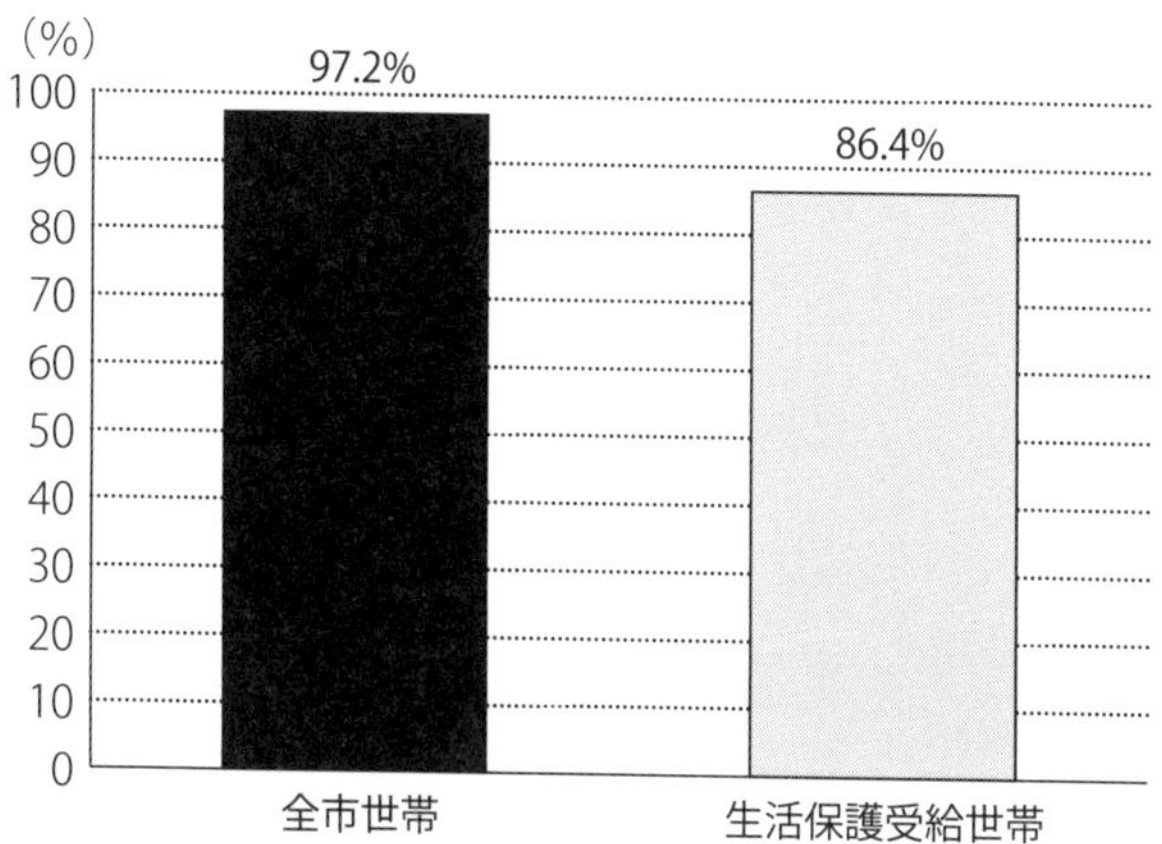

※全国平均は 98.2% である
出典：北九州市保健福祉局保護課

うシリーズでした。生放送だったと思います。私はいつもの持論、ハウスレスとホームレスは違うという話を展開していました。ラスト5分ぐらいになったとき、僕の前に座っていた30歳ぐらいの青年が手を挙げたんですね。胸には派遣社員と書いてありました。

彼はこう言ったんです。奥田さんはハウスとホームは違うと言う。ホームが大事だ、絆が大事だと。関係の困窮だと言うけれども、実際には金がないと友だちとも遊びに行けないじゃないか。お金がないと友だちとつき合いもできないじゃないかと。金を何とかしろ、お金がないと人との関係なんて二の次だって。「金だぁ」と言ったところで時間が来た。「日本の、これから」のラストシーンは「金くれぇ」で終わった。とても印象的でした。

彼の言っていることは本当です。お金がないと社会参加できないというのは、そのとおりです。先ほどの表からもわかるように進学にも影響が出ている。だから、金の切れ目が縁の切れ目、関係の切れ目を起こすぞというのは、そのとおりなんです。

だからまず第1のポイントは、ハウスレス問題。つまり経済的困窮が社会的孤立を生み出し、ホームレス状態を生み出します。実は、正規雇用と非正規雇用では年収が倍以上違います。そして男性の場合、30歳時点で正規雇用の人は約6割が結婚している。これが非正規の場合、25%以下まで既婚率が落ちます。金の切れ目が縁の切れ目です。

でも一方で、縁の切れ目が金の切れ目を生み出すということにも着目すべきだと私は思います。つまり、ホームレス問題がハウスレス問題を生み出すということです。

6…関西国際大学教授。大阪府、堺市などの保健福祉の政策運営に携わる。厚労省社会保障審議会委員、内閣府子どもの貧困対策有識者会議構成員、大阪府子ども施策審議会特別委員などを歴任。著書に『生活保護と日本型ワーキングプア』（ミネルヴァ書房）、『貧困の世代間継承』（晃洋書房）など。

物語化することが支援では大切

ホームレス支援というのは物語の支援と言えます。どうその人との間に物語がつくられていくか。これは人と人との関係のなかでしかつくれない事柄です。どんなに制度をつくっても、どれだけ物を配っても、どれだけお金を配っても人は本質的には救われない。人との関わりがないからです。物を物語化するような仕組みが必要なんです。私は、そこが本当に大事だと思います。ホームレスになった人に「理由」を尋ねると「仕事がなくなった」が一番多いのですが、その手前の理由として「離婚した」「子どもと別れた」を挙げる人が少なくありません。人は何のために働くのか。「お金のため」「食べるため」。確かにそうです。しかし、本当は「人は誰かのために働く」のです。働くということに動機や理由を与えるのが、家族の存在であったりする。「人」との関係をなくすことで「働く意味」を見失う。

ホームレスの人は食事の確保を「エサとり」と言います。残飯を漁っているからです。しかし、私たちの炊き出しで渡す食事は「お弁当」と言い換えられます。食べ「物」ということでは「エサ」も「お弁当」も変わりません。しかし、その「物」に人が関わることで「物が物語化」します。あのお弁当には「あなたに会えてよかった」「生きて欲しい」という物語が付加されている。そのお弁当を食べることで「栄養」を得るのみならず、物語のなかに生き、物語のなかで自分の存在意義を知るのです。「つながり」がなくなると働く意味を失う。だから「縁の切れ目（ホームレス）が金の切れ目（ハウスレス）を生む」と言えるのです。この意味で伴走型支援は、物語化の支援だと言えます。このように今日の社会において、貧困のスパイラルは経済的困窮と社会的孤立の間に起こっていると考えています。

生活保護における身内の役割についても私はその辺に可能性を見いだせると思います。生活保護は現金給付です。国は身内に対して請求書を回すぞという話をし始めた。けれども、これはしたらいかんと思います。なぜかといったら、25％も貧困の連鎖が起こっているんですよ。そんな貧困の連鎖が起こっているところに請求書を出しても、戻ってくるはずがないじゃないですか。厚生労働省は一方で、貧困のスパイラルということを問題視しながら、身内に請求書を回すと言っている。これはおかしいんじゃないのかと思います。

それよりも大事なのは、家族として1週間に1回でいいから電話してあげてくださいとか、年に3回は会いに行ってくださいとか、そっちのほうこそが働く意味づけになるわけです。人間というのは「何のために働くか」じゃなくて、「誰のために働くか」ということです。この誰のために働くかという意味づけをしてくれるのは、まさに関係の問題なんです。国の政策では、そこをカバーするのは難しいんだけれども、トータルとしては、その部分をどう地域社会や我々がカバーするかということがとても大事なんです。

学生からの質問

Q1

施設で生活を送れるようになるホームレスの人たちと、それを知らない人たちや孤立してしまっている人たちとで、ホームレス間で格差が生まれたり、新しい問題も生じたりしてくると思ってしまったんですけれども、その点はどうなんでしょうか。

【奥田】今日はお話ししなかったんですが、「抱樸」には巡回相談チームがありまして365日巡回相談をやっています。北九州市は政令指定都市で人口94万ぐらいの大都市ですが、私たちは、こういう伴走支援ということをテーマにしているので、ホームレスの人たちのデータベースをつくっています。巡回部分のデータベースから始まって、巡回から施設、施設から自立と、一つのデータベースで全部押さえています。ですから、実は北九州市内でどこで誰が野宿しているかも全部把握しています。昨日今日野宿になった人はデータベースに入っていないけれども、大体市内で野宿状態になると遅くても半月以内ぐらいでキャッチできるという仕組みをつくっています。ですからアウトリーチ型の支援が必要だと思います。

Q2

「助けて」と言えない社会という話は、スティグマ[7]の問題がかなり大きいと思っています。例えば「抱樸館」を建設した際にも、地域住民の方がホームレスは危険だみたいな偏見を持ったり、ホームレスの人自身にも貧困は自分の自己責任だから誰かの助けを得るのは恥だ、申しわけないという認識があって、「助けて」と言えない社会ができてしまっているのではないでしょうか。これを解決するためにはどういうことが必要なのか、意見をお聞かせいただきたい。

【奥田】この問題は難しいですね。実際問題としては、制度の理解をどう進めるかです。制度は権利だから、それを利用することはあたりまえの話なんですけれども、やっぱりそれは恥ずかしいとか云々という、ご本人のなかにもその意識があるのが非常に大きいです。差別や偏見の問題も大きい。

ただ、私は正直、野宿を10年もやっているというのは一つの経験であり、一つの能力だと思っているんです。「抱樸」には「生笑(いきわら)一座」という一座があります。これは「生きてさえいればいつか笑える日が来る一座」なんです。つまり、ホームレス経験を持っている人たちでチームを組んで、全国の小学校、中学校を回って子どもたちに語りかけているんです。小学校には大体有名スポーツ選手が来たり、社会で成功した人が教えに来たりするんだけれども、元ホームレスの10年選手が行けばハードルが低いわけです。この活動が厚生労働省から自殺対策のチームに選ばれまして、厚労省から若干お金も出ています。それで全国のいろいろなところへ行って子どもたちに話をするんです。

困窮経験が、価値というか、彼らが持っている能力というか、力になると私は思います。それは隠す問題じゃないんです。隠したり、恥じたりしていてもどうにもならない。しかし、これは全員に当てはまるとは言えません。例えば、自立した後にうちの「ホームレス支援機構」という名前の封筒が届くことを嫌がった人もいますから。周囲の人が自分が元ホームレスであることを知るのではないかと心配したのです。

そういうスティグマみたいなものがあるんだけれど、一方で、それをどう理解していくか。人権啓発活動も大事なんだけれども、私は逆に野宿経験を武器にかえて打って出るみたいなことをやっています。講演を聞いた子どもに、「野宿ってすごいやろ」と言うと、いまの小学生はみんな「すごい」とか言って、元野宿のおじさんにサインを求めたりするんです。私、見ていて大笑いしたんだけれども。

元野宿のおじさん、西原さんは自分の経験を子どもの前で次のように話しています。

「おじさんな、もう野宿に戻りたいとは思わない。絶対野宿には戻りたいとは思わないけども、いま、君たちと会ってこうやって話せることを考えると、何一つ無駄ではなかった。野宿の経験は無駄じゃなかったって本当に思えるんだよ」って。「いつか笑える日が来るって、うそみたいに思うだろう。おじさんがその証拠だよ」と。

何で私が「生笑一座」をつくったかといえば、私は小学校で講演をたくさんしてきましたが、ある時、小学生の前で野宿経験のない私が野宿の話をするのはうそをついていることになるんじゃないか、と思ったからです。僕は支援の経験はあるけれども野宿の本当の寒さもひもじさも知らないわけです。だからいまから4~5年前におじさんたちに、「もうこれ以上子どもの前でうそつくのは嫌だから、当事者がしゃべるべきだ、当事者の言葉こそが力を持ってる」と言ったら、5人の人が手を挙げてくれました。それでいま、全国を回っています。

彼らには彼らにしかない力がある。生き抜いた人たちの力がある。それをいま、子どもたちに聞かせるというのは、すごくいいことです。だから、もうスティグマじゃなくて、元ホームレスから話を聞いた子どもたちは、彼らを「格好いい」と言ったりするんです。

7…個人の持つある属性（精神障害や人種など）によって、いわれのない差別や偏見の対象となること。他者や社会集団によって個人に押し付けられた負の表象・烙印。いわばネガティブな意味のレッテル。

第4章 ひきこもり等で孤立する子ども・若者をアウトリーチで支援する

【講義日：2015年10月21日】

NPOスチューデント・サポート・フェイス代表

谷口仁史

（たにぐち・ひとし）

佐賀県武雄市出身。佐賀大学文化教育学部卒業。在学中からボランティアで不登校、ニート等の状態にある子ども・若者へのアウトリーチ（訪問支援）に取り組む。卒業後、大学教授ら有志を募りNPO スチューデント・サポート・フェイス（S.S.F.）を設立。2017年3月末日現在、約2万1000件のアウトリーチに携わった。執筆や講演活動など多彩な活動を通じて、社会的孤立・排除を生まない支援体制の確立を目指している。

平成15（2003）年にNPOスチューデント・サポート・フェイスを立ち上げて以来、佐賀県を中心に15年以上にわたり、ひきこもりの子どもや若者へのアウトリーチ活動を続けている谷口仁史さん。当事者本人が自発的に相談に来ることを前提とした「施設型」支援が限界を迎えている現在、アウトリーチの重要性と必要性はますます注目されています。

スチューデント・サポート・フェイスの特徴と実績

佐賀県では、「子ども・若者育成支援推進法」[1]に基づき支援体制を整えました。そのなかで3つの中核機関（①調整機関、②子ども・若者総合相談センター、③指定支援機関）が定められました。私たちのNPOは、この中核機関のうちの二つの機能（どんな内容の相談でも一旦引き受ける「総合相談窓口」としてのセンターと、アウトリーチ[2]をしたり関係機関のコーディネートをしたりする役割を持つ指定支援機関）をあわせて、佐賀県から指定を受けています。

佐賀県の体制のもう一つの特徴は、地域若者サポートステーション事業です。これは、若年無業者、いわゆるニートの状態にある若者の職業的な自立を支援するための厚労省の施策ですけれども、これもあわせて私たちのNPOが受託をしていて、若年無業関連の困難事例に関しては、佐賀県では我々のNPOが一貫して対応しています。

生活困窮者自立支援法[3]が平成27（2015）年に施行されましたが、これに関わる取り組みも、平成25（2013）年度のモデル事業の段階から佐賀市より委託されて相談活動に当たっておりますので、この地域（佐賀市）では若年層以外の困窮者に対しても相談サービスが提供できます。

次になぜ県の上部組織すべてが参画する法定協議会のなかで、一NPO、民間の組織がこのような責任ある役割を担うようになったのかについて少しお話しします。

平成15（2003）年にこのNPOを立ち上げて以来、相談件数は、平成26（2014）年度末までで5万5000件を超えていて、そのうちの1万3000件を超える家庭に相談員を派遣しています。こうしてアウトリーチの支援を受けた家庭の9割以上から、学校復帰であるとか、ひきこもり状態からの脱却、進学、就職と、当事者がよかったと思えるような結果が出ています。

アウトリーチにもさまざまなスタイルがありますが、私たちが行っている多くが関与継続型です。いわゆる「家庭教師」というとイメージしやすいのではないでしょうか。つまり継続的に家庭におうかがいすることによって、いろいろな困難を抱えている家族も一緒に力を合わせて環境を変えていく。そうすることで得られた結果です。

こういった実績もあって、平成18（2006）年、全国25カ所のモデル事業だった段階から、地域若者サポートステーション事業を受託することになりました。

直近5年間を見ても、相談件数は年間1万件を超えています。全国の地域若者サポートステーションとの比較が可能な年で比べますと、全国平均の3・6倍に当たる件数です。

1…ひきこもりやニートなど社会生活を円滑に営むうえで困難を抱える子どもや若者の社会参加を支援する施策について定めた法律。平成22(2010)年施行。内閣府に育成支援推進本部を設置し、支援をネットワーク化するなど、これまで行政がバラバラに対応していたことを改め、国・地方公共団体・児童相談所やNPOによる協力体制を整備することを求めている。特に地方自治体には地域協議会の設置のほか、「子ども・若者計画」の策定を求めているが、努力義務にとどまる。

2…援助が必要であるにもかかわらず自発的に申し出をしない人々に対して、公共機関などが積極的に働きかけて支援の実現を目指すこと。医療機関が、在宅の患者や要介護者を訪問して社会生活を支援する活動など。訪問支援。

3…経済的に困窮し、最低限度の生活を維持することができなくなるおそれのある人に対して、自立の促進を図るための措置を講ずることを定めた法律。自治体は相談窓口を設け、就労支援、住居の確保に必要な費用の給付、家計管理の指導、生活困窮家庭の子どもの学習支援などを行う。

訪問支援(アウトリーチ)を求める相談者とこれまでの課題

人口約82万人規模の佐賀県で、これだけ多くの相談が寄せられているのはなぜか。それだけ問題の多い地域なのかといえば、そうではなくて、実はその背景にあるのがアウトリーチなんです。訪問支援があったからこそ、支援に結びつくことができた、そういった子どもたち、若者が全体の57%を占めている。つまりは、ひきこもるなどして孤立している子どもたち、若者が効果的に支援へと誘導されているということです。

こういったノウハウを先ほどご紹介した法定協議会のなかでも組み入れていこう。これまで公的支援の対象になっていなかった孤立する子どもたちや若者にしっかりと手を差し伸べていこう。このような佐賀県としての考えが、先ほどの支援体制のなかでの我々の位置づけにつながったということです。

このようにアウトリーチという取り組みの重要性が認識されることになっているわけですが、なぜ相談者がアウトリーチを必要とするようになっていったのか。それはこれまでの公的支援体制には不備があったからですが、具体的にどのような点に限界が生じているのか。これについて3点ほど課題を挙げます。

まずこの10年の間に学校にはスクールカウンセラーという専門職が配置されたり、あるいは不登校であれば適応指導教室[4]など学校外に一旦学びの場を設けたりしてきました。そして義務教育終了後にもキャリアコンサルタントや自立を支援する専門のカウンセラーがいる相談場所が設置されています。このようにさまざまな施策が拡充されてきていますが、不登校児数、若年無業者数は依然として高止まりしています。

こうした現実を見ていくと次の3つの課題が見えてきます。

1点目は、当事者が来ることを「待つ」ことの限界です。

これまで拡充されてきた支援というものは、当事者がみずから足を運ばないと支援は受けられない。いわゆる施設型の支援が中心だったわけです。その結果、ほんとうに支援が必要な若者・子どもたちには支援が行き届いていない、こういう実態が明らかになってきました。

2点目は、直接的な支援の不足です。不登校、ひきこもり、ニートに対して、甘えているんじゃないか、あるいは怠けているんじゃないか、こういったイメージを持たれる方も少なくないと思います。

ところが、実はアウトリーチをかけて、その環境にまでアプローチをしていくと、本人の責任とは言いがたいさまざまな影響を当事者が受けてしまっているといった実態も明らかになってきました。

これまでは相談室で助言をして、そのあとの解決行動は当事者任せというところがあったかと思いますが、それでは環境を変える力を持っていない子どもたちには、そのつらい状況を到底解決できるとは思えない。やはり環境へのアプローチが重要な視点になろうかと思います。

3点目は縦割りの問題です。支援分野ごとの縦割りという問題もありますが、もう一つの視点としては、ライフサイクル、ライフステージごとの縦割り支援という弊害は無視できません。それこそ義務教育段階まではさまざまな相談サービスが提供されるわけですが、高校になると一気に数が減ります。さらには、高校を中退してしまうと、今度は支援と結びつくこと自体も難しくなってくる。こういった現実もあるわけです。

そういった点に鑑みると、これまでの支援策というものが社会的な自立まで責任を持って見届けられる体制ではなかったと言えます。ですから、我々が実践するアウトリーチは、孤立する若者に手を差し伸べるだけではなく、その環境の問題も含めて伴走しながら解決をし、彼らが自立するところまで責任を持って見届ける。「施設型」を中心とした公的支援の不備を補う手立てとして位置づけられています。

4…不登校の児童・生徒に対する指導を行うために教育委員会が在籍校以外の施設に設置する教室。教育支援センターともいう。学校生活への復帰を支援するため、在籍校と連携しながら個別カウンセリング、集団での指導、教科指導などを行う。

従来型の支援では解決できない多重な〝環境〟問題

以上のような視点を持って支援の取り組みを進めると、これまでとは少し違った子どもたち、若者の実態というものが見えてくるようになりました。

いま支援現場が直面している問題は、いじめ、虐待、発達障害、養育問題、非行問題、クレーマー問題、高校中退、家族問題、ニート問題と多岐にわたっています。さらに問題なのは、実はこれらが複合化していることです。実際、たった一つのひとり親家庭の問題を関係機関から聞き取ってみたところ、先に挙げた問題すべてを抱え込んでいました。

それぞれの支援分野の担当者は、怠けているわけではありません。それぞれが一生懸命この家庭を支えるためにさまざまな取り組みを展開していましたが、結果、相互に情報共有ができておらず、さらにはライフサイクルを含めた縦割り的な問題もありました。複数の関係者が各々に一致しない働きかけを行ったせいで、当事者は大混乱し急激に状態が悪化してしまっていました。

子ども・若者育成支援推進法に基づいて窓口で行った実態調査（**図表4−1**）を見ると、対人関係に問題を抱える子どもが84・2％、依存行動が認められる子どもは28・1％、そして4割を超えるケースで精神疾患、発達障害等の課題が認められています。こうした問題は表面的にも出てくるものですから、知っている方もいるかと思いますが、ここで我々が着眼をしているのは環境の問題です。

63・4％の子どもが、家族の問題で疲弊してしまっているという実態が明らかになってきました。なかには虐待やＤＶ、保護者の精神疾患、ギャンブル依存等々、実は家族自身も問題を抱えてしまっているケースも多く認められるようになってきました。

図表 4-1　佐賀県子ども・若者総合相談センターにおける実態調査

開所から現在（H22.4 ～ H27.3）		項目	あり（名）	割合（%）
配慮すべき疾患	1	精神疾患（疑い含む）	641	43.0
	2	発達障害（疑い含む）	643	43.2
行動面の問題	3	暴力	278	18.7
	4	非行・違法犯罪行為	182	12.2
	5	依存（携帯、インターネット、ゲーム、異性等）	419	28.1
支援経験	6	医療機関受診	518	34.8
支援機関を利用するにあたっての困難	7	多重の問題	1,265	84.9
	8	対人関係の問題	1,254	84.2
家庭環境	9	家族問題（家族の精神疾患、DV、ギャンブル依存等）	944	63.4
	10	虐待（疑い、過去の経験含む）	203	13.6
	11	被支援困難者	299	20.1
対象者実数			1,490名	

※実態調査対象者：佐賀県子ども・若者総合相談センター利用者1490人。ただし、割合は十分な情報が得られなかった50名を除いて算出

NPOスチューデント・サポート・フェイス作成

つまり、本人にいくらカウンセリングをしたとしても、それには限界があるということなんですね。特に子どもであれば、環境を変える力は乏しい。であれば、直接その環境を家族と力を合わせて変えていく。学校や職場に問題を抱える場合も同じですけれども、環境へのアプローチの必要性が見えてきたということです。

また生活困窮という視点で見ると、経済的事由で必要な支援が受けられない子どもたちが、平成25（2013）年度の調査では20%を超えました。自立す

ら家庭の経済状況で左右されてしまう。そういった点も含めて、いま子どもたちは多重に問題を抱えています。これまでのように相談窓口に一人カウンセラーがいて、それですべて対応することの限界も見えてきています。一つの組織にできることの限界、さらには一つの分野でできることの限界、これも明らかになってきました。

アウトリーチが必要な理由

そこで横断的な支援をするための手段が必要になります。その一つがアウトリーチです。これまでも必要性が認められていたのですがなかなか進まなかった支援です。この社会的な背景はどこにあるのか。このことに関して示唆的な数字がありますのでご紹介します。

図表4-2（181～182ページ）は若年無業者の職業的な自立を支援する「さが若者サポートステーション」で行われた実態調査です。

平成21（2009）年度の調査では我々のところに相談に来る若者の約半数48・5％が、実は我々のところに来る前に複数の支援機関の支援を受けていると回答しています。それでもなお改善できず、孤立をしてしまっていたという実態が明らかになってきたわけです。

先ほどの実態調査と合わせて考えていただくとわかりやすいと思います。ただでさえ対人関係に苦手意識を持っている、あるいは対人関係にトラブルがあって、これをきっかけに不適応

図表 4-2　さが若者サポートステーションにおける実態調査報告（簡略版）

		項目	年度	全体 あり	全体 割合	アウトリーチ あり	アウトリーチ 割合	その他 あり	その他 割合
不適応経験	1	修学時の不適応経験	H20年度	208	58.3%	121	73.3%	87	45.3%
			H21年度	297	70.2%	171	97.2%	126	51.0%
きっかけ	2	いじめ（同級生、先輩、同僚、上司等からのいじめ）	H20年度	125	35.0%	73	44.2%	52	27.1%
			H21年度	129	30.5%	93	52.8%	36	14.6%
	3	対人関係のトラブル（異性、友人、教師、上司、同僚等との関係悪化等）	H20年度	268	75.1%	133	80.6%	135	70.3%
			H21年度	272	64.3%	155	88.1%	117	47.4%
	4	社会生活上の挫折（受験失敗、仕事上のミス等）	H20年度	183	51.3%	95	57.6%	88	45.8%
			H21年度	213	50.4%	112	63.6%	101	40.9%
配慮すべき疾患	5	精神疾患、症状（疑いを含む）	H20年度	139	38.9%	55	33.3%	84	43.8%
			H21年度	164	38.8%	88	50.0%	76	30.8%
	6	知的障害（疑いを含む）	H20年度	18	5.0%	4	2.4%	14	7.3%
			H21年度	21	5.0%	11	6.3%	10	4.0%
	7	発達障害（疑いを含む）	H20年度	137	38.4%	76	46.1%	61	31.8%
			H21年度	129	30.5%	72	40.9%	57	23.1%
行動面の問題	8	自傷行為、自殺未遂等	H20年度	44	12.3%	33	20.0%	11	5.7%
			H21年度	67	15.8%	48	27.3%	19	7.7%
	9	家庭内暴力	H20年度	75	21.0%	58	35.2%	17	8.9%
			H21年度	106	25.1%	71	40.3%	35	14.2%
	10	こだわり、異常行動	H20年度	94	26.3%	72	43.6%	22	11.5%
			H21年度	112	26.5%	74	42.0%	38	15.4%
	11	生活リズムの乱れ、昼夜逆転	H20年度	211	59.1%	123	74.5%	88	45.8%
			H21年度	172	40.7%	112	63.6%	60	24.3%
	12	依存行動（携帯、インターネット、ゲーム依存等）	H20年度	105	29.4%	75	45.5%	30	15.6%
			H21年度	116	27.4%	84	47.7%	32	13.0%
支援経験	13	訪問型支援（保健福祉機関や教育機関等の訪問支援）の利用経験	H20年度	64	17.9%	56	33.9%	8	4.2%
			H21年度	97	22.9%	81	46.0%	16	6.5%
	14	施設型支援（行政の相談窓口、スクールカウンセラー等）の利用経験	H20年度	141	39.5%	79	47.9%	62	32.3%
			H21年度	259	61.2%	135	76.7%	124	50.2%
	15	医療機関	H20年度	150	42.0%	60	36.4%	90	46.9%
			H21年度	152	35.9%	69	39.2%	83	33.6%
	16	複数の支援機関の利用	H20年度	229	64.1%	119	72.1%	110	57.3%
			H21年度	205	48.5%	111	63.1%	94	38.1%

支援機関を利用するに当たっての困難	17	心的要因（支援に対する不信がある）	H20年度	173	48.5%	108	65.5%	65	33.9%
			H21年度	167	39.5%	108	61.4%	59	23.9%
	18	保護者要因（支援に対する理解が得られない）	H20年度	87	24.4%	46	27.9%	41	21.4%
			H21年度	81	19.1%	51	29.0%	30	12.1%
	19	本人要因（初回の段階で本人の同意が得られない）	H20年度	137	38.4%	90	54.5%	47	24.5%
			H21年度	153	36.2%	105	59.7%	48	19.4%
家庭環境	20	虐待の有無	H20年度	26	7.3%	16	9.7%	10	5.2%
			H21年度	20	4.7%	11	6.3%	9	3.6%
	21	保護者、家族の問題（知的障害、精神疾患、DV、ギャンブル依存等）	H20年度	64	17.9%	34	20.6%	30	15.6%
			H21年度	114	27.0%	73	41.5%	41	16.6%
	22	保護者と本人との関係性の悪化	H20年度	110	30.8%	76	46.1%	34	17.7%
			H21年度	161	38.1%	104	59.1%	57	23.1%
貧困	23	被支援困難者（経済的事由で支援が受けられない）	H20年度	73	20.4%	45	27.3%	28	14.6%
			H21年度	97	22.9%	61	34.7%	36	14.6%
		受付カード数	H20年度	357		165		192	
			H21年度	423		176		247	

（1）対象者

○平成20年度「さが若者サポートステーション」利用者357名
　平均年齢　全体23.7歳、アウトリーチ対象者22.7歳、アウトリーチ以外の対象者24.4歳

○平成21年度「さが若者サポートステーション」利用者423名
　平均年齢　全体24.4歳、アウトリーチ対象者23.2歳、アウトリーチ以外の対象者25.2歳

（2）調査項目の選定　利用者の状態像を把握するために必要と考えられる項目を挙げ、KJ法的手法を用いて分類した

（3）手続き　キャリア・コンサルタント、臨床心理士、学校教員免許、産業カウンセラー、精神保健福祉士、社会福祉士等の資格を有する２名以上の専門家が、若者と所属する家庭の協力を得て、面談や訪問支援を通じて、聞き取り調査又は生活場面での状況確認を行った

（4）分析方法　調査結果をもとに、各項目に該当する人数と全体における割合を示した。また、各項目ごとに、アウトリーチ対象者、アウトリーチ以外の対象者の割合を示し比較した。なお、調査において、十分な情報が得られなかった場合は、不明分としてカウントし簡略版では除外している

NPOスチューデント・サポート・フェイス作成

状態に陥ったという当事者がやっとの思いで相談施設に足を運んだ。そこで失敗経験をすると、どういったことが起こるかということです。

実際、アウトリーチの対象者の61・4％が、相談であるとか、支援、この言葉自体にもアレルギーを起こしてしまうような強い不信感、拒絶感を持ってしまっています。一方、従来型の「施設型」支援の前提は、相談者が自発的に相談に来る、つまり、相談意欲の高い人たちへの対応が中心ですので、アウトリーチの対象者のように、強い不信感、拒絶感を抱く当事者への対応のノウハウは蓄積されていません。アウトリーチの必要性に反して広がりが十分ではないという現状の背景には、こういった専門的ノウハウの社会的共有の遅れがあります。

当事者と接触する前にどのように信頼を得るか

どんなに専門的な知識があっても、まずは当事者の抵抗感、拒絶感を和らげ、さらには信頼関係を積み上げたうえでアプローチしていかなければいけない。つまり、当事者と接触する前のノウハウが体系化されないと、やはりこの取り組みはなかなか進まないということなのです。そこで、我々が実際にどういった対策を講じてこの取り組みを進めたのかについて、まずは体制面について、「入口段階」、「出口段階」の二つの側面から工夫点の紹介をしたいと思います。

「入口段階」の工夫は、多職種連携を前提とした多様性のある体制を構築したということです。臨床心理士、キャリアコンサルタント、社会福祉士、産業カウンセラー、学校心理士、教員免許を持ったメンバー、精神保健福祉士等々さまざまです。

なぜこういった有資格者を集めたかというと、子どもたち、若者が抱える問題は深刻化する傾向があるからです。ならば、それぞれの分野で培われた知見を最大限活用することで、解決の可能性を高める必要があります。他方、なぜこれだけ多様な専門職を一つの組織内に組み込んだのかというと、理由の一つは、アセスメント（評価）の偏りを防ぐためです。単一の職種で窓口を固めてしまうとどうしても自分の得意な領域でアセスメントを行うため、支援計画も偏るリスクが生じます。

先ほどの実態調査にもあったように、子どもたち、若者が抱える問題は、複合化する傾向にあります。ならば、複数分野の専門職が喧々諤々（けんけんがくがく）議論するなかでアセスメントを行い、支援計画を立てることができる、そんな環境を整えるためにチーム対応を原則としたというのが工夫点の一つです。

しかしながら、これだけでは先ほどの実態調査に対応することはできません。ポイントとしては、先ほども挙げたように拒絶感、警戒感を持っている当事者にどうアプローチをするか。これは、専門家をそろえただけでは突破できないものがあります。

相談支援は本人が悩みを抱えているわけですから、本人の課題や悩みを聞き出していくことになります。しかし我々の行っているアウトリーチは、社会的に孤立してしまっている当事者に直接アプローチをするわけですから、本人のさまざまな問題を聞くのは当然ですが、同時にその周りにどんな家族関係があって、どんな外部関係者がいままで関わってこの状態にあるのか、こういったことを詳細に聞いていきます。なぜならば関係性とは相対的なものだからです。

例えば、体育会系の先生が乗り込んで、無理やり引っ張って学校に連れていったことでトラウマを抱えてしまったひきこもりの当事者のところに行くときに、「青春だ！」というこんなノリは通用しない。アレルギーの対象になってしまうわけです。要するに過去の経験によっても、外の人に対する認識というものが随分変わってくるということなんですね。

さらに、いじめ被害に遭った被害者で孤立している場合、加害者に似たようなキャラで入っていけば、当然恐怖の対象になってしまうということだってあるわけです。だったら、そういったところも斟酌したうえでアプローチをしていく必要があります。

どんな存在だったら子どもたちにとって一番受け入れやすいのか。支援機関側の都合ではなくて、きちんと当事者の思いを察することが重要になってきます。それができないと、先ほどの拒絶感、警戒感というものを取り払うことはできません。

彼らの中には共通している思いがあります。「どうせ俺のことなんて誰もわかっちゃくれない」。こういった思いが共通しているからこそ、外との接触を避け、断ち、孤立して家にこもっているわけです。ならば、我々がアプローチするときには、この人だったらわかってくれるかもしれないと、少なくともそういった思いを抱いてもらえない限り、受け入れてもらうということはできないのです。

そのときに重要な視点というのが、当事者と価値観のチャンネルを合わせるということです。やはり、人と人。専門性云々の前に、子どもたちが好きだと思っていることを好きと言える、興味関心があることに対して支援者側も積極的に関心を寄せられる、そういった価値観レベルの理解、事前の交流が、閉ざされた心を開いてもらえるかどうかのポイントになると考えています。

そこでアウトリーチをする側は、当然そういった視点を持てる世代という条件も加味していく必要があるという考えに至りました。

アウトリーチを成功させるお兄さん、お姉さん的アプローチとネットワークづくり

図4-3は支援介入困難度を表したものです。

当事者の状態がちょっとした不安や混乱なのか、あるいは自傷や他害まで至っているのか、

図表 4-3　支援介入困難度

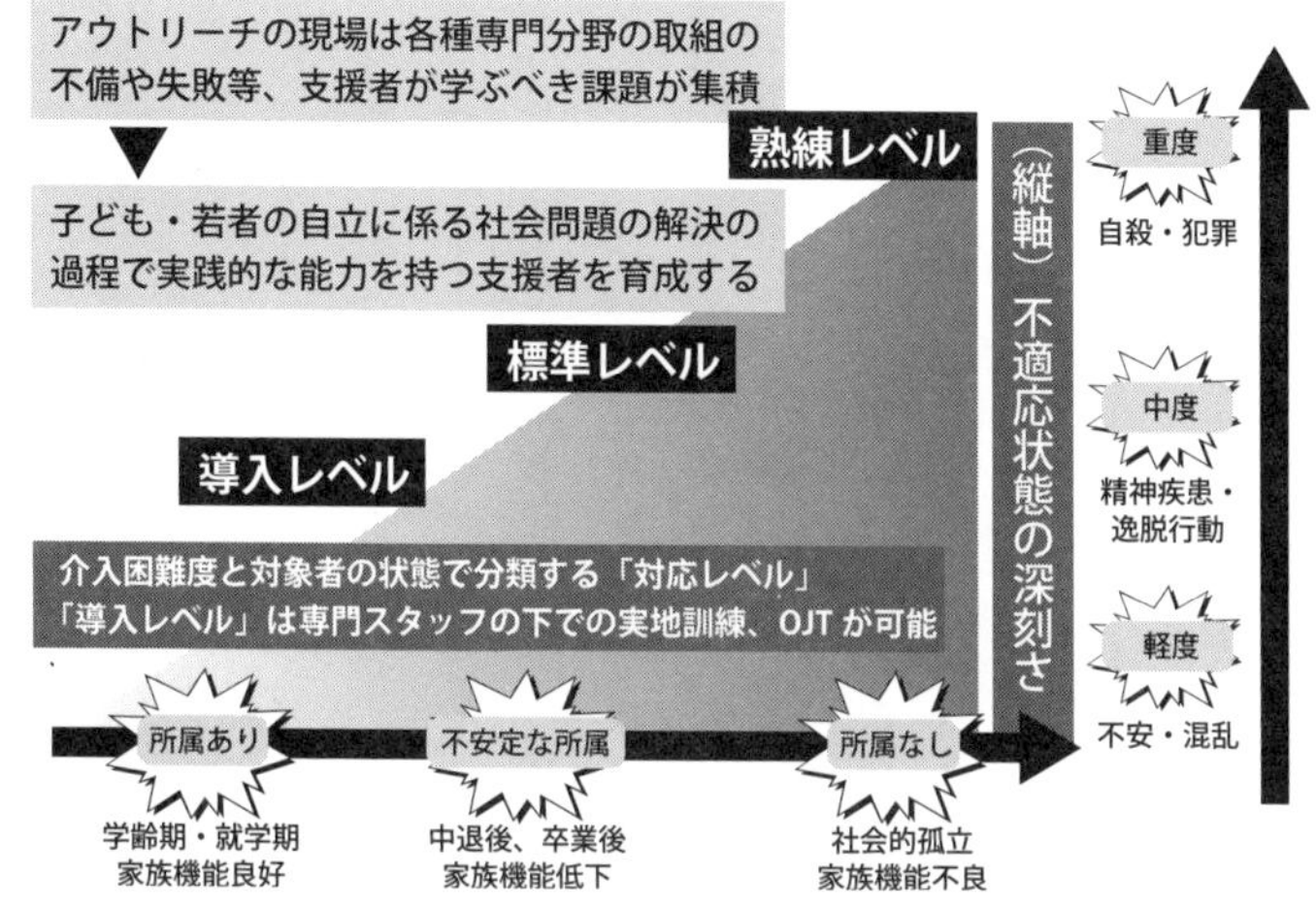

NPOスチューデント・サポート・フェイス作成

家族機能が良好に保たれているのか、そうではないのかによって、関わる点で対応の困難度というのは変わってきます。

導入レベルは、本人のちょっとした不安、混乱があるだけで、家族機能が良好に保たれているということであれば、むしろその人の価値観に着眼をした関係性、これを優先したほうがいいということになります。そこで出てくるのが、兄さん、お姉さん的アプローチです。

我々の組織は、２３０名ほどの登録スタッフがいます（２０１５年度）。そのうちの60名がいわゆる有給職員になっていて、全体の約8割が20代、30代の比較的若い世代で構成されているという特徴があります。それはなぜかというと、先ほど申し上げた価値観のチャンネルを合わせる段階では、そのギャップが生じにくい世代による斜めの関係性を用いることが、専門性だけでは突破できない壁、不信感、拒絶感の払拭にも有効に働くと考えたからです。

実際この有償ボランティアは、大学生、大学院生が活躍してくれています。当然それは若さだけでは難しい部分がありますので、残りの2割は40代から70代まで各世代の支援員を意識的に雇用しています。特に家族支援という観点からは、若い世代にできることは限られていますす。やはり先輩方にお持ちの経験・知見というものをしっかり分け与えていただきながらチームで対応する。専門性のみならず、世代的な多様性も一つの組織内に組み込むことによって、従来の公的支援の限界を突破しようと試みたわけです。

次に「出口段階」で重視したものはネットワークです。一人でできることの限界、これもしっかり認めたうえで真摯に向き合わなければならない。一人でできないことはチームで、チームでできないことは組織でやる。組織でできないこともあるはずだから、ならばそれはネットワークでと、シンプルな考え方なんです。

まず、平成15（2003）年にS.S.F（スチューデント・サポート・フェイス）を立ち上げたわけなんですが、そのときに、支援を必要としている子どもたちや保護者などには、どの団体が何を支援しているかが一目でわかるような情報が必要であると考え、「幼児期から青年

期まで 子育てに関する相談・支援団体ガイドブック」を作成することにしたのですが、そのガイドブック作成のための情報ネットワークとしてつくったのが「青少年サポートネットワークｉｎＳＡＧＡ」です。これをつくるだけでも結構苦労したんです。

ＮＰＯ同士の連携にも課題があります。ＮＰＯはお金のためにやっているわけではありません。やはり使命感、思いというところが先行して動く団体なわけです。となると、少しでも互いの方針がずれたりすると、反発、拒絶につながってしまうという側面もあります。

そのため、「主義主張までまとめたネットワークというのはつくれない」ということで方針を変えて、根源的な目的、「子どもたちのために」というところだけでつながりを持って、当事者が団体を選べるように情報だけは共有しませんか、という形に切りかえたところ、最初はほんとうに十数団体だったのが、３年目には７００団体以上にご協力いただけるようになりました。

「若者の味方隊」と「職親」と全国のネットワークづくり

佐賀県は小さな人口規模の県ですし、面積的にもコンパクトですから、７００団体以上捕捉すれば、全体的にどの分野が強い、弱いということが見えてきます。そして、「この分野の取り組みって足りない。だったらどうするか」となってきます。そこで、このネットワークを活用して、課題認識が一致した関係機関と一緒に解決のための新たなネットワークをつくっていくという段階に移りました。そうしてつくったのが、「若者の味方隊」というものです。これは不登校やニートの若者が仕事に関心を持った際に、疑問に思ったことを気軽に聞ける存在が必要だろうと思ってつくった、職業について話をしてくれたり、職場見学に協力してくれたりする職業人のネットワークです。現在１００名程度の社会人が登録していますが、複数の職業に就いている方もいるので、１５０種以上の職種で、さまざまな職業経験を積んでいる方々にご協力をいただきました。

次の段階として、例えば10年もひきこもっていたような若者がいきなり職業訓練に行けるかというと、なかなかそうではない。だったら、もう一つスモールステップを刻んでいこうということで、まずは理解ある事業主さんのもとで就労体験をして、経験の積み直しをしようということになりました。このための準備として「職親」という、若者の職場体験の受け入れに協力していただける事業主のネットワークをつくりました。農業、漁業、製造業、飲食業、サービス業、建設業、医療等、さまざまな職種の事業主にご協力いただいており、平成26（２０１４）年3月現在、県内１２０カ所を超えています。

このように佐賀県内でネットワークをつくって連携しても、どうしても地域でできないことがあります。そういった地域の限界に関しては、県境を越えた全国的な視点も必要です。

例えば、佐賀県の有効求人倍率。東京では1倍をとっくに超えているわけですが、佐賀県は残念ながらまだ1倍以下であることを考えると、当然雇用というところにも不備や難があることがわかります。また社会資源という点においても、首都圏とは異なり数も少ないうえ、各団体の予算規模も小さい。もし合う団体や活用できる社会資源が不足しているならば、一旦、県外に出てでも立ち直りの機会を得る、といった考え方もあってよいと考えています。でもその団体のことを知らなければ支援計画に入れることもできないし、連携の取りようがない。そこで、全国若者支援ネットワーク機構、日本アウトリーチ協会、生活困窮者自立支援全国ネットワーク等、全国組織の立ち上げにも発起人の一人として積極的に参画しました。

限界を認識して、他機関と協力し、当事者を置き去りにしない

我々は行政ではありませんので、予めネットワークをつくる予算があるわけでもない。また、つくること自体にも相当に労力がかかります。ではなぜ、手弁当で労力をかけてまでネットワークを構築するのか？　理由は、どんな境遇の子どもも見捨てないといった覚悟のもとでなければ社会問題は解決できないと考えているからです。

虐待や貧困等、社会的孤立に関わる問題が世代を超えて連鎖し、すそ野を広げている背景には、自分には関係がないといった当事者意識の欠如や、これぐらい仕方がない、誰かやってく

れるだろうといった先送りの思考があります。この悪循環を断ち、社会問題の解決につなげるためには、やはり、一人の子どもも見捨てない、まずはそういった覚悟を持つ必要があるのだと思います。

もちろん、一人の支援者にできることは限られています。だからこそ、自分たちにはできないことを謙虚に認めて、そこは頭を下げてでも関係機関等の協力のもとで支援展開をしていく。そういった認識のもとでこの重層的なネットワークが構成されています。

言うまでもなく、多機関協働による支援のためには、現場レベルで工夫を重ねる必要があります。各分野、縦割りのなかで培われたノウハウですので、支援方針どころか、アセスメントの段階で共通理解を得ることが難しい場合もあります。そこでまず、「エビデンス・ベースド・アプローチ」[5]を掲げ、経験則ではなく、根拠に基づいた支援の展開を呼びかけ、議論の土壌を醸成しました。次に専門性の違いを乗り越え、コンセンサスを得ながら支援を進めていけるように、多軸評価のアセスメント指標「Five Different Positions」を開発しました。

図表4-4がこのアセスメントの評価内容ですが、アウトリーチ事例を中心に十数万件の相談活動で得られたエビデンスを分析した結果、レベル1~2が1項目でもあれば、孤立期間が長くなればなるほど他の項目も影響を受け、悪循環が起こり、状態も深刻化しやすいことが明らかとなりました。ならば、そのバランスの崩れている項目を軸とした改善プログラムを提案

図表 4-4　Five Different Positions アセスメント

Level1~Level2 が 1 項目でもある場合、長期化・深刻化する危険度が高い

対人関係	**Level1**	**対人恐怖等を抱え、他者への警戒心、拒絶感が強く接触が全くできない状態にある。**
	Level2	**他者への警戒心、拒絶感が強い状態であるが、特定の人間であれば接触が可能である。**
	Level3	個別での対人接触は可能であるが、強い苦手意識があり、コミュニケーションが不全である。
	Level4	小集団での対人接触が可能で、一定の枠組の下でのコミュニケーションは可能である。
	Level5	集団での対人接触が可能で、日常的なコミュニケーションをとることができる。
メンタル	**Level1**	**精神疾患を有する状態で、重度の幻覚・妄想や自殺企図があり、自傷他害のリスクが高い。**
	Level2	**精神疾患を有する状態で、投薬等によって症状が抑えられているが自傷他害のリスクがある。**
	Level3	精神疾患もしくは境界領域で、ある程度の自制が可能で条件次第で限定的に社会参加ができる。
	Level4	精神的に不安定であるものの、助言等で自制が可能な状態で一般的な社会参加が可能である。
	Level5	精神的に安定しており、社会生活を営む上での支障がない。
ストレス	**Level1**	**ストレス耐性が脆弱で、些細なストレスでも心身に影響が生じるため、社会生活が送れない。**
	Level2	**ストレス耐性が弱く、しばしば心身への影響が認められ、社会生活を営む上での困難がある。**
	Level3	ストレス耐性は中程度で、一定のストレスが溜まることで時折、社会生活に支障が出ている。
	Level4	ストレス耐性が比較的強く、助言等があれば自制が可能で、一般的な社会生活が送れる。
	Level5	ストレス耐性が強く、自制が可能で社会生活を営む上で支障がない。
思考	**Level1**	**全てにおいて悲観的、否定的な考え方で、客観的な意見を受け入れられず自制もできない。**
	Level2	**悲観的・否定的な思考で、自制はできないが時として客観的な意見を受容することができる。**
	Level3	悲観的・否定的思考傾向にあるが、助言等を受け入れ、ある程度の自制が可能な状態にある。
	Level4	一般的な思考傾向にあり、助言等によって物事を合理的に考え、自制が可能な状態にある。
	Level5	一般的な思考傾向にあり、自ら物事を柔軟に捉えたり、合理的に考えることができる。
環境	**Level1**	**虐待や DV、不法行為等の深刻な問題が存在し、行政による緊急介入が必要な状態にある。**
	Level2	**家庭内暴力や家族間の対立等の問題が存在し、家族機能が著しく低下した状態にある。**
	Level3	家族間の不和等の家族問題が存在し、家族機能が低下した状態にある。
	Level4	家族問題が存在するものの、家族機能がある程度保たれている。
	Level5	一般的な家庭環境で、家族機能が健全に保たれた状態にある。

NPOスチューデント・サポート・フェイス作成

することが支援方針を立てる際の視点として重要となるわけです。

ところで、このアセスメント指標は、多職種連携を実現するために、項目も5つと最低限に絞り、さらに各項目のレベルの説明文も平易な言葉で短く作成しています。持っている資格が違えば使う専門用語も違う場合がありますし、組織をまたげば文化も異なります。そんななかで多職種連携を機能させようと思えば、海外とのやり取りと同様、異文化コミュニケーションの観点を持つことがポイントになるのではないかと考えたのです。つまり、この指標は、共通言語となる目的であえてシンプルにしたのです。各専門職が持っている情報を同じテーブルにのせて一定の議論をすれば、各項目大体このレベルだよね、といった大枠のコンセンサスが取りやすくなります。

5…客観的な根拠（エビデンス）に基づいて援助を行おうとする立場のこと。行動療法や認知行動療法などが含まれる。

Five Different Positions に基づいた支援プログラム

① 対人関係プログラム

ここからは、Five Different Positions に基づいた支援プログラムの実例をいくつかご紹介していきます。まず、対人関係についてお話しします。

ニートの若者であっても、実際に仕事をしていないことを後ろめたいと思っている人がほとんどですし、社会から感謝されるような仕事に就きたいと思っている人がほとんどです。でも、それができない。気持ちと行動のギャップを生んでいるものは何かを見ていくと、実は仕事をしていくうえで人間関係に不安を感じるという若者が80・9%もいることがわかりました。つまり多くの場合、対人関係がその原因になっているということです。その影響というのはますますいまの時代、強く出始めています。

なぜなら、ネットの世界での対人コミュニケーションと実社会のリアルなコミュニケーションとは違う側面があります。また世代、世代によってコミュニケーションパターンが違います。ですからコミュニケーションは、職場に入ったときに一番苦労することの一つなんです。そういった点を踏まえて、コミュニケーションのトレーニングを一定程度、現実的にやっていかなくてはなりません。そこで専門の相談員が常駐し支援する「コネクションズ・スペース」があります。

どういった機能を持っているかというと、いわゆるフリースペースに近い場所ですが、単なる「居場所」機能ではなく、専門スタッフが常駐することで、日常的に適応訓練が実施できるようになっています。そこで活躍しているのが20代、30代の若手の専門スタッフです。彼らが「お兄さん」「お姉さん」として斜めの関係性を生かしつつ、リアルなコミュニケーションのなかで、「じゃ、さっきの場合はこういうふうに言ったほうがもっとおもしろいぜ」と、当事者と同じ方向を向きながら少しずつ軌道修正をしていくことができる居場所になっています。

② ストレス耐性プログラム

次にストレス耐性に着眼したプログラムの一つをご紹介します。これは実例を用いて、長期にひきこもった若者が初めて外出してから社会的に自立していくまでの過程を、ストレス耐性を基軸にどのような留意点のもとに支援を行えば効果的なのかご説明します。

この若者は、中学校に入るまでは順調で、成績もよくクラスの役員にも選出されるほどまじめで周囲からの信頼も厚い学生でした。しかし、担任の先生とのトラブルをきっかけに、不登校に陥り、その後3年間、ひきこもってしまったのです。

まずは訪問して一対一の人間関係からつくっていくなかで、不安と混乱が少しずつ軽減されていきました。いよいよ外に出ていこうとなったこの段階で、夜のプログラムを選択しました。

このような若者が外出をする際に一番つらいものは何かと言えば、やはり「人目」です。まじめな性格ゆえ、学校に行かず、働いてもいないのに外を出歩くとなると、後ろめたさを感じてしまいます。同級生に会ったらどうしよう、学校の先生に見られたらどうしよう、近所の人に何か説教されはしないか、そういった気持ちが先行してしまいます。この点に配慮せずに慣れさせようと単純に外出を繰り返せば、過度のストレスを与えることになり、本来の目的とは逆に外に出ることに対する苦手意識を強めたり、トラウマ化したり、状態を悪化させてしまうリスクがあります。うつをイメージしていただくとわかりやすいかもしれません。

治療の際に医師はストレス要因となるものの特定、排除を優先します。ストレッサーが多ければ多いほど症状の改善が難しくなるため、場合によっては休学や休職を勧めることもあります。学校や社会で傷つき、ストレス耐性が弱くなっている若者に、その限界を超えるストレスを与えることになれば、状態は悪化するのは当然です。ならば、人目が気になりにくい夜のプログラムを選択するなど、個別対応の段階は徹底的に配慮を重ねることが重要です。

これはさらにプログラムの効果を高めるためのコツですが、可能であれば外出した先に、普段経験できないとびきりの経験を用意してあげるようにします。この若者に関しては、夜釣りプログラムを選択したため、事前に地域の協力を得て大物が釣れる穴場スポットを開拓しておきました。その結果、見事釣具店の記録に掲載される80㎝オーバーのスズキを釣り上げ、外に出る喜びを感じることができました。

次の段階は2～3名程度の小集団活動に意識的に移行していきます。徹底的に配慮を重ねる個別対応の段階を長期にわたって続けると依存関係が生じてしまい、その支援者にだけしかしゃべれない、頼れない状態に陥り、その施設や場所に固着してしまうリスクが生じます。特別な事情がない限り、ゴールは社会参加、自立に置いているわけですから、背景要因の解決のプロセスで、個別対応から小集団、集団活動へと段階的に、意識的に移行を図る必要があります。

小集団活動の段階で重視しているのはマッチングです。やはり人間、どうしても合う、合わないということはあります。この段階ではまだストレス耐性が高くない段階ですので、一定の配慮が必要になります。状態や性格、興味関心などを加味してマッチングし、可能な限り、ストレッサーの少ない小集団の形成を行います。より効果的に小集団活動を進めていくためには、事前の関係性づくりも重要です。個別対応の段階で、マッチングする方針が立ったら、当事者の了解を得たうえで話題のなかに登場させます。最初は、「この前、A君と夜釣り行ったらデカいチヌ釣れたよ！」など、共通の興味関心等に関する話題を介して互いの存在を認識してもらいます。次に、「例の映画、A君もラストシーンで思わず泣きそうになったって言ってたよ」など、互いの価値観や人柄がわかるような話題を徐々に共有していきます。このように話題のなかで間接的に関係性を構築することで、初めて直接会う際にも親近感から過度に緊張することなく、円滑に小集団活動に移行できるようになります。

この段階の釣りは、ルアー釣りを選択します。ルアー釣りの特徴は、疑似餌(ぎじえ)を用いるため、遠くにキャストして、魚が泳いでいるようにアクションをつけながらリールを巻く。この作業が延々と続くため、浮き釣りと異なり魚信（ぎょしん）（魚が餌に食いついたという反応）を待つ何もない時間がありません。このことによって、話題が思いついたときだけ話せばいいといったスローなコミュニケーション空間を演出することができます。

対人関係に苦手意識を持っている若者にとって、何もやることがない状況で他者と会話を交わせずに、同じ空間に居続けるのはストレス以外の何物でもありません。そこで、常に作業があるルアー釣りを選択することで、しゃべれなくても集中して釣っているといった理由が立ちやすく、気まずさを軽減することができます。

堂々と演技までしてポーズを決めた

このように、配慮が行き届き、状態が改善すれば、写真のような場面が出てきます。「ホームページをつくる際の写真が必要なんだ」と言った途端に、

「ちょっと待って」とマッチングされた二人が何ら打ち合わせをすることもなく阿吽の呼吸でポーズを決めてくれました。個別対応の段階は、人目を気にする状態にあったわけですが、堂々としかも演技までして写真に写ることができています。心理的にも余裕がうかがえるこういった状況が認められれば、次は集団活動へと移行していきます。

彼らは写真の段階から程なく、20名弱が参加した徹夜の釣り大会に参加しました。このように、背景要因の解決のプロセスで、個別対応から小集団、集団活動へと移行していくわけですが、その際、プログラムの質的、量的転換を図っています。

量は時間のコントロールです。最初は30分くらいでした。なぜなら時間もストレスになるからです。最初は短い時間から始めて、本人が抱えている悩みや環境のストレスといったものが解消していくにつれて、段階的にその時間を伸ばしていきます。そして集団活動に移行して、さらには時間も長時間になるわけです。

次は最終段階の就労体験です。これは質の転換です。

なぜ最初に夜釣りだったのか。それは釣りが好きだったからです。もし釣りが嫌いだったら、それは苦行になります。ところが好きなこと、興味関心のあることだったらストレスを感じにくいですね。ならば、最初の第一歩は好きなこと、興味関心のあることからスタートをする。でも、好きなことばかりやっていては社会には出られません。そこできちんと課題、問題の背景の解決の度合いに応じて、だんだんと質的な転換を図っていって、この段階で就労体験、実用的な内容に切りかわったということです。

思考（認知）プログラム

次に「思考（認知）」の状態の改善を行う認知行動療法と職親制度を活用した就労体験をご紹介します。人は不遇な経験を積み重ねれば、物事の捉え方が極端に悲観的になったり、不合理的な思考に陥ったりすることがあります。

個別対応の段階でカウンセリング等を通じてその状態を共有し、歪んでしまった認知があるのであれば、体験活動のなかで修正をかける必要があります。そのため一般的な就労体験と異なり、支援者が職親の下に随行し、同じ時間、同じ場所で一緒に汗を流しながらその場面を共有します。特に対人関係上の苦手意識等に関しては相談室で見えることは限られています。第三者を交えた流動的な場面でこそ把握できる課題もあるわけで、随行する支援員がリアルタイムでフォローしたり、振り返りの時間を通じて意味付けや修正を行ったりなど、認知行動療法の考え方を応用的に組み込んだプログラムを展開しています。

その際にご協力いただいているのが前半でご紹介した理解ある事業主のネットワーク「職親」です。各々の仕事に誇りを持って働いている職親の下での就労体験は、「働くこと」の意味の再考にもつながり、偏った職業観の修正という観点からも有効です。

環境改善プログラム

最後に、学校での暴力行為等を経て不登校に陥った子どもの自立までのプロセスをご紹介します。

祖母の養育力の低さや本人に発達障害がある等とされていたケースですが、アウトリーチによって把握されたのは、虐待をはじめとする深刻かつ複雑な環境要因でした。それが発達障害的な行動特性につながっていたわけで、アセスメント段階の不備が支援方針の誤りを生み、状況悪化を招く一因となってしまっていました。このように、長期化、深刻化し、外部機関から引き継がれたケースのなかには、アウトリーチを用いた環境に関するアセスメントの見直しが必要な場合も少なくありません。

次に把握された生育環境の問題をどのように解決していくか、重要な視点を二つ挙げたいと思います。

一つ目は支援プロセスを「伴走する」ということです。特に深刻、かつ複合的な問題を抱えている場合、さまざまな支援者や専門機関の関与が必要となるだけでなく、支援期間も複数年にわたることも少なくありません。相談支援に対する不信感、拒絶感を持ち、対人関係の苦手意識等から他者とのつながりを維持する力が弱くなっている当事者を前提とすると、その時々の状態や状況、過去の経緯等を理解した支援者がしっかりと伴走しつつ、コーディネートを行う必要があります。

二つ目に重要な視点は、必要なものは「創り出す」ということです。関係機関が有する既存のプログラムでは、誘導や効果が見込めない可能性があるのであれば、前述の夜釣りのプログラムのように、NPOの柔軟性、機動性を活用し、オーダーメイドで企画し創り出す必要があります。家族問題の解決に関しても同様で、単に法的な枠組を活用し「指導」するといった従来型の権限に依拠したアプローチが機能しないケースに関しては、むしろ徹底的な配慮を重ねたうえで築かれる、信頼関係を基盤とした「伴走型」、「創造型」の支援プログラムが有効だと考えています。

現に佐賀県では、この考え方に基づき展開されるアウトリーチと重層的な支援ネットワークを活用した多面的アプローチが功を奏し、地域若者サポートステーション事業ベースでは、例年全国2～3位の就職者数をあげ、平成24（2012）年の就業構造基本調査でも、若年無業状態に陥る若者の割合の減少率も全国2位といった結果が出ています。

学生からの質問

Q1

地域にはさまざまな方がいますが、当事者と関係機関とのアクセスをどのようにされているのでしょうか。例えば当事者からというのは結構難しいと思うのですが、1000件の相談人数はどこから来るのが多いでしょうか。

【谷口】 相談件数の内訳で一番多いのは教育機関なんです。36%が教育機関からの相談です。あとは就労支援、ハローワークなどからが14%、保健福祉機関、保健センターや福祉事務所などからが13%です。実は行政がかなりの割合を占めています。

こう見ると、困難を抱えたときにはどこかに必ずといっていいほどSOSを出しているんです。そのときにたらい回しにするのではなくて、しっかりと支援が受けられるところにつないでいく。そのために「子ども・若者育成支援推進法」では、罰則規定付きの守秘義務を課す法定協議会を構成し、その総合相談窓口機能を担う「佐賀県子ども・若者総合相談センター」及び指定支援機関が責任を持って、相談を受け付け、その後の自立に至るまでの支援を伴走していきます。この考え方は、生活困窮者自立支援法においても同様です。あとは、法定協議会以外にもネットワークを重層的に整備することで、さまざまなレベルでSOSがキャッチできるように網の目を細かくしています。

【駒村】 困窮している人にどのようにアクセスするのかというのはとても重要な問題です。生活困窮者自立支援法のなかに相談事業というのがありますが、待っていても来ないんですね。そこで滋賀県の野洲市では、国民健康保険などの税の滞納をしている方に督促するだけじゃなくて、複合問題を抱えているんじゃないですかということでアドバイスをして、よろしかったら相談のほうへ行ってくださいというアプローチをしています（第10章参照）。ただ保険料を払ってください、全部差し押さえますよとやるだけではなくて、それを手がかりに、今度は助けてという声を見つけ出すことをしているところもあります。そしてそういう方を、例えば社会福祉協議会につなげるなど、市でやっているところもあります。

ただ、まだまだ少数派の状態です。いろいろな方法があって、佐賀県は谷口さんのやり方で行っているということです。

Q2

1点目は、ひきこもりだったり不登校の子どもの家庭だと、親も外との連携をとろうとしないことも多くあると思うのですが、そういう場合、アウトリーチはどのようにされているのですか。

2点目は、支援をして、学校に行けるようになったり、仕事をできるようになる子どもたちも多いと思うんですけれども、その後、何かあったときに仕事を辞めたり、学校にまた行けなくなったりする可能性もすごく大きいと思っています。その後のアフターフォローはされているのですか。

【谷口】 1つ目の質問についてですが、事前準備の重要性についてお話ししたように、接触の方法はさまざまな手段を持っていないと解決できません。外との連携をとろうとしない家庭といっても、過去にさまざまな相談窓口につなげて失敗し不信感を持っているケースと、まだ世間体を気にしてどこにも相談に行けずに声を上げられていないケースがあって、これだけでも接触の方法は異なってきます。従って、事前準備の段階で、何故、外との連携をとろうとしないのか、抵抗感を抱く事情も含め、徹底的に情報収集と分析を行い、どのようにその抵抗感を払しょくするのか、複数の専門職によるチームで検討することから始めます。

過去にさまざまな相談窓口での失敗を経験しているケースでは特に、きちんと改善できるという確証がない限り、わざわざ秘匿性の高い情報を提供してくれることはありませんので、接触する際には希望的な見通しも含め、家庭側に情報を届けていく必要があります。

2つ目の質問に関しては、実際にそういう若者はいます。ただ、その「失敗」というのは誰にでも起こることです。この時代、不安定な就労条件で働かざるを得ない非正規雇用者がこれだけ多く生まれている時代ですから、何度も転職を経験する若者も少なくありません。そういう意味で言うと、その「失敗」と思われるような経験もマイナスではなく、プラスの経験として積み直しをする。伴走する際には重要な視点です。

もし失業したとしたら、その失業の意味、その前の職場で学んだこと、経験したことを次にどう生かすのか、生産的な方向性でしっかり捉え直し、うまく共有できれば、その若者の成長にもつなげられます。その際は事業の枠組を超えて複数年で伴走していくということも必要です。

大事なのは、いざという時にSOSの声を拾いやすい状況をつくっておくということです。今日ご紹介した多面的アプローチの事例の家族には年賀状を出したり、折を見て連絡を取っています。

第3部　障害者問題

障がい児・者および障害者就労における「しんがり」の活躍

第3部では障がい児・者とその就労における「しんがり」の活動を紹介しています。

第5章の橋口亜希子さんのテーマは発達障害でした。今日、発達障害を抱えた人、児童はかなりの人数になり、さまざまな生きづらさを抱え、就学、就労などの局面で多くの壁に突き当たっています。発達障害は、早期の適切な支援と周りの理解、環境を整備すれば問題にならない場合も多いのです。そのためには、親や家族が子どもの発達障害を早期に把握し、理解することが必要です。橋口さんには、発達障害の子どもを持つ親として、周辺の理解不足、家族の葛藤を率直にお話しいただきました。その一方で、障がいがあるからと守られすぎることが障がい者自身の生き方の幅を狭めてしまう、障がい者にも失敗する機会があるべきであるとも話されました。

政府は現在、発達障害者及び児童、そして親・家族に向けての支援（ペアレントプログラムやペアレントトレーニング）を強化し、さらには発達障害の診断等を専門的に行うことができる医療機関等を確保することにしています。

なお、本書では詳しく紹介していませんが、橋口さんと一緒に登壇した、発達障害の子どもたちの理美容サービスの提供を推進しているNPO法人そらいろプロジェクト京都の赤松隆滋（りゅうじ）さんの取り組みも重要です。発達障害の子どもたちのなかには、髪を切る、医者、歯医者で治療を受けることを非常に怖がる子どももいます。子どもが暴れて手がかかるからと、理美容、医療関係者のなかには発達障害の子どもたちを拒否する人もいます。こういった領域で「合理的な配慮」がまだまだ不十分であることは明らかです。そこで赤松さんは、発達障害の子どもたちも、理美容師が接し方を工夫すれば怖がらないことやその接し方を全国に広める研修をしています。

障害者雇用については、竹村利道さんと宮地功さんのお話があります。政府は、障害者雇用率制度によって一定規模の企業については、障がい者の雇用を義務づけています。最近の改革で精神障害者もその対象となりましたが、他方で政府や自治体などが実は障害者雇用率を達成していなかったことが明らかになり大きな問題になりました。

身体障害、知的障害、精神障害のうち、身体障害は作業環境の整備によって就労、能力を発揮することは可能になり、知的障害については仕事の切り出し、組み合わせなど業務内容を工夫すれば就労は可能になります。他方で、難しいのは、同僚や取引先などの周りの理解や協力が必要になる精神障害です。

また障害者福祉でも就労の支援をしており、最低賃金以上の労働条件で障がい者を雇用する就労継続支援A型事業所と最低賃金の条件をクリアしなくてもよい就労継続支援B型事業所があります。

竹村さんは障害者福祉の領域で、オムロンは障害者雇用と障害者福祉の両方の仕組みを使って先端的な障害者就労支援を進めています。

両者に共通するのは、障がい者もいろいろなことに挑戦し、働き、納税する権利と義務があるということを大切にしている点です。「チャリティ」ではなく「チャレンジ」するためのチャンスを保障することが重要なのです。竹村さんの取り組みのキーワードは付加価値、宮地さんの取り組みのそれは生産性だと思います。

竹村さんは障がい者も勤労、納税の義務があるのだから、その条件を整備するのは社会の責任であると考えています。障がい者が働き、自立するためには、ふさわしい賃金の確保が必要であり、そのためには市場でビジネスとして評価される事業が必要だと考え、徹底的に「付加価値」を追求していきます。障がい者のつくったものだから「質が低くても仕方ない」、あるいは「かわいそうだから買ってあげる」という同情では、ビジネスを続け、高い賃金を確保することはできない。竹村さんは、品質の向上、差別化を追求し、付加価値をつける方法はないかということを探り続け、「ビジネスベース」の画期的な就労継続支援A型事業所をたくさん経営するようになりました。

付加価値とならんで、工賃や賃金を引き上げるためには、生産性の向上も重要です。宮地さんのオムロン京都太陽の取り組みの特徴は「生産性」の向上です。オムロンは、早い時期から障害者雇用に取り組んできました。1964年のパラリンピックで日本チームを率い、日本の障害者雇用を牽引した中村裕(ゆたか)氏に初めて協力した企業としても知られています。オムロン京都太陽は、中村裕氏が設立した社会福祉法人「太陽の家」とオムロンの共同出資会社です。オムロンの工場と同じ敷地の中には障がい者向け福祉施設もあります。オムロン太陽京都は、それぞれの障害状況に合わせた製造工程をつくり込むことで、徹底的に作業効率を高めています。加えて、徹底的な就労環境の改善による障がい者の生産性の向上にも取り組んでいます。まさに障害者雇用における「カイゼン」活動の実践だと思います。さらに障害者雇用の取り組みが、障がいのない従業員にもプラスの効果をもたらし、障がい者を差別しないで一緒に働こうという企業の姿勢が、企業全体の活性化を誘発しているわけです。

（駒村康平）

第5章

発達障害の人の困りごとを解決することはユニバーサル社会の第一歩

【講義日：2018年11月29日】

元一般社団法人日本発達障害ネットワーク事務局長
橋口亜希子個人事務所代表

橋口亜希子
（はしぐち・あきこ）

産業カウンセラー、米国NLP協会認定マスタープラクティショナー。息子が小学生のときにADHDと診断を受ける。2001年静岡「AD／HDの理解を深める会」発足、代表に就任。以後、NPO法人えじそんくらぶの理事、日本発達障害ネットワーク事務局長などを務め、2018年からは個人事務所を立ち上げ、発達障害を手掛かりとしたユニバーサルデザインコンサルタントとして、発達障害の普及啓発、コンサルティング活動を展開している。

発達障害児を持つ橋口さんは、当事者の立場から19年という長きにわたり、さまざまな活動を行ってきました。プログラムの関係で講義では多くのことを話せなかったことから、日本でどのように発達障害が認知され、教育現場で受け入れられていったか、そして就労においてどのような問題が起こっているかについて書き下ろしていただきました。

私の人生を大きく変えた発達障害との出会い

私は現在、発達障害を手掛かりとしたユニバーサルデザインコンサルタントをしています。こんな肩書きは聞いたことがない！　と思われるでしょうが、これまで19年に及ぶ発達障害の理解啓発活動をしてきた私を支えてくれた多くの方々が考えてくださった肩書きです。だから、少々長いですが自慢の肩書きです。

なぜ、私が発達障害に関わるようになったのか？　まずそこからお話ししましょう。

それは19年前に息子が発達障害と診断されたことが始まりです。息子が発達障害と診断されたことで、私の人生は大きく変わりました。彼や発達障害の存在が、自分のなかにある常識や固定観念を崩してくれたおかげで私の見える世界は大きく広がり、新たな気づきの連続が私の人生を豊かにしてくれました。ただ、これは子育てを終えたいまだから言えることだということは、どうか皆さんにご理解いただきたいのです。
自分で言うのもなんですが、ここに至るまでには多くの絶望と、それでも立ち上がらなければ私たち親子が生きていけない社会がありました。だから、この場を借りて、なぜ発達障害が私の人生を大きく変えたのか、そして昨今、発達障害の問題として取り上げられる「教育現場での発達障害」と「発達障害者の就労問題」の2点について、自身の子育ても踏まえながら述べていきたいと思います。

そもそも発達障害とは？

発達障害は大きく分けて3つに分類されます。1つ目は自閉症やアスペルガー症候群などを含む広汎性発達障害、2つ目は学習障害（LD）、3つ目は注意欠陥多動性障害（AD／HD）です。

広汎性発達障害はコミュニケーション能力や社会性に関連する脳の領域に関係する発達障害の総称です。自閉症とアスペルガー症候群の大きな違いは、自閉症は言葉の遅れがあるのに対し、アスペルガー症候群は言葉の遅れがないことです。レット症候群や小児期崩壊性障害、特定不能の広汎性発達障害も広汎性発達障害に含まれています。最近はASD（自閉症スペクトラム）と呼ばれています。

注意欠陥多動性障害（ＡＤ／ＨＤ：Attention-Deficit/Hyperactivity Disorder）は、「集中できない（不注意）」「じっとしていられない（多動・多弁）」「考えるよりも先に動く（衝動的な行動）」などの特徴があります。その特徴は、落ち着きがない、じっとしていられないなどの多動・衝動と、忘れ物が多い、集中できないなどの不注意、そしてその両方を持つ混合と、大きく3つに分類することができます。

学習障害（ＬＤ：Learning Disorders または Learning Disabilities）は、全般的な知的発達に遅れはないのに、聞く、話す、読む、書く、計算する、推論するなどの特定の能力を学んだり、行ったりすることに著しい困難を示すさまざまな状態をいいます。よく聞かれるディスレクシアとは、学習障害のなかでも文字の読み書きに限定した困難さを持つ状態のことをいいます。その他にも、トゥレット症候群や吃音、発達性協調運動障害なども発達障害とされています。

実は、発達障害という言葉は２００４年に成立した発達障害者支援法で生まれた日本だけの「行政用語」です。ですから、「発達障害」が示す範囲は国や地域、学問領域などによって異なっていて、さまざまなものが存在しているため、相手の理解や解釈に気をつけて話さないとズレが生じてしまいます。

現在の発達障害の定義は「ＩＣＤ-10（疾病及び関連保健問題の国際統計分類）」に基づいて

います。ここ最近の動きとしては、約30年ぶりの改訂で公表されたＩＣＤ-11に基づいて日本でも定義が見直される動きがあります。発達障害の日本での歴史は浅く、その原因も究明されていないため、まだまだ発展途上にあります。

人口の約10％はいるといわれる発達障害ですが、その特性は、誰もが持っているものであることから理解しやすさがある反面、誰もが持っているものだからこそ個性の問題と誤解を受けることも多いのが現状です。個性では解決できない、日常生活や社会生活に支障のある発達障害において大切なことは診断名ではなく、その人がどんなことで困っていて、どんなことで躓（つまず）いているのかに目を向け、その人に合った支援を考えることです。

日本で発達障害が正式に認められた画期的瞬間「発達障害者支援法成立」

私の息子が診断された19年前は、福祉関係者も教育関係者も発達障害を知らず、お医者さんですら知らない人もいた時代でした。２００４年に発達障害者支援法ができるまでは、知的障害のない軽度発達障害と呼ばれた子どもたちは、その子個人の問題と問題児扱いされたり、親のしつけがなっていないから問題行動を起こすのだと、ダメな子・ダメな親と、社会から偏見や差別を受けていました。

私自身も、息子の問題行動はお母さんのしつけがなっていないからと周囲からたくさん叱責を受け、親子心中未遂の経験もあります。見た目が若く見えるためか、私は若いママ＝料理ができないママと受け取られ、特性の偏食がひどく、給食が食べられない息子のことで、ある日保育園の先生から「お母さん味噌汁つくれる？」と笑って言われたこともありました。高校時代に食物を専攻していた私は、料理は得意だったので、とても傷ついたことをいまでも覚えています。

また発達障害者は、発達障害者支援法ができるまでは障がい対象とならなかったため、制度と制度のはざまで障害福祉サービスを使えなかった人たちでした。

例えば児童福祉法では、発達障害が対象とされる２０１０年以前は、知的・身体障害が障がい児とされていたため、発達障害のある児童は放課後等デイサービスなどの福祉サービスを使えなかったのです。これは９年前とつい最近のことです。

息子が診断を受けたのは２００４年以前でしたので、息子の診断をきっかけに地元で立ち上げた「ＡＤ／ＨＤの理解を深める会」では、参加していた民生委員や主任児童委員など福祉関係の方々から「そんな障がいは母親であるあなたの育児能力がないことの言い訳に過ぎない。本当にそんな障がいがあるのなら、あなたの子どもを連れてきて目の前で見せなさい」と言われました。親がどんなに白旗を振っても、理解や助けを求めてもダメなんだと、親の無力さを痛感した出来事でした。つい最近まで（実はいまも）私と同じようにつらい思いをしている親子がたくさんいるのです。

しかし、本人や周囲の人がその特性を理解すれば、社会で上手くやっていく方法が見つかるかもしれない。――こうした子どもたちや親たちを守るために、少しずつ社会が動きだしました。そして２００４年、待ちに待った「発達障害者支援法」が成立したのです。

本人や家族、行政、学校、会社などさまざまな人に理解してもらうために〝発達障害〟という言葉をつくって、それを法律で定めた「発達障害者支援法」は、それまで行き場所や居場所のなかった私たち親子にとって画期的な法律でした。

そして成立の背景には、我が子にはその支援が間に合わないと痛いほどわかっていながらも、未来の子どもたちを守るために、発達障害者支援法を成立させるべく全力を尽くした多くの親たちがいたことも、どうかどうか知ってほしいのです。

戦後60年の特殊教育から特別支援教育への大転換

私にはいまでも忘れられない報告書があります。それは、文部科学省中央教育審議会が２００４年12月１日に出した「特別支援教育を推進するための制度の在り方について（中間報告）[1]」です。

その中間報告を手にしたとき、大げさでなく涙が溢れ、今後息子が受ける学校教育に大きな希望が見えたことを鮮明に覚えています。なぜなら先に述べた福祉同様、教育現場でも、それまで障がいの対象とならずに見落とされてきた、通常学級に在籍する知的遅れのないＬＤ・ＡＤ／ＨＤ・高機能自閉症等の子どもたちが「特別な教育的支援が必要な児童」として明記されたからです。

そして、２００７年4月1日文部科学省「特別支援教育の推進について（通知）」にて特別支援教育の理念に発達障害が明記されたことは、親にとって教育現場への「切り札」となりました。それまで、どんなに学校に足を運んで我が子の障がいについて理解を求めても、「発達障害は特殊教育対象の障がいではない」と見向きもしてくれなかった教育現場に、正々堂々と特別な支援を必要とする子どもだと言えるようになったからです。その特別な支援は、支援を必要とする子どもが在籍する「全ての学校において実施されるもの」と明記されたことで、どこか障がいというと養護学校（現：特別支援学校）が対応するものと切り分けていた教育現場に、当事者意識を持ってもらうことができるようになったのです。

「特別支援教育は、障がいのある幼児児童生徒への教育にとどまらず、障がいの有無やその他の個々の違いを認識しつつ様々な人々が生き生きと活躍できる共生社会の形成の基礎となる」[2]

戦後60年続いた特殊教育から、大転換を図った特別支援教育の理念の最後に書いてあるこの一文は、いま見ても感慨深いものがあります。

なぜなら、それまで発達障害のある我が子は社会から人に迷惑をかける存在として見られ、それに対して心を痛めていた私にとって、我が子の発達障害が共生社会を実現するきっかけになるのだと希望と勇気を与えてくれた一文だったからです。

1…http://www.mext.go.jp/b_menu/shingi/chukyo/chukyo0/toushin/05020701.htm
2…2007年4月1日　文部科学省「特別支援教育の推進について（通知）」
http://www.mext.go.jp/b_menu/hakusho/nc/07050101.htm

小学校での対応は、「合理的配慮の好事例」の先駆け

実は、私たち親子はとても恵まれていて、発達障害者支援法ができる以前から学校全体でさまざまな支援を受けていました。息子が小学2年生のときに着任した校長先生に、息子の発達障害のことを話しに行ったらこんなふうに言ってくれました。

「お母さん、ごめんなさい。私には知識がないためＡＤ／ＨＤとか発達障害のことがよくわかりません。でも、息子さんが困っていることは事実ですから、学校全体で、全力で支援をします。ですので、どんな支援が必要か教えてもらえませんか？」

それまで周囲から非難や叱責を受けることはあっても、理解して支援しようなんて言ってくれる人がいなかった私は一瞬、鳩が豆鉄砲を食らったように目が点になり、でもその言葉がい

まこの瞬間の現実に聞こえたとわかった瞬間、それまでずっと我慢してきた思いが涙となって溢れ出ました。

それからは、いまで言う「教育現場における発達障害への合理的配慮」が行われました。息子がパニックになったときのために、保健室、図書室、そして校長室がカームダウン・クールダウンの場として用意されました。カームダウン・クールダウンとは、状況判断や周囲の話していることが理解できなかったり、感覚過敏によって音や光、匂いなどの情報が入りすぎてしまったりなど、特性からくる不安や混乱からパニックになりそうなとき、もしくはパニックになったときに、周囲の視線を遮って気持ちを落ち着けられる場所のことを言います。

私の息子は、ＡＤ／ＨＤの特性から怒りがコントロールできないこともあったため、小さい頃から友だちとのトラブルが絶えませんでした。また、トラブルになった場所では、いつまでも気持ちがその場所に残ってしまうこともあり、気持ちを落ち着けるのに時間がかかりました。ですから、彼のためにカームダウン・クールダウンの場が用意されたことは、彼にとって最高の合理的配慮だったのです。

言うまでもなく、彼が好んだ場所は校長室でした。校長先生は彼がパニックになって担任の先生に連れられてやって来ると、彼の大好きな野鳥の本を一緒に読んだり、彼と一緒に花壇に水をやったり、そして時間がかかりそうなときは授業の１時間、２時間分をかけて校庭を散歩してくれたこともありました。

さらに学校全体での対応も素晴らしかった。パニックになった彼を校長室に連れていく間、彼のクラスは先生が不在になるわけですが、両隣のクラスの先生が連携して、彼のクラスを見ていてくれる。とかく教育現場では、担任の先生一人にすべてが押し付けられてしまうことが多々あるなか、校長先生がリーダーとなって、学校全体で息子に対応することを実践してくださったのです。

主治医が彼に教えてくれたパニックになりそうなときの対処を日々繰り返し練習したことと、いざパニックになりそうなときは自らカームダウン・クールダウンの場所へ行けるようになったことから、トラブルは着実に減っていきました。パニックになって一番傷ついているのはその子自身なんですね。だから、これ以上息子が傷ついて自信をなくして欲しくなかった私は、この合理的配慮が本当にうれしかったのです。

他にも転校先の学校も含め小学校の6年間、担任の先生と私でできる限り毎日交換日記をして学校と家庭、それぞれでの息子の状態把握をしました。でも実際は、状態把握というより心配や不安で気が休まらない私がたくさん愚痴をこぼし、それを支えてくれたほうが多かったかもしれません。

いま思えばこの交換日記は、発達障害支援に重要なツールである「個別支援計画」につながるものだったとも言えます。学校と家庭が連携して、子どもの状態を把握し、その育ちに必要な手立てや支援を一緒に考え、記録する。このノートは、私の大切な大切な宝物であり、いつかもし息子が結婚できたら、彼にプレゼントしようかと思っています。

壮絶だった思春期　中学校での問題

小学校でとても恵まれた支援を受けていた私たち親子を、思春期という長くて終わりが一向に見えない嵐が襲います。先輩ママたちからは聞いてはいましたよ、とても大変だと。でも、いま振り返ってみてもあんなに大変だとは思いもしませんでした。

小学校とは打って変わって、入学と同時に、いきなり自立が求められる中学校の環境になかなか慣れない息子は、入学してから落ち着かない日々を過ごしていました。発達障害のある子は新しい環境や慣れない場所が苦手なため、見通しを立てておくことや、次に何をやるのかなど、事前に予習しておくことがとても大切になります。小学校では、担任の先生がその役割を果たしてくれましたが、中学校では見通しを立てることも事前の予習も、自立という言葉一つで本人に求められてしまいます。

ですので、自己管理ができない息子は、宿題は一切やらない、提出物も一切出さない、学校からもらってきた書類は渡さないなど、学校生活での困りごとが増えていきました。その困りごとに伴って、一般のお子さんでも揺れる思春期が、発達障害の特性が加わってその揺れ幅が倍増し、息子はまるで宇宙人になりました。コミュニケーションの苦手さや彼の世界が広すぎて何を言っているのか、時折わからなくなることはそれまでもありましたが、思春期が加わってますます彼との会話が困難になりました。

一言、片言で通じると思っている彼と、理解するために深掘りして聞きたいと宇宙へ交信し続ける私とのバトルが、頻繁に家のなかで繰り広げられました。ヒートアップして怒鳴り合い、気がつくと家の窓が開いていて近所に丸聴こえという恥ずかしい思いもいっぱいしました（ご近所にはいまだお詫びできていません）。いっそのこと息子をどこかへ預けたほうがいいのではないか？　と真剣に悩みましたし、もう限界で「母親やめたい」と息子に言い放ったこともあります。

この経験を通して私が発達障害の中学生に必要だと考える支援は2つあります。

1つ目は、自立はその子の育ちに伴って進めていくことです。正直、中学校で求められる自己責任・自己管理の言葉が、どれだけ発達障害のある子どもとその親を追い詰めるものなのか知ってほしいのです。子どもの育ちは人それぞれです。そして発達障害の特性も人それぞれです。だからこそ、その子の育ちとその子の発達障害の特性に沿って、ゆっくりと自立を進めていって欲しいのです。

2つ目は、思春期は揺れ幅が倍増する時期だからこそ、親と子の間に入る第三者の存在が必要になるということです。思春期で本人が大人扱いを求めるからといって支援が必要でない、というわけではないんです。かといって親が支援をしようとすると、途端にシャッターがガラガランと下りて、交信が閉ざされてしまう。だから彼らを大人扱いしながらも、特性を理解し思春期の彼らに寄り添って支援をしてくれる第三者がいてくれたら、家庭も学校も、彼らにとっても親にとっても「平和な場所・時」になるのではないかと思うのです。

大学進学に向けて学力低下が顕著になった高校での問題

次は高校進学です。息子は、自分で調べて自分で見に行って、ここだ！　と思う学校に入学をしました。息子の特徴なのでしょうか、彼は雰囲気や環境への嗅覚が鋭くて、自分の特性に合った場所を見つけてきました。ただ、行った場所に居場所があるかどうかというのは別の問題で、大学卒業時に初めて聞いてびっくりしたのですが、息子は小学校も、中学校も、高校も、自分はバカでどうしようもない奴だったから居場所がなかったと言っていました。

中学時代に引き続き、高校に入学してからもとても大変でした。慣れない電車通学や、さまざまな場所から通学してくる初めてのクラスメートたちとの学校生活で、思春期の延長もあってイライラすることが多く、学校でのトラブルが増えました。

息子が高校受験をした当時は、発達障害であることを公表して受験すると不合格になることが多々あった時代だったので、彼が発達障害であることは公表せずに受験をしました。しかし立て続くトラブルに、このまま彼に発達障害があることを伝えないわけにはいかないと、思い切って学校に説明をしに行きました。すると、ここでもまた私たち親子は、当時の校長先生に救われたのです。すべてを理解した校長先生は、宇宙人で理解不能な息子に対して、不安以上に怒りさえ感じている私を慮(おもんぱか)って、こうおっしゃってくださったのです。

「お母さん、息子さんのことは僕たち学校に任せてください。学校は家族です。そして息子さんはこの学校の家族の一員です。だから僕たちが家族として責任を持って育てますので、お母さんは肩の力を抜いて見守っていてください」

私が彼の中学時代に必要だと感じていた第三者の存在ができた瞬間でした。先生方が、時には兄弟のように、時には親のように、時には友人のように、彼に共感し諭し、トラブルがあっても記録には残らない停学にするなど、たくさんの配慮によって、結果、無事に卒業をすることができたのです。

ただ、ここでどんな配慮があってもどうにもならなかったのが学力です。学力だけは本人がやらないとどうにもならない。入学当初はまだそこそこあった学力が、急降下というのはこういうことを言うのだなと実感したほど、3年間で彼の学力は落ちました。しかし、彼は赤点を取ろうと、学力が落ちようと、根拠のない自信に満ち溢れ、大丈夫と言い切ります。

中学時代からの屁理屈がますますパワーアップして、「学びとは自らがやる気になって行うものであって、人から強要されるものは学びとは言わない」と上から目線で言う始末。その彼に、いや、そりゃそうだけど、だったら君はいつになったらやる気になるのか、それでも大学には行くよと言い切る君の自信はどこから生まれるのか、何度も問いかけました。しかし息子の態度は変わらず、同じ宇宙人でも宇宙地図には載っていない、遠い遠い星の宇宙人になったのだと、私は自分に言い聞かせるしかありませんでした。

発達障害のある子によくある特徴ですが、理想と現実のギャップを認識することが苦手なため、学力が下がり続けていても、彼の夢は主治医のような児童精神科医になることだったのです。

高校時代は、電車通学など行動範囲が広がる物理的なことはもちろんのこと、義務教育から外れたからこそ、中学時代以上に本人も自立を求めるため、求める自立に追いついていけない彼の言動への対応に悩みました。そして何よりも悩んだのが、彼の周囲に対する依存です。

これまで、理想と言えるほどの支援に恵まれていた彼は、いつの日か「支援慣れ」してしまっていたのです。彼はどんなに学力が落ちても、学校や親がどうにかしてくれると言わんばかりの態度に満ち溢れていました。私は悩みました。ここで親として毅然とした態度を取らないと、彼は周囲に依存し続けてしまう。もっと言うと、このまま行ったらどうしようもない腐った奴になってしまう。そこで、私は大きな決断をします。彼の人生最大の壁になることを。

ある日、根拠のない自信に満ち溢れ、自分は何もしなくても、周りが何とかしてくれて大学には行けると思っている息子に対して私はこう言いました。

「あんたのために学費を払うぐらいなら、あたしゃね、あしながおばさんになって、本当に勉強したい子のために金を払う！」「やる気がないのに大学に行っても無駄。本当に大学に行きたいのなら、てめえの金はてめえで稼いで行け！」「あたしを納得させなければ、大学には絶対に行かせない！」（言葉遣いは原文のまま）

啖呵を切った私に夫は、「いまどき、高卒なんてこの都会では考えられない。田舎で育った君がこの都会で、高卒であることでとても苦労しているのに、なぜそんなことを言うのか意味がわからない。現実的じゃないことを子どもに言わないでくれ」と言い、その後しばらく私への夫の無視が続きました。

私と夫はとても仲がいい夫婦なので、冷戦になったこの状況は私には正直とてもつらいものでした。それでも私は、夫と険悪になろうとも、ここで息子の人生最大の壁にならなかったら一生後悔すると思って、ただ一人、悪役になりました。結果、担任の先生の仲介もあって、1月半ばになってやっと「大学に行かせてください」と頭を下げたので、大学受験を許可したのです。

この出来事から見えてきた私が反省すべき点は、「いつまでも何とかしてあげなくちゃいけない我が子」という思いから、彼を「支援を待つ子」に育ててしまっていたことです。子どもは必ず大きくなって成長するからこそ、自立も見据えなければいけない。だから、支援するだけではダメなんです。でも、親は目の前のことでいっぱい。だからこそ、周囲の支えが重要なんです。

私の考える真の支援とは、大学受験のタイミングなどで、いままで引っ張ってきた手を放して、子どもの背中を見守る勇気を持つこと。そして支援が充実してきているいまだからこそ、時として親が、子どもにとって「人生最大の壁」になる勇気を持つことも必要だということです。ただし、これは支援者が親に上から目線で伝えても意味をなさないことはどうかご理解ください。親が自ら気づくことが大切なのです。

発達障害児の大学での問題

日本の高校卒業後の大学進学率は50~60%と言われています。対して、福祉の国と呼ばれる北欧の国々では約20%。諸外国と比べても日本はとても高いのですが、大学への進学について発達障害視点で少し述べたいと思います。

2006年、アメリカ・ニューヨーク州にあるバッファロー大学に視察に行った際に、現地の先生から「子どもの幸せとは何か」について親に調査した結果を聞く機会がありました。アメリカ人の多くの親は、子どもの幸せとは「その子がその子らしく生きていくこと」と回答しているのに対し、日本人のほとんどの親が「人並みの幸せを得ること」と回答していました。私自身も息子に人並みを求めてしまうことがあったため妙に納得し、でも反省し、そして愕然とした覚えがあります。

日本の高校卒業後の大学進学率の高さもこの「人並みの幸せを得ること」が大きく影響していると私は考えます。人並みが幸せとの社会の風潮が親を焦らせ、子ども自身が望んでいない、むしろ職人のように好きなことを職業にしたいと本人が望んでいても、世間的な建前を目的とした進学を選んでいる人たちは、発達障害のあるなしにかかわらず多いのではないでしょうか。

社会からの偏見や差別に苦しんだ、発達障害のある我が子の幸せを願う親であれば当然のことです。また同じく、社会の風潮が大学に行っておけば社会で通用する、幸せになるといったまやかしをつくっているため、大学で何を学びたいのかわからず、大学での学びの先にある目的も見ずに、ただ進学する子どもたちも多いのではないでしょうか。

発達障害のある子どもたちは、この社会の風潮に過敏に反応し苦しんでいます。一番先に傷つくといっても過言ではありません。進学しても単位が取れない、学校に行けない、卒業することができない、結果退学。そうした風潮をつくり出している社会側に本当は原因があるのに、ドロップアウトしたことは、人生の汚点なのだと自身を責め、傷ついています。

誤解しないでほしいのですが、大学進学を否定しているわけではないのです。私が言いたいのは、その子が学びたいときに、学びが必要なときに、いつでもどこでも学べる環境がこの日本社会には必要なのではないかということです。一律に18歳になったら進学するのではなく、好きなことにチャレンジしてもいい、社会を知るために働いてもいい、でも学びたくなったら、学びが必要になったら、もう一度教育の現場に戻れる、そうした「再教育の仕組み」が必要ではないかということです。

一方で、いわゆる日本の詰め込み教育が得意で記憶力が抜群によく、よって成績はとても優秀で、いわゆる有名大学に進学する発達障害のある子どもも、とても多くいます。彼らのなかには、大学でも優秀な成績を残している人も多くいます。しかし、彼らは勉強さえできれば大丈夫と、成績が優秀という点ばかりに周囲や社会が着目しすぎるあまり、社会に出たときの社会性やビジネスルール、ビジネスマナーを教わる機会を失って、結果、就職で躓(つまず)いてしまうケースがたくさんあります。何十社とエントリーして最終面接までいくのに、すべて落ちてしまったという話も聞きます。また採用されても、職場で場の空気を読むことができず、コミュニケーションがうまく取れず、孤立して居場所がなくなって退職する話も多く聞きます。

これがいま、社会の雇用の現場で話題になっている「大人の発達障害（正しくは大人になるまで見過ごされてきた発達障害）」です。この課題にいち早く気がついた有名国立大学ではキャリアサポート室を開設して、キャリア支援を行っています。

いままでは多くの大学が学業継続とキャリアの両面をサポートする体制を整えていますが、私はもっと踏み込んで、大学までのすべての教育の現場で、教育期間を終えた後の社会でどう働くのか、どう働きたいのか、もっと言えば、どう生きるのか、どう生きたいのかを、子どもたちに身近でリアルなこととして考えさせる学びの場が必要なのではないかと考えます。

ちなみに、皆さんは我が息子の大学生活が気になっているかと思いますので、彼の大学生活を報告させていただきます。私が人生最大の壁になったことが幸いし、自らが学びたいと頭を下げて大学に行ったからこそ、大学3年生修了の時点で、ほぼすべての単位を取り終えるほど頑張っていました。そして軽音楽部という、彼にとっては初めて自分の居場所ができました。

いま、雇用の現場で起こっていること

発達障害の活動をして19年になりますが、産業カウンセラーでもある私は相談の質がここ最近変わってきたことを実感しています。5年くらい前までは教育についての相談が主だったの

に対し、いまは就労相談が主になっています。特に、企業など雇用側からの相談が増えています。

いままでの障害者雇用では対応できない人たちとして、見た目にわからない障がいの発達障害が注目されているのです。相談内容や社会から聞こえる雇用の現場での問題を大別すると、「コミュニケーション」と「仕事の進め方」の2つに分けられます。

1つ目のコミュニケーションでは、「暗黙知にあるルール」がわからなくて困っている場合があります。例えば、日本では重要視される挨拶が、場や状況によって変わることがわからず、その場にそぐわない大きな声で挨拶をしてしまって、周囲ともに恥ずかしい思いをしてしまう場合などです。支援としては、こういうときはこうするんだよと暗黙知にあるルールを「見える化」してあげることが大切になります。声のボリューム調整の練習もとても有効です。

また、「曖昧言葉」が苦手な人たちでもあります。曖昧な「いつでも」とか「世間は」という言葉に反応して、いつでもと言ったからいつでも声をかけてしまって嫌がられたり、世間とは一体誰のことなのかと上司や先輩を追及して敬遠されてしまったりということもあります。支援としては、曖昧言葉は使わずに、明確な言葉で具体的に伝えることが大切です。アレ、ソレなどで通じる夫婦のあうんの呼吸は神話だとよく奥様方から声が上がるように、曖昧言葉はミスコミュニケーションの原因になります。

２つ目の仕事の進め方でよくあることは、指示が口頭での伝達で、マニュアル化されていない、大まかで漠然としているために、上司や同僚が求める進め方とは違った方法をとってしまう、仕事が完了できずに困るといったことです。また、そのなかでよくあるシーンとして、上司の「早めにやっておいて」という言葉の背景にある具体的な「いつまでに」がわからず、かつ優先順位がわからずに困ってしまい、結果、頼んでおいたのにやってないと叱責されるケースです。支援としては、いつ、どこで、何をやるのかを細分化して、それらを時系列と項目で明確にすること、そして途中経過や完了が自他共にチェックできる仕組みをつくっておくことがとても大切です。

対応方法だけ知っていてもダメ

人事担当者向けの研修会や個別の場で、管理職の方々から「対応方法に沿って支援しているんだけど僕の話を聞いてくれなくて困っている」と相談を受けることがあります。そんなとき私が繰り返しお伝えするのは、「上司や先輩の話を聞かないからといって、がっかりして怒らないでくださいね」ということです。

発達障害のある彼らは、それまでの人生のなかで無理解の壁にぶつかり続けてきたからこそ、人を見る目はとても慎重です。この人は本当に自分のことを理解してくれているのかどうか、そしてそれは信頼できるのかできないのか、人一倍慎重で、人一倍過敏です。つまり、彼らは自分が信頼できる人の話しか聞きませんから、上司がどんなに正論を言っても聞く耳を持たないのです。

これでは職場にも仕事にも支障が出てしまいますね。それならどうするか。誰の話だったら聞きやすいか、本人か彼らが仲良くしている同僚から聞くのが一番早道なのです。

最近、大人の発達障害当事者の方々から聞こえてくるのは、知識や技術は立派でも相手の信頼を得ていない人が、自分は発達障害のことをよく知っているから「支援してあげる」と、上から目線で来られることに本当に困っているという声です。「君に支援してあげる」と「同じ職場で働く仲間として君のことをもっともっと理解して、君の困りごとを一緒に解決していきたい」は大きな違いで、この意識の差は私たちが思う以上に発達障害のある人たちに繊細に伝わっています。

人と接することが大好きな私の息子は現在、営業の仕事をしていますが、我が息子ながらすごいなと思うのが、彼の人を見る目です。彼は嘘を言っている人や、表面的な人を見抜く力が強く、そういった人とは仕事をしないという徹底ぶりです。なんだったら僕じゃなくて別の会社を紹介しますと言って、たとえ利益になる仕事であっても、それはこの一瞬であって、長期的に見たら損をすることになるからとお断りするそうです。一方で、「君は品格が問われる営業マンなんだから名刺入れはいいものを持ちなさい」と言ってくださる取引先の社長さんや、「あんた字汚いね！　営業マンとしてもっと綺麗な字を書くように心がけなさいよ」と可愛がってくれる商店街のおばさんの言葉はすんなり受け止めます。

前者と後者の違いは至ってシンプルで、彼の人間性を見ているか見ていないか、人としての信頼関係を彼と築こうとしているかいないかの違いです。そして、社会人の先輩として、人生の先輩として、彼を育てようという愛がそこにあるかないかなのだと思います。

発達障害の雇用というと、とかく「発達障害」という言葉に着目しすぎて、その人そのものが見られなくなってしまうことが多いように思います。でも本当に大切なのは、息子の主治医だった先生が教えてくれたように、発達障害（その人の困りごとや躓きやすさ）という眼鏡を、時としてつけたり外したりしてその人を見ることであって、それは決して発達障害の有無にかかわらず、すべての雇用の現場で大切なことなのではないかと考えます。

就労支援機関の問題　ＱＯＬを高めるための視点と質が必要

発達障害者の就労支援機関の利用割合は年々増加傾向にあります。厚生労働省の報告では、障がい者の職場定着状況については、就労前の訓練受講や、ハローワークと地域の就労支援機関との連携による支援が「ある」ほうが、「ない」場合より定着率が高いと報告されています。

就労支援機関を利用することの有効性が示されたわけです。

ただ残念ながら、利用者から聞こえてくる声のなかには、有効性を期待して利用しているものの、納得できない就労支援について不満の声が上がっています。

例えば、就労移行支援事業では、標準利用期間が2年となっているにもかかわらず、納得できる説明も理由も何もないままに、3年近く経っても一向に通常の事業所への雇用につないでもらえないといった声も聞こえてきます。言葉を選ばずに申し上げるのなら「利用者の抱え込み」です。

また、就労継続支援A型事業では、子どもたちが通う放課後等デイサービスと同じように、質は一切担保されていないし、補助金を目的とした安易な事業者の参入によって新しくできてはすぐに消えるなどの事態がしばしば起こり、利用者は突然行き場所を失っています。一方、就労継続支援B型事業における課題は、なんといっても工賃が極端に低いことです。労働基準法や最低賃金法などの労働関連法規が適用されないとはいえ、工賃が月1万5000円程度では、いまの日本の物価から考えても、とても生活を補助することなんてできません。

知人から「僕の夢は工賃を貯めて両親と旅行に行くことです。だから頑張ります」と言って決して休むことなく、苦手な電車に乗って事業所に通い続ける利用者の方の話を聞いて、私は胸が痛くなりました。私は現在の就労支援は雇用へとつなげる重要な制度であることは一定の評価をしつつ、でも利用者のＱＯＬを高める視点と質が欠けていると言わざるを得ない現状に、大きな福祉の課題を感じています。

本当に必要な支援とは「適材適所をつくり上げていくこと」

では、発達障害における本当に必要な支援とは何か？　私はずばり「適材適所」であることだと考えています。雇用側も働く側も互いにハッピーで、その雇用を継続させていくためには、次の２つの課題があると思います。

１つ目の働く側の職場の雰囲気や人間関係の課題には、雇用側がコミュニケーションを容易にする手段や支援者を配置することで対応する。また、２つ目の働く側の疲れやすく体力意欲が続かない課題には、雇用側が調子の悪いときにはこまめに休みを取れる仕組みや、川崎市やソフトバンクが取り組んでいる短時間勤務など、労働時間の配慮をする。

このように雇用側と働く側の双方向コミュニケーションを基本に一緒に手立てを考えていくことが大切だと思います。そして個々のニーズに合わせた環境調整をベースとして、柔軟に対応し、その人にとっての適材適所をつくり上げていくことが、本当に必要な支援と言えるのではないでしょうか。

まとめ

ここまで私自身の子育て経験も踏まえて、昨今、発達障害の問題として取り上げられる「教育現場での発達障害」と「発達障害者の就労問題」の2点について述べてきました。まとめに入りたいと思いますが、ここからは冒頭で述べた私を支えてくれた人たちが私のために名前をつけてくれた「発達障害を手がかりとしたユニバーサルデザインコンサルタント」として、中立的な視点で、教育、就労、家庭、社会それぞれにおける発達障害の課題について提言させていただきたいと思います。

課題① 教育においての課題

私が考える発達障害の教育においての課題は「アドボカシー（権利擁護）」と「合意形成」だと考えています。自分の力では、自分の思いや考えを十分に伝えることができないからこそ、その「不器用さ」や「困難さ」に気づいて、周囲がしっかりとその子に目を向けることがとても大切で、その子がこうしたい！ ああしたい！ とまずは言えること、選択できることが、生きていく力を身につける教育には必要だと思います。そのためには、意思の「疎通」「表明」「決定」支援が、教育の現場で日々繰り返されることがとても重要です。

ここに教育における「合理的配慮」の真価がある、と私は考えています。ただ、自身の反省を踏まえて言えることは、一つずつ、疎通・表明・決定の経験を積み重ねていくことは実はとても大変で、そこには支援者の辛抱が常に伴うものなのだと感じています。なぜなら、意思の表明・決定は進化・成長していくものだからです。支援者がその辛抱に耐え、余裕を持って子どもたちを支援していくためには、支援者も支えられる仕組みと、支援者一人が孤軍奮闘しない組織づくりも、同時に必要不可欠だと考えます。子どもや親が守られることはもちろんですが、教師も守られる、そんな社会をつくっていくことが、いまの日本には必要だと切に感じています。

課題② 就労においての課題

私が発達障害の就労において課題と感じていることは「障害者雇用率」と「就職そのものへの社会の意識変換」です。

先に述べたように、いままでの障害者雇用では対応できない人たちとして発達障害が注目されているということは、いままでの障害者雇用率に基づく働き方を超えていく必要があるのではないかと考えます。発達障害者は雇用義務の対象には含まれず、また実雇用率にも算定されないのですから、なおさらです。発達障害のある人の人口割合は約10％と、決してマイノリティではありません。手帳を持つ人もいれば、持たない人もいる、診断を受けている人もいれば、いない人もいる、そして自身や周囲が気がついている人もいれば、気がついていない人もいる、と多種多様です。この多種多様に対応していくことは、現在日本が進めている多様な働き方を実現する「働き方改革」にもつながることだと私は考えています。

雇用だけのために無意味な手帳取得をする残念な例をなくしていくためにも、障害者雇用率に基づかない多様な働き方も構築されていく必要があると考えます。

「就職そのものへの社会の意識変換」は、就労とは「就社」ではなく「就職」することなのだと強く意識を変えることです。就労において大切なことは、その人に合った働き方や職務を果たすことのできる適材適所な就労であって、企業名や会社の規模ではないのです。また、適材適所な就労を実現していくためには、働く側だけではなく、雇用側つまり受け手側のコミュニケーション能力を高めるといった双方向コミュニケーションの実現も重要だと考えます。

課題③ 家庭での課題

私が考える発達障害の家庭での課題は、「家庭への情報提供」と「親自身の居場所づくり」です。

1つ目の情報提供ですが、支援機関の充実により行き場所は増えましたが、何が我が子に必要で、どこに行けばいいのかわからないなど、支援に必要な情報が家庭に届いていないとの声がいまだに多く聞かれます。さまざまな情報や制度があっても、ありとあらゆる情報や支援機関のなかで迷い、戸惑い、情報が取捨選択できないのです。親が社会に助けを求めたときに、手の届くところに必要な情報があって、かつ我が子や家庭に必要な情報を選択できる情報提供の仕組みが必要だと考えます。

「親自身の居場所づくり」という点では、行き場所が増えたということもあり、親が一人で、家族だけで抱え込む時代ではなくなってきましたが、一方でこれまで親を支え続けてきた親の会の多くが存続危機に陥っている現状があります。親の高齢化や組織やルールの縛りが若い世代には合わないなど、存続危機の理由はいくつかありますが、かといって同じ境遇の親同士で共感し、時には愚痴をこぼす場が必要でなくなったわけではありません。

親や家族が抱え込まない仕組みをもっと強化するためには、日常生活を過ごす街のなかに、彼らの味方になってくれる人を増やしていくこと。そして地域のなかに親が愚痴をこぼせるような親自身の居場所をつくっていくことが大切ではないかと考えます。

課題④　社会の課題

発達障害は、そもそも「障がいとは何か？」を問いかけていると私は考えます。

見た目にはわからない障がいだからこそ、そして誰もが持っている部分でもあるからこそ、いままでにない、障がいの概念を覆す、歴史の浅い、発展途上にある障がいだからです。

ここで課題として社会に問うべきは、障がいというネガティブな響きに、私たちが、そして社会が振り回されてはいないだろうかということです。思い切った発言が許されるのなら、私の活動（人生）の最終目標は「発達障害という言葉が必要となくなる社会にすること」です。

なぜなら、発達障害の人たちの「困っていること」は、実は社会の多くの人たちも「困っていること」だったりするからです。発達障害の人たちの困っていることは、社会の課題を解決するきっかけになると私は考えています。そして、発達障害の人たちの課題が解決されて発達障害の人たちが幸せになることは、社会を幸せにすることにつながると私は信じているからです。

最後に、なぜ発達障害が私の人生を大きく変えたのかについて述べて締めくくりたいと思います。

発達障害は、私の価値観や常識をことごとく破って私の世界を拡げてくれました。発達障害は、無知な私に多くの気づきを与え、人間理解を深めるための学びをたくさん与えてくれました。そして、世の中捨てたもんじゃないと思える社会をつくるための希望を与えてくれました。そんな多くのことを教えてくれた発達障害を手掛かりとすると、教育、就労、家庭、社会などさまざまな課題解決のきっかけになるのではないかと、私は考えるのです。

拙い文章を読んでくださったことに深く、深く、感謝申し上げます。


【駒村】「合理的配慮」という言葉が出てきました。これは、社会のなかにあるバリアを障がい者の意思表示に対応して取り除いていくということです。しかしここには、企業など、取り除くほうに過重な負担がかからない範囲で、という但し書きがつくような、ややあいまいな部分もあります。これは日々の生活を暮らしていくうえにおいても、あるいは就労においても、いま日本の社会では当然守るべきというか、求められている仕組みになっています。

講義では、障がいを持たれている方、本人の成長と同時に、それは社会の成長も促していくことになるんだというお話をしてもらいました。

障がい者の生活というと、いわゆる福祉の専門、障がいの専門の話ばかり議論しているけれど、障がいを持った方が日々の生活を送っているなかでどういう課題を持っているのか、という点に問題意識を持って社会が成長していくことが大事なんだと思います。

学生の皆さんにとっては、発達障害は聞きなれない言葉かもしれませんが、人に優しい社会もキーワードになります。「発達障害の人たちの『困っていること』は、実は社会の多くの人たちも『困っていること』」という言葉がありましたが、これからの高齢化社会では認知症の方や体の不自由な方がどんどん増えていくわけですね。障がいの問題のみならず、社会全体が優しくならないと、高齢化社会を乗り越えることはできないということにもつながります。つまり他人ごとではない。社会が成長することは、こういうことを知ることによって一歩ずつ進んでいくことなんだろうと思います。

第6章

ダイバーシティ社会・障害者雇用支援

【講義日：2018年12月27日】

日本財団国内事業開発チームシニアオフィサー
NPO法人ワークスみらい高知代表

竹村利道
（たけむら・としみち）

1964年高知県高知市生まれ。駒澤大学で社会福祉を専攻後、高知市の総合病院で医療ソーシャルワーカーとして3年間勤務。その後、新設された市の障害者福祉センターに転職し15年間で障がいのある人の地域生活の実態を知る。2002年、地域生活の中でも特に〝就労〟に的を絞ったNPO活動を開始。特定非営利活動法人ワークスみらい高知の代表であり、現在は、日本財団国内事業開発チームシニアオフィサーとして「はたらくNIPPON！計画」の指揮も執る。

長年、高知県で障がい者の就労支援に従事してきた竹村利道さん。日本の障がい者もきちんと働いて納税できる、そんな社会にしたいと奮闘してきました。障がい者が働くカフェは、いまでは高知市の街の再生にも大きく貢献しています。

福祉的就労の現実

障害者雇用が注目されていますが、1カ月にどれくらい稼げるかご存知ですか？　多い人でもたかだか10万円しか稼げないんですが、それは就労継続支援A型[1]事業所に勤めている約5万人についての話です。ほとんどの人は就労継続支援B型[2]事業所に通っていて、こちらは月額1万5295円しかもらっていないんです。だいたい障がいのある人のうち約25万人がこのB型事業所に通っています。これがこの国の障害者雇用の大きな側面です。

経済学の視点を持って聞いてほしいのですが、障がいのある当事者は月に1万5295円しか作業所（いわゆる民間事業所）に行ってもらっていないのに、その10倍ぐらいの公費が国、自治体から作業所へ支払われています。

障がいがある人には手元に1万数千円しか残らないのに、私たちのような障がい者を支援する人にはその10倍くらいの税金が投入されています。そのあたりをきちんと知ったうえで、社会福祉に臨んでいくという態度が、僕は社会人の態度ではないかと考えています。

今日は福祉のいい話は全然しませんので、社会問題として、ぜひ考えていただければと思います。

1…通常の事業所に雇用されることが困難であって、雇用契約に基づく就労が可能である者に対して行う雇用契約の締結等による就労の機会の提供及び生産活動の機会の提供その他の就労に必要な知識及び能力の向上のために必要な訓練その他の必要な支援事業のこと。全国の最低賃金と同程度が支払われる。

2…通常の事業所に雇用されることが困難であり、雇用契約に基づく就労が困難である者に対して、就労の機会の提供及び生産活動の機会の提供その他の就労に必要な知識及び能力の向上のために必要な訓練その他の必要な支援を行う。工賃が支払われる。

障害者雇用との関わり――働くことの意義

私は、高知市の障害者福祉センター（市社会福祉協議会運営）時代、ずっと障がい者の就労、そしてスポーツや文化に関わってきました。その取り組みの場面で、世間が認識している障がい者像より、彼らがはるかに積極的な存在だと認識しました。そして、これからの時代に大切なのは障がい者が権利を主張するのではなくて、「憲法で定める勤労と納税の義務」を果たすことだ、そういう時代に入らないといけないのではないかと考えるようになりました。そこで義務、即ち〝働く〟ということを支援する必要があると考えて立ち上げたのが、NPO

「ワークスみらい高知」です。

私が障害者就労のNPOを始めるときに、当時障害者雇用の分野で有名だった神奈川県川崎市高津区にある日本理化学工業の大山泰弘前社長を訪ねました。鳩山政権発足時の所信表明演説で言及された会社ですので、ご存知の方もいらっしゃるかもしれませんが、知的障害者が働くチョークの会社です。お会いしてお話をうかがったときに、大山社長から次のように言われました。

「私は人間の幸福とは必要とされること、褒められること、認められること、愛されること、だと思っています。竹村さん、この4つがいっぺんに手に入る方法、ご存知ですか」

「働くことでしょうか」とお伝えしたところ、「そのとおりです」と言われました。

そのお話をうかがい、「働く」ことを支援する限り、それは一般の姿と同じものであるべきで、当時違う意味であたりまえだった障がい者＝低工賃を覆す、一般就労、法定最低賃金にこだわることを心に決めました。

必要とされること、褒められること、認められること、愛されることは、一時の幸せかもしれません。宝くじが当たっても得られるかもしれません。しかし「貧乏くじ」とも言われるのは、宝くじが当たるとけっこう仕事を辞めたり、社会的な役割を辞めたりしてしまって、気がついたら何も残っていなかったってことになるからじゃないでしょうか。こういう統計を取りたいなって思っているんですけど、なかなか取れません。

高知市役所にも、宝くじが当たったので市役所を辞めた人がいました。これで家のローンが払えるからという理由で辞めていきました。いま、幸せですかと本当にインタビューしたいなと思います。市民の役に立つ所と書いて市役所なんですよ。その仕事を辞めてしまって、家のローンを返し終わって、あなたは本当に幸せなんですかって聞きたい。

6カ月で最初の事業を失敗

高知市の社会福祉協議会を辞めて始めた障害者就労のNPOではパンの製造販売をやりましたが、6カ月で破綻しました。本当に貴重な授業料だったと思います。

1カ月目から250万円の赤字でした。退職金が800万円ぐらいあったので、とりあえず数カ月は持ちましたが、4カ月目で車を売りました。5カ月目で生命保険を解約しました。6カ月目、これはあまり人には言えないですが、父親をだましました。7カ月目になるとだます人がいなくなってしまって、そのあたりから休眠状態に入りました。

誓って言いますが、雇っている障がい者には最低賃金は支払いました。その頃の法定最低賃金はたいへん低くて、時給611円でした。一方、社長はそのとき、報酬設定を月額40万円にしていたんですけれども、一度たりとも取れませんでした。もし福祉就労（B型）だったら、

「ごめん。今月、売り上げが少なかったから」と、時給611円を61円にしても捕まらないんです。でも事業を始めて、人を時給611円、1日6時間という契約で雇用したら、それを1時間でも欠けて給料払えなかったら捕まるんです。61円でも捕まらない社会と、611円払わなかったら労働基準監督署からつるし上げられて捕まるという社会のどっちが正しいかなと思ったときに、圧倒的に後者です。それを学べただけでも私は本当によかったなと思います。

障害者雇用と経営を学ぶ――金の切れ目が縁の切れ目

せっかく障害者就労を始めたものの6カ月で破たんしました。「ああ、人間ってこうやって死んでいるんだな」って思いました。クモの子を散らすように、私の周りから人がいなくなりました。最初のうちはテレビとかいろいろな所で紹介されて、新しいことが始まるんだなと思ったたくさんの人が仲間に入りましたが、お金がなくなった途端に、クモの子を散らすように人がいなくなりました。社会のなかで生きているっていう実感がなくなりました。

大山社長の先ほどの話を、表面的には「わかりました」と言って事業を始めたけれども、すべてなくしました。仕事をなくすってこういうことなんだなっていう実感を持って、仕事の意味を体感しました。

どうしてこんなに働くことにこだわっていくのか。後半でもお話ししますが、本当に働けない人も、もちろんいらっしゃいます。そういう人の命は守らないといけない。けれども、障がい者のみならず、我々すべてが働くことを享受して、最大限その義務を果たすことに努力をできる、そういう社会保障のあり方をライフワークとして考えたいなと思って、いまに至っています。

弁当屋さんで再スタート

最初のNPOが失敗して、次なる事業は弁当屋で再スタートをしました。これでもう一回やらせてくれと親父をだましまして、300万円借りました。親父が貸してくれた300万円の札束を束ねていた輪ゴムを左手にずっとはめて頑張りました。

なぜ弁当屋を選んだのかというと、弁当は売りに行けるからです。店に商品を並べても買いに来てくれないのはわかった。けれども売りに行けたら何とかなるのではないかと思ったからです。

いまでも覚えています。1日目の売り上げが4万5000円でした。2日目の売り上げは6万5000円でした。翌週には売り上げが10万円台に入りました。ある月、月額の売り上げが500万円まで達したときがあって、従業員に給料を払った後で20万円残りました。1年半ぶりでした。本当によく生きていたなと思います。たまに非常勤講師の口があったので、それで食いつないでいたのかなって、いまでも記憶がうっすらとしかないぐらいなんです。みんなに給料を分け、親父にも毎月きちっと返しながら、最後の最後に20万円残ったのが、再チャレンジして1年半目でした。そのときに残った20万円を、初めて自分の報酬として、久しぶりに給料として受け取りました。ちょっと感傷的かもしれませんけれども、これこそが人生の初任給だなと思いました。その翌々月ぐらいに親父に借金を返し終わったので、ミサンガのようにつけていた札束をとめていた普通の輪ゴムをようやく外すことができました。

働くということは、それによっていろいろな人が社会に存在するという価値を見いだすことだと思います。そういう仕事をきちっとこれからもやり続けていこうと、611円からスタートした私の事業の最低賃金は、いま、762円になりました。全国で高知県は最下位クラスですので一番安いんですけれども、これが高知県の法定最低賃金です。皆さん、法定最低賃金で働いている人います？　家庭教師でも、ほかのアルバイトでもこんな金額で働きますか。せめて法定最低賃金は果たしましょうっていうのは、この国において人が働くということに対する最低基準です。ちょっと大げさに言うと、人として認められることを証明する数字ではないかなと思います。

同情を売るのではなく、仕掛けてモノの価値を売る

私は、B型ではなく最低でもA型でやっていこうと思って事業を進めてきました。それはすでに述べたとおり、一般社会の就労により近い形で障がい者の働く景色をつくり出したかったからです。

それ以降も弁当工場をさらに拡大して、一日の売り上げが弁当だけでだいたい50万円ぐらい出せるようになって、障がい者20人に対して法定最低賃金を払えるようになりました。

それからは働きたいという人がどんどん私のもとにやってきました。そこで、もうそろそろバックヤードの仕事ではなくて、障がい者の人が顔を見せる仕事をしようと、ここからカフェの展開が始まりました。

最初は小さいカフェでした。いろいろなことを考えました。障がいのある人が働いている姿を市民に見せてしまうと、ものすごくみんなに引かれるんじゃないかなと思っていました。ここで中途半端に「福祉でやっていますから」って言い訳をしてしまうと、社会との乖離がまた生まれてくるのではないかと思いました。そこで普通の店としてやってみたんです。

皿洗いしている人はブツブツ蛇口に向かって何か言っています。統合失調症の人です。新聞とかに取材されて、統合失調症の人々が働いていますなんて言ったら、たぶん子ども連れは来

ケーキ工房「STRAWBERRY FIELDS」の外観。
どこにも障がい者が作っているということは標榜していない

ないだろうと思ったので、何も言わずに普通にやってみました。

福祉は最初から、「福祉でやっています」と曖昧に言ってしまうから、逆に社会との乖離が生まれてくるのではないかと考えました。社会に理解がないのではなくて、伝え方が間違っているではないか。そういうことをこのカフェで学んで、次の展開をしました。ストロベリーフィールズというケーキ工房です。

言い方が正しくないかもしれませんけれども、「障がい者です、大変です」と同情を売るのではなくて、ものの価値を仕掛けて売るということが、障がい者が何よりも社会に近づく一番の方法ではないのかと考えています。

経済社会のなかに堂々と立つ。「社会のなかから外れたところにいるけれど、こんな私たちも見守ってね」というスタンスではなくて、経済社会のなかに堂々と胸を張って入り込んで、そこで認められるということが、本当の意味での支援なのではないかなと思います。

福祉の事業では企業からの請負や委託業務が多いのですが、企業に対して「障害者雇用を助けるために仕事をください」という話がよくあるんです。このパターンが一番よくない。「ちょうだい」から生まれることは、手のひらに乗っけられる飴ちゃん一つの仕事です。ティッシュの袋詰めとか、内職をやるのと一緒です。これが、工賃が1カ月1万数千円にしかならない、低賃金の温床になります。

「ちょうだい」ではなく、「一緒に何か仕事をしませんか」と経済社会に働きかけると、きちんと仕事になります。「さあ、一緒にやりましょう」という態度を企業が見せてくれます。この部分が福祉に徹底的に欠けています。恩恵なり慈善ではない、ビジネスですから双方にメリットのある状態をつくらないと、結果として障がいのある人が社会の端っこに追いやられてしまう状況というのはいつまでも続くのだろうと思います。

障がい者の能力は、環境改善をして引き出す

障がい者というのは、どうしても環境改善をしてあげないと能力は引き出せないものです。ケーキ工房では、彼らがケーキを全部つくりますが、機械の力を借りています。焼き上がったスポンジケーキを3層にスライスしないと間にクリームを塗れませんが、障がい者が「水平スライサー」というボタンを押せば3層にスライスしてくれます。

間にクリームを塗る「サンドナッペ」という1０００万円ぐらいの機械があって、この「サンドナッペ」のボタンを押せば、間にクリームを塗ってくれます。ケーキの表面はナッペ、コーティングしますが、これも4００万円の機械があれば、障がい者がそれをセットしてボタンを押せば表面にクリームを塗ってくれます。その上にクリームを絞っていかないといけない。これは、だいたいパターンを覚えると自分たちで絞り袋から出すこともできます。

次に丸いホールのケーキを10カットと12カットのトルテの状態にしないといけません。ふつうケーキ職人は長いカステラ包丁を湯煎してサッと切っていきますが、障がい者は切れないです。10等分は10等分でなく、バラバラの10個になってしまいます。それもグチャグチャになってしまいます。これも機械があれば、障がい者が「ホール、10、トルテ」のボタンを押すとカットしてくれます。その機械代が９００万円かかります。

この機械でケーキを３層にスライスする

ケーキには乾燥防止のためのフィルムが巻かれています。そのフィルムも障がい者は上手に巻けません。ボタンを押すとケーキにフィルムを巻いてくれる機械が６００万円であります。

このように、障がいのある人の力を引き出すというのは、「頑張れよ」ではなくてどう環境を整えるかです。障がい者という表現の「障がい」と「者」の間には、括弧書きがあるはずです。日本では障がいを持つ者、障がいのある者というふうに訳されているかもしれませんが、それは医学モデルの捉え方です。社会モデルとしては障がい者の「障がい」と「者」の間にあるのは、「障がい物に困っている者」。その物を取り除くことは、こういう機械によって仕掛けて対応することができる。こういう環境改善の手法があれば、彼らは仕事を十分にすることができます。

高知市の中心でコーヒーを出さないカフェを出店する

次に、町のど真ん中でしっかり仕事をしようと、町の中心地にやってきて家賃50万円で障がい者が店をやることにしました。これ、「土佐茶カフェ」という町カフェなんですけれど、高知で唯一コーヒーを出していないカフェです。

「高知でコーヒー出せない、出さない喫茶店なんて当たるわけがない」と死ぬほど言われました。１００人に聞いたら１００人に反対されましたけれども、これだけ反対があるということは逆に可能性があるんだなと思いながらやってみたら、一日の平均のお客様が３００人になっています。よさこい祭りが開かれるときには、一日だいたい８００人やってきます。家賃50万円を払いながら、障がい者に法定最低賃金を払いながらやっています。ぜひ高知に来ることがあったら訪れてください。

私たちが来たときには、町の中心はシャッター商店街でした。いまはかなり復活をしてきて、空き店舗はもうチラホラしかないようになってきています。町の中心から元気を取り戻すという、そういう動きのなかから町の人々の理解も得られるようになってきたのかなという気

高知市の町の中心地につくった「土佐茶カフェ」。古民家を改修した店内は落ち着いた雰囲気。働いているのは障がい者だが、一切標榜しない

器にもこだわった、「土佐茶カフェ」のランチ（左）と日本茶のセット（右）

蛸蔵では、ミニコンサートをしたり、映画を上映したりしている

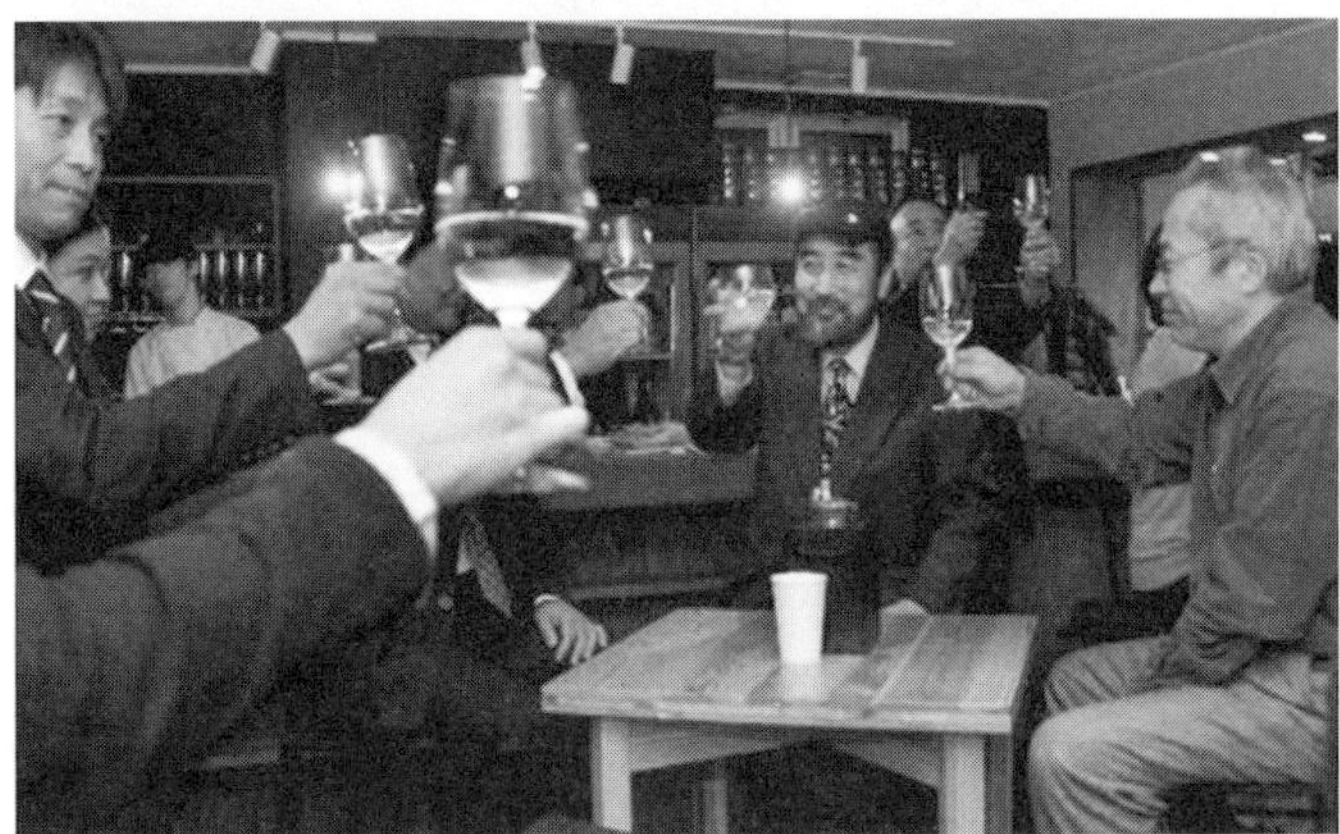

土佐酒バル

がします。

カフェの店舗のなかは福祉施設だけれども、お客様は福祉施設に来たいわけではないですから、きちんと価値を提供できる場にしようと古民家を改修しました。器も、よく福祉施設に行くと障がい者が使うから、割るからといって安価な商品を使っていますけれども、そうではなく、きちんとしたもので提供していくことが重要ではないかと思いました。そこで、自分自身でいろいろな所に出かけていって、器を探してはカフェの価値をいかに高めていくか、いかに経済社会のなかで認められるようになっていくかを考えていきました。

高知での障害事業は、複合のアートゾーンでは美術館等々も行い、スタイリッシュバーの土佐酒バルではお酒も出したり、蛸蔵（たこぐら）というコンサートホールでは単館系の映画をかけたり、いままでにないさまざまな展開が生まれてきています。土佐酒バルは寂れた飲み屋街につくった日本酒のお店です。オープンのときには18の酒蔵の社長たちが全員来てくれました。

障がい者の社会進出に伴う問題――普通に失敗を経験することも重要

大切なのは「矜持」だと思います。福祉施設に行くと、申し訳ないけれど、それを奪い取られる面が多々あると思います。障がい者も矜持を持って働くことが重要です。

土佐茶カフェで働いている知的障害のある女性が、「隣の家のおばちゃんに、『特別支援学校を出て、あんたどこに行ってるの?』と聞かれたので、『土佐茶カフェに行っています』って言ったら、『あのお店に行っているの、すごいね』って言ってくれて、なんだかうれしかったです」と教えてくれました。

家の隣のおばちゃんに「どこ行ってるの」と言われて、「なんとか園に行っています」ではなくて、町のなかの誰もが知っているそのお店で自分自身が働いている、存在しているということを伝えられて、彼女はすごくうれしかったんですね。だから頑張って働いて、彼女は3年後に結婚をしました。まさか結婚にまで至るとは思いませんでした。しかしきれい事ばかりではありません。翌年には離婚しました。そうはうまくいかないです。

実際、障がいのある人が社会に出ると副作用がたくさんあります。10万円のお金を持っていると、携帯代で7万円使ってしまう。実際にあったことですが、働く障がい者があるスナックのママさんに金づるにされてしまって、ボトルを何本も入れられて借金が10万円ほどに脹(ふく)れあがったことがありました。うちで働き始めた知的障害の女性たちは、妊娠してしまったケースが6例あり、なかには子どものお父さんがはっきりしないこともありました。

障害者が社会に出ていくと、こうしたさまざまな副作用もありますから、そこのケアもきちんとしていかないといけないのです。とはいえ、こういう副作用があっても、彼らが背中を丸めるのではなくて、働くことでしっかりと社会のなかで立つ、生きているという実感は伴っているのではないかと思います。

効果的な障害者就労支援の構築例

現在私は、日本財団で障害者就労支援のプロジェクトをやっています。日本財団はかなりの助成金を障害者就労支援に使ってきましたが、ほとんどがうちの会社のように砂漠に水をまくような状態で、残念ながら全く成果が上がらない状況でした。そこで、一個一個の事業に関わり、障がいのある人が働いて、社会のなかで地域活性化に寄与することがあたりまえにできるような事例を多くつくることにしようと、私が高知から日本財団に呼ばれました。

佐賀県伊万里市には「鉢瓶(はちがめ)」というご飯処をつくりました。レジ係をしている知的障害があって車いすを利用している女性は、ここができる前は作業所でのんびりとした作業をしていました。もらっていた工賃も月８０００円でした。私が佐賀に行ったときにこの事業所から相談を受けました。

「私たちは漬物をつくっているんですが、全然売れません」と言うので、「1カ月でどれだけ売れるんですか」と聞いたら「15万円売れています」と言う。「15万円で、何人を養っているんですか」と聞くと「30人利用しています。はなから給料払えない状態で」。

そこで「しっかりとした商売をしましょう」と考えました。まず、漬物を食べてもらうためにご飯を炊きましょうということになり、かまどでご飯を炊きました。いま、ここにはお客さんが一日約100人来てくださるようになりました。障害者工賃も4万5000円くらいまでは、いっています。

ワークダイバーシティへの挑戦

次の私の目標は「ワークダイバーシティ」です。障害者就労支援から発展した形で、これから展開したいと考えているものです。

私はこれまで障がいのある人への支援を展開してきました。だいたい障がい者356万人が働きづらさを抱えていると言われています。それに加えて、ひきこもりは15歳から39歳で54万人、ニートは145万人、刑余者は20歳から64歳で1万9000人。貧困母子世帯49万世帯、高齢者45万人がハローワークに求職登録をしているのに、就職できているのは7万5000人、指定難病患者さんは約60万人いらっしゃいます。その他ホームレス、LGBT、がん患者、ネットカフェ難民に至れば相当な方々がいらっしゃいます。このすべてを包含した形でダイバーシティの就労支援の取り組みが展開できないかと考えています。

こうした働きづらさを抱える人の数を積み上げると1500万人になります。ただ重複などがありますので、推定値としてはだいたい600万人程度がまだまだ働きづらさを抱えていいます。こうした多様な働きづらさを抱えている人を支援するプロジェクトとしてワークダイバーシティ活動を開始しています。

今後、間違いなく我が国では人口が減っていきます。２０２５年には５８３万人程度の労働力不足が見込まれています。政府の出した外国人労働者の政策に私たちは真っ向から反対するものではありませんが、それ以前に、もしかしたら我が国の潜在的な労働力を支援することで、さまざまなメリットが生まれるのではないかとも考えられます。

我が国の借金はおびただしい数字です。国家財政のだいたい3分の1程度が社会保障費に使われています。障がい者に関しては３５００億円の就労に関する予算がつぎ込まれています。障がい者30万人に対して、この国では約2万カ所の障がい者に対する就労支援施設があります。障害者就労支援施設はまだまだ課題はありますけれども、トレーニングをして社会に送り出すシステムを含めて、我が国のなかで丁寧に設置されてきたインフラではないかと考えます。

ただ、障害者就労支援施設は障がい者以外には使えないのです。この国は、態様別に縦割りにするのがとても上手なので、「障がい者だったらこれが使えるけれど高齢者だったらこれが使えない」「難病だったらこれが使えるけれども、他の病気には使っちゃいけませんよ」みたいな線引きがあります。ですから、ひきこもりで障がいがあれば、障害者施設を使ってもいいけれども、純正たるひきこもりだったらそこは使えないというような、ちょっと居心地の悪さというのがいろいろあります。もし、ひきこもりの方々が障がい者の就労支援施設でトレーニングを受けて、社会にきちんと出られる準備ができるのであれば、社会にとってメリットがあるのではないか、という考え方がワークダイバーシティです。

社会保障費は確実に増大をしていきますので、このままの障害者支援では財務省も国民も納得しないと思います。ワークダイバーシティにより、ＴＡＸイーターからＴＡＸペイヤーに変わる、労働力増になる、医療費が下がる、要介護度が下がる、生活保護数が下がるという就労支援の効果を財政的に証明することができると、国民の理解も得られるのではないかと考えます。

具体的には2年間程度ワークダイバーシティのモデル事業を実施し、その後、全国各地で展開をしていきつつ、各就労支援事業者がさまざまな態様にも支援ができる仕組みを3年あまりをかけて展開していきたいと思っています。そして、最終的にはこれが国のシステムに落とし込まれていくことが何としても必要ではないかと考えています。モデル実証の支援の試案と社会的効果を検証して、最終的には社会制度化したいと思っています。

学生からの質問

Q1

B型事業所で働く障がい者でも、障害年金が出ている障がい者はA型事業所並に月収を得ています。そういう方々が本当にB型からA型に移行するのか、あるいは民間企業に就職しようというインセンティブを得られるか、ということについてお考えがありましたらお聞きしたいと思います。

【竹村】 インセンティブとモチベーションの違いを考えないといけないです。B型事業所で働く方には障害年金が出ます。あるいは生活保護の場合もあります。最初、うちに来た人は言います。「3万円以上稼ぎたくないです。生活保護止まるから」と。まさにインセンティブがないのです。しかし半年経つと言い出し始めるんですよ。「もらう10万円と稼ぐ10万円違いますね」って。ここ、人間の「矜持」だと思います。同じお金なんで、確かに最初はインセンティブを感じないのかもしれないですが、B型の人がA型になって稼ぐことの意味を感じ始めると、半年ぐらいで変わって、働くモチベーションが生まれてきます。

保険証も扶養家族ではなくて本人の保険証を初めてもらったとき、うれしくてしょうがない。ここから先が止まらない。人間のモチベーションは伸びしろ次第で変わってきて、「なんで私が法定最低賃金で、しかも時間給なんだ」って言い始めます。こちらが支援をしないのに、自分で休みの日にハローワークに行って、「固定給の仕事を探してきましたから、来週辞めます」ということが頻繁に起こります。

「来週辞めるのはやめて。一応ルールあるから」と言いますが、心のなかではうれしくてしょうがないです。またこうやって巣立っていく人が現れた。だから、そうやってちょっとしたところをクリアしていくと、人間の伸びしろというのは、結果として障がい者自身がその答えを導き出しているという、そんな体験があります。

Q2

カフェの成功のなかで、障がいを言い訳、キーワードにしないというのがあって、すごく素晴らしい発想だなと思ったのですが、反対に障がいをキーワードにしないということは障がい者の方への支援がなくても、成功していた事業なのかなと考え、障害者就労支援事業の成功例として、一般化しづらい例と感じました。竹村さんがいままで手がけた事業で、成功したなかでの成功要因がもしあるのでしたら、お聞かせください。

【竹村】 障がいということを最初から出してしまうビジネスモデルはちょっと間違っているなと思います。障がいということを、こんなふうに頑張っていますからという理由にするいままでの悪いパターンではなくて、まずは価値としてやってみて、次の段階でお客さんが気づく、「障がい者でやってるんだ」と。障がい者が働いているんだという、主語じゃなくて、述語になっていくような展開だと、お客さんというのは逆に応援したくなったりするということはうまく活用しています。

だから最初から、「こんなに障がいを持っている人たちが頑張っていますから応援してくれ」だと、奇特な人しか集まらないんです。例えば、茅ヶ崎でパン屋さんをやるという事業がありましたが、店名が「Anyone Angel」なんです。「誰もがエンジェル」みたいな展開やめませんかと私は提案しました。単純に茅ヶ崎ベーカリーでいいじゃない。そして、オープンを前面に出して、焼きたてのにおいを出すとか、そんなところから事業を転換しています。でも、それをやっているのが知的障がい者ということが後でわかる。そういう展開で社会に受け入れられるようにしようと思っています。

Q3

障がい者が普通の人と同じくらいお給料が稼げるようになると、例えばお酒の問題や妊娠したなどの、また新しい課題が生まれてくるというお話でしたが、ほかにどんな課題があるのか、またどんな支援が今後必要になっていくのか。竹村さんの視点で教えていただけたらと思います。

【竹村】 このままその副作用に対してケアしていかなかったら、時計の針を戻されるなという心配があります。たぶんかつて日本では、施設がない時代は障がいのある人が町のなかに普通に暮らしていて、いろいろトラブル起こして、加害者になったり被害者になったりしている状況もあったんです。歴史をきちんとたどってないけれど、だから入所施設という発想が生まれてきたんじゃないかなと思うんです。

でもそれがノーマリゼーションや地域の共生といった発想のなかで、地域に移行し始めたときに、ここでかつてのようにほったらかしにするのではなくて、手は離すけれども目は離さないという支援を、きちんとケアしていかないと、結果としてはやっぱりこういう人が町にいるからこういうことになっちゃうねということになってしまう。

障がい者の社会参加というかけ声と並行して、障がい者のケアができるのはもしかしたら市民なんじゃないかなと僕は思っています。報酬があってできるものではなくて、そこに市民がどう参画するのか。地域で見守るというボランタリーな社会をどうつくっていくのかということをしっかりと議論をしていかなければいけない。

障がい者が町に出ていくと問題を起こすこともあるけれども、そもそも起こす以前のトレーニングができていないですよね。そういうことを教えられる場面というのは、特別支援学校ではない。福祉施設でも社会に出るという前提で障がい者に相対していないので、こういうリスクがありますよということすらも、たぶんやり取りができていない状況です。それをどうプログラム化していくのかということを考えていかないといけない。そうでないと、起こさなくてすんだはずの事態が何か起こるのではないかという気がします。

第7章
障害者雇用の新潮流

【講義日：2018年12月13日】

オムロン京都太陽株式会社　前代表取締役社長

宮地 功（みやじ・いさお）

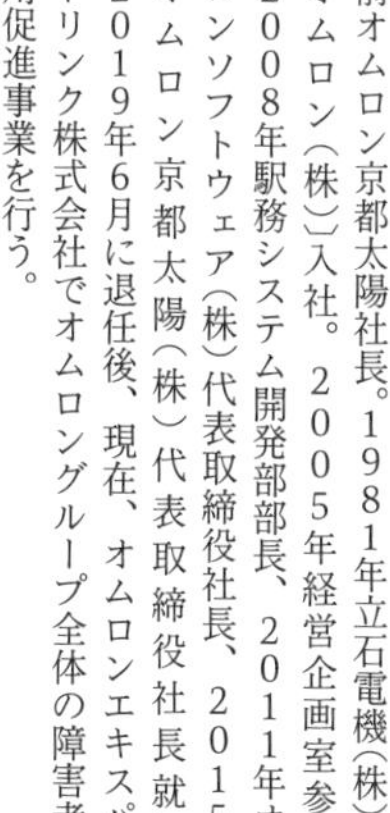

前オムロン京都太陽社長。１９８１年立石電機（株）（現オムロン（株））入社。２００５年経営企画室参与、２００８年駅務システム開発部部長、２０１１年オムロンソフトウェア（株）代表取締役社長、２０１５年オムロン京都太陽（株）代表取締役社長就任。２０１９年６月に退任後、現在、オムロンエキスパートリンク株式会社でオムロングループ全体の障害者雇用促進事業を行う。

まだ企業が障がい者を雇用するのは困難だと思われていた1972年。オムロンと社会福祉法人太陽の家とが共同で、障がい者を積極的に雇用するオムロン太陽という会社をつくりました。この背景には、オムロンの「事業を通じて社会の発展に貢献する」という使命がありました。

障害者雇用の推移

障害者雇用に関わる法制度が整うのに伴い、障害者雇用に対する企業の意識も変化してきました。日本では1960年に「身体障害者雇用促進法」が誕生し、身体障害者の雇用が努力目標として法制化されました。その後、1976年には法定雇用率1・5%が制定され、障がい者の雇用が義務化されました。

1987年にその法律が改正され「身体」が消えて「障害者雇用促進法」となり、1998年には知的障害者、2018年には精神障害者も雇用義務の対象となりました。

それに対して企業はどういう意識を持っていたかということですが、1960年代、法定雇用率が義務化されるまでの間は、企業が障がい者を雇用するということは非常に困難であった。つまり、障がい者が働いてその企業が成り立つということは考えられなかった、企業が障害者雇用を「困難だ」と捉えていた時代です。

その後、1976年に法定雇用率が整備されて、企業に1・5%の障がい者の雇用を求める雇用義務が課せられますと、企業は障害者雇用は法に定められた義務であるという捉え方をするようになりました。ちなみに、法定雇用率というのは、従業員の何%を障害者雇用に充てなければならないか、ということです。

さらに1990年あたりからはCSR（企業の社会的責任）という言葉が盛んに使われるようになりました。企業は社会で事業をしている以上、責任があるということで、障害者雇用は社会的責任である、CSRという捉え方をするようになります。実際、2006年には「障害者の権利に関する条約」が国連で採択され、日本も障がい者の尊厳と権利を保障するために「障害者基本法」や「障害者差別解消法」を成立させていきました。

オムロン太陽創立までの道のり

オムロンが障害者雇用にどのように取り組んできたかについてお話ししましょう。

現在、オムロンには特例子会社（企業の子会社で、障がい者を多数雇用している企業）が2社あります。オムロン太陽とオムロン京都太陽です。

1972年、オムロン太陽を設立しました。企業が障がい者を雇用するのは困難だと捉えていた時代に、すでにオムロンは「オムロン太陽」という障がい者を雇用する企業をつくっていました。そして1985年には2社目、私のいる会社ですけれども、オムロン京都太陽という会社を設立しました。

ではなぜオムロンが、企業が障がい者を雇用するのは困難だと言っていた時代に、共生社会を目指してこのような会社をつくっていったのか。

オムロンには会社の憲法、「社憲」があります。これはオムロン創業者、立石一真自らの言葉でつくったものです。

「われわれの働きで われわれの生活を向上し よりよい社会をつくりましょう」

非常にシンプルな言葉ですが、この言葉のなかには、企業は利潤の追求だけではなく、社会に貢献してこそ存在する意義があるという「企業の公器性」と、何事も世に先駆けて新しいことにチャレンジしていく「パイオニア精神」の大切さが込められています。

さて、社会福祉法人太陽の家は、1965年、大分県別府市で整形外科医をされていた中村裕先生が設立されました。中村裕先生は1964年の東京パラリンピックで日本選手団の団長でしたが、そのときに非常にショックを受けました。というのは、当時の日本選手団53名中、一人も企業に雇用されている人がいなかったからです。

一方で、欧米から来た選手はほとんどの人が職業を持って自立をしていました。ですから、試合が終わると食事に行く、ショッピングに行く。日本の選手は病院や、自宅に帰って介護されたり、保護される立場だった。

「これではいけない。日本でも障がい者も職業を持って自立すべきだ」

そう考えた中村裕先生は、障がい者に働く機会を提供して自立を促すために太陽の家をつくったのです。太陽の家の理念は「No Charity, but a Chance!」。つまり、障がい者を保護するのではなく、自立を促す。

オムロンはさまざまな事業を行っていますが、そのすべてが社会的課題を解決するための事業であると考えています。こうした理念を持ったオムロン創業者、立石一真と社会福祉法人太陽の家の中村裕先生が1971年に出会い、共鳴し合い、合同でつくった会社がオムロン太陽です。

したがって、オムロンと社会福祉法人太陽の家、それぞれが持っている理念、企業理念というものが非常に影響し合っています。「No Charity, but a Chance!」の精神でもってお互いに協力しましょうということで、オムロンが単に社会福祉法人太陽の家に仕事を提供するということではなく、お互いが責任を持って会社を運営していくことになりました。そうして翌1972年、合弁でオムロン太陽を大分県の別府に設立します。

オムロン京都太陽はそれから13年後の１９８５年、京都市に設立されました。これは当時の京都知事が大分県の別府を視察されて、京都にも、ということで誘致をしていただいてできました。このような経緯でお互い強い理念を持った法人同士が合弁でつくった会社なので、障害者雇用は義務とか責任ではなく、障がい者も健常者も一緒に働いて、貴重な戦力として事業の成果を出していくという目的でつくられた会社です。

創業時に中村裕先生が言われた言葉があります。「障がい者だからといって特別扱いしていただく必要はない。世の中の企業と同じ条件で取引していただく」。これは創業の志を語ったものですが、この考えはいまもずっと続いています。

オムロン京都太陽の特徴

オムロン京都太陽は１９８５年3月に設立したオムロン株式会社と社会福祉法人太陽の家との合弁会社です。いま現在（２０１８年現在）、１００％オムロンのブランドをつけた商品をつくっています。働いている従業員は１７７名、そのうち１３９名が障がい者という、８割が障がい者の会社です。

工場では、オムロングループの主力商品である制御機器、工場のオートメーションで使われる部品を中心につくっていますが、一部、健康機器、血圧計・体温計もつくっています。当社の特徴は約１８０名の工場で、実に１５００種類の型式をつくっているということで、超がつくほど多品種少量生産です。多品種少量生産ということは、一つの商品を一日8時間ずっとつくり続けるほどの量がない、同じラインで何回も段取りを変えて、別々の機種をつくっていくというぐらいの数量の商品です。ということは、大きな設備で自動化生産できるほどの数が出ないということです。

従って、当社の商品はすべて人の手で組み立てています。その人たちにいろいろな障がいがありますので、その障がいを補うようなさまざまな現場の改善をしています。

当社の障がい者の障がい種別ですけれども、もともと身体障害者に職業をというところからスタートしましたので、現在も約7割が身体障害者です。ただ、ここ10年は世の中の流れのなかで、精神障害者の方が多く当社にも応募されます。現在、採用の応募に来られる方の半分以上が精神障害者で、徐々にその比率も高まっています。

工場ではオートメーション技術を活用し、他の工場と変わらぬ品質と生産性を実現し、障がい者がより働きやすい環境をつくっています。例えば、部品を袋詰めする作業は、指先が不自由な作業者や片手の作業者には難しい作業ですが、自動で袋を開ける装置を開発し、片手での袋詰めを可能にしました。

ここで働いている障がい者一人ひとり、障がいの程度や、内容、能力というのが皆さん全然違いますので、そういった人たちが同じように働けるようにいろいろな生産技術を活用して、働きやすい環境をつくり、障がい者が働く喜びを感じられるように創意工夫を行っています。

工場のなかで役割分担と雇用形態

オムロン京都太陽と太陽の家は同一の敷地内にあり、より多くの障がい者が働けるように、役割分担をしながら一体となって取り組んでいます。

オムロン京都太陽の製造部門には21名の障がい者、スタッフ部門には16名の障がい者がいます。この人たちは一般就労です。

また太陽の家にも製造部門があり、そこには就労継続支援A型として約40名、就労継続支援B型として約40名の障がい者がいます。オムロン京都太陽が太陽の家製造部門に構内業務委託をしています。さらに太陽の家には工場で働くことが困難な重度障害者が軽作業を行う部門があり、就労継続支援B型として約20名います。太陽の家所属の障がい者たちは福祉就労です。

これらすべての障がい者に対して、オムロン京都太陽と太陽の家が役割分担して支援することで、より多くの障がい者が働けるようにしています。

具体的には、生産技術面での支援はオムロン京都太陽のスタッフが行います。例えば障がいに合わせた治具(じぐ)を製作したり、生産ラインの改善をしたりします。

また生活面・健康面の支援は太陽の家の支援員が行います。例えば、重度の障がいの方であれば、昼食を見守りながら一緒に食べるとか、働くうえでの困りごとなどがないか、支援しています。

敷地内には障がい者向けの寮もあり、働く約140名の障がい者のうち、約40名が寮に入っています。そこでは、24時間体制で支援員が常駐し、看護師などの医療体制も整っています。オムロン京都太陽の社員の平均勤続年数は13年くらいで、創業33年目を迎えますので、いよいよ定年退職という人も出てきています。ちなみに、定年は60歳、延長雇用で65歳までは、オムロンと同じ条件です。

福祉就労を途中で辞める人の一部は、一般就労の企業に合格してステップアップしていきます。我々は卒業と呼んでいますが、とてもおめでたいことです。あとは進行性の身体障害の方は、40、50代になると急激に筋力が落ちて、働くのは難しいと自ら家庭に戻る人もいます。

障がい者の能力開発や業務改善などの取り組み

オムロン京都太陽では、障害者雇用に対して、能力開発と業務改善と風土醸成という3つの柱で取り組んでいます。

1つ目の能力開発、これはどこの企業でも同じですが、障がい者も一人ひとりの能力を上げていってもらいます。職能資格制度を設けてその能力によって職分も変えていきますし、その職階に応じた教育もしていきます。

ただ、障がいによってどうしてもできないこと、そのままではできないこともありますので、それをいかにしてできるようにするかという業務改善もします。これが2つ目です。

3つ目は風土醸成の取り組みで、これは障がい者も健常者も関係なく全従業員でやっています。障がい者といえども、自らの仕事は自らが改善をしていくということを会社全体で風土としてやります。少しでもいいので、自分の仕事が楽になる、あるいは快適になる、やりやすくなるといったような改善は自ら現場で実行する、そういう風土醸成の取り組みをしています。

それでは、この3つの柱について、もう少し詳しく説明します。

1つ目の能力開発。これはいろいろな企業でも同じですけれども、職階をつくって、それぞれ上がるための試験をしたり、あるいは階層別の研修をしたり、オムロン京都太陽として必要な技能、知識の研修をしたり、あるいは自己啓発の支援をしたりしています。

技能研修というのは、工場の生産で必要な知識の研修をしたり、あるいは技能のトレーニングをしたりします。そして年1回、初級、中級、上級、トレーナーのどのレベルにあるか、レベルを認定します。特に技能のなかでもはんだ付けとか検査というのは品質に直結しますので、その技能のレベルに応じた仕事しかできません。そしてどういう人がどういう作業をどのレベルでできるかというのを人材マップに落とし、すべて「見える化」をして個々のレベルを上げていきます。

さらには一つの仕事だけではなく、他の仕事もやっていってもらうよう、多能工化を目指します。なぜなら障がい者は体調面がなかなか一定でないからです。その人が休んでしまったらその仕事ができないということにならないよう、ほかの人がカバーできるように多能工化することも能力開発では大切です。

2つ目の業務改善ですが、人に合わせてその人の能力を向上させるための全自動や半自動の治具をつくっています。

一般的な工場では、工場の生産ラインができあがると、各工程が決まり、その各工程で必要な作業マニュアルが決まり、その内容に合わせて人が動きます。けれどもそのとおりにできない障がい、個性の人もいます。そこで人が機械に合わせるのではなく、機械側を人に合わせて使いやすくするという改善をします。つまり、その人が作業しやすいように、ちょっと足りない部分を、生産設備に治具をつけたり半自動機をつくったりして補うということです。

例えば、手先が不自由な人はビニールの袋を開けられないので、機械で開けるといった治具を社内でつくっていきます。それでもできない場合は、さらに治具や補助を入れるというように、人に業務をつけるという考え方で治具をつくっていきます。こういう一人ひとりに合わせ

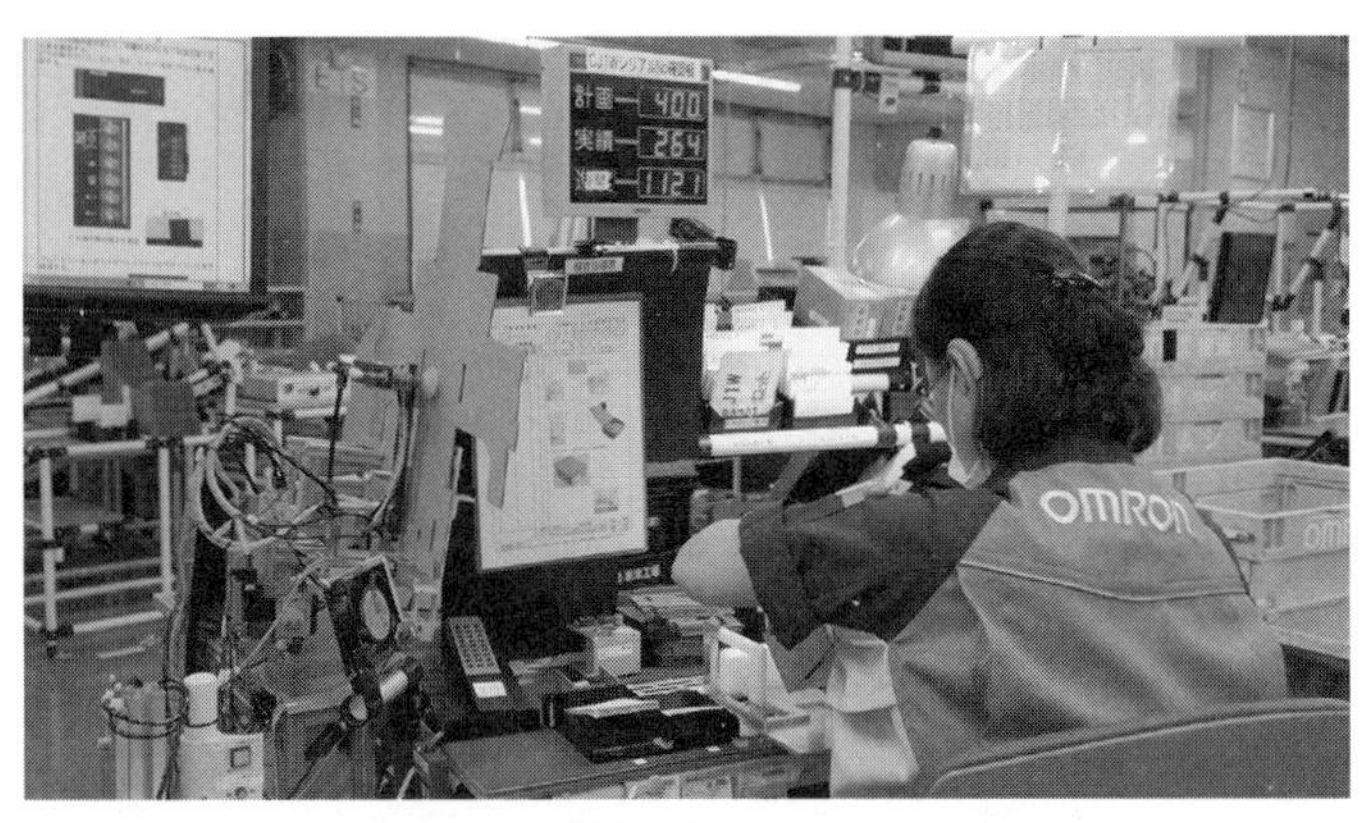

車いす作業者のための半自動機（写真提供：オムロン）

写真左から、段ボールの供給前、供給中、供給後（写真提供：オムロン）

た治具は外に発注すると高いので、すべて自社のなかで設計、製作します。そのための技術部隊もいて、技術部隊も半分は障がい者です。

　このほか、大きな改善に手元化というものがあります。当社は身体障がい者、車いすの人も多くいます。そのためすべてが座り作業です。座り作業の困難なところは、遠くにあるものが取れない。車いすの人は立ち上がって遠くにあるものが取れないので、遠くにあるものが必要なときは手元に引きつける手元化ということをします。

　上の写真の女性は段ボールの箱を組み立ててそこに製品を入れて、箱詰めをするという作業をしています。座り作業で、手前が作業台ですので手前をあけておかなければいけない。しかし、まだ組み立てる前の段ボールの板は奥のほうに置かなければいけない。ところが車いすでは取れないので、一つひとつ取れるように、下の写真のように1枚吸いつけて、手元に持ってくるという、こういう機械を車いすの作業者のためにつくっています。

もう一つの改善にスキルレス化というものがあります。生産工場では多品種少量でいろいろな機種をつくりますので、機種が切り替わったときに作業内容も変わる、使う部品も変わる。健常者ですと、ある程度は作業指示を見て判断をするんですけれども、例えば、知的障害の方の場合は、なかなか判断が難しかったり、作業を忘れてしまうということがあります。そこで判断をしなくても普通に作業ができるような工夫をします。

次ページの写真の人は部品の袋詰めをしているのですけれども、袋詰めする部品の種類がたくさんあります。商品Aの部品、商品B、商品Cと、その商品が変わるたびに前に詰めていた部品とは違う部品に変わる。彼らは健常者のように判断するのが非常に難しいので、判断しなくてもいいようにします。具体的にどうするかというと、部品欄にそれぞれに赤いランプがついていて、そのランプがついたところの部品を取って袋に詰める。その部品を取ったらセンサーが判断して次に必要な部品の所にランプがつく。そのランプを追いかけて取っていけば、必要な部品が集まるという仕組みです。彼は非常に早いです。部品のランプがついているところ

ランプのついた所の部品を取っていく（上・下とも写真提供：オムロン）

を次々取っていきます。彼は、判断することは苦手ですけれども、集中力と持続力はすごいものを持っている人です。この自動機をつくって、健常者の1・3倍のスピードでこれを袋詰めすることができるようになります。

もう一つ、これは特に障がいをカバーするということではないですけれども、やはり当社はオムロンブランドをつけた商品をつくっていますので、お客様にオムロンの商品として使っていただける品質のものでなければならない。その品質を守るために検査をします。その検査で見つからない部分を機械で仕上げようというものです。例えば、部品の袋詰めですけれども、目視したときに必要な部品がちゃんと入っていると見えたとしても、見えない奥のほうに不要な部品が一つ紛れていたりとか、本来入っているべき部品が入っていなかったりとか、そういう違いが出てくるときがあります。そういうときには、最終的に重さで調べます。所定の重さより重ければ余計な部品が入っているし、軽ければ部品が足りないということになります。その計測器は家庭でも使う電子ばかりです。電子ばかりを買ってきて、そこからデータを取り出して測ります。目視検査した後に測ります。重さが出るので、すぐにわかります。仮に重さが違うものを置いてみると、次の工程に送らないようになっています。こういうものを工場内でつくって、検査の基準化をしています。

3つ目は風土醸成の取り組みです。障がい者といえども、自らその仕事を楽にする改善を実

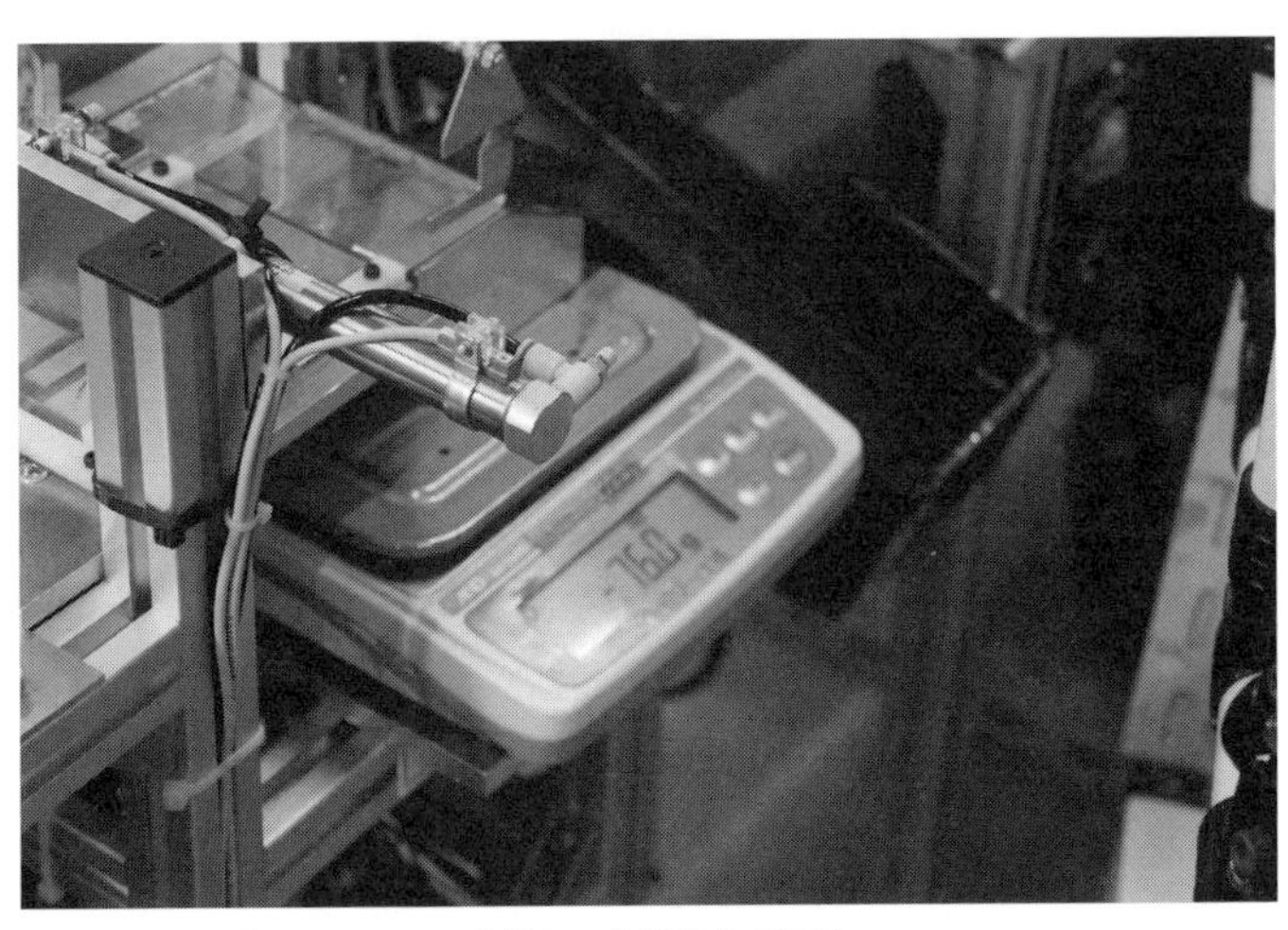

電子ばかりで重さをはかって作業ミスを検知する装置

践しようということで、活動としては「徹底3S」という活動をしています。皆さん、5Sとか3Sとか7Sとか、聞いたことがあると思いますが、当社は整理、整頓、清掃の「3S」です。整理、整頓、清掃を徹底してやるという活動をしており、その徹底度を客観的に数値化しています。

整理は、必要なものしかラインの近くに置かない。「必要なもの」の定義は、これから4時間以内に使うもの。整頓は、必要なものがすぐ出せるように、取り出せるようにする。その「すぐ」というのは6秒以内に取り出せるようにする。清掃は毎日全員が自分の周りを清掃しましょうという活動を中心に、自分たちの現場をより快適に楽にするような改善策、改善案を出し合うという活動をします。

この活動を盛り上げるために、職場ごとの12のチームをつくって競い合うということをします。具体的には自分たちの職場を少しでも改善できることは自ら提案して、自ら実行するという、その実施済みの提案の数を競っています。それを盛り上げるために、それぞれの改善した事例を毎月発表し合う発表会を催したり、あるいは年に一度は外の方も招いて発表会を企画して、優秀なチーム、個人を表彰したりする。ほかには、毎月この1カ月にできた活動の報告もする。これはどんな小さな提案でもいい、質が問題ではなくて、常に出していくという習慣づけをするということが大事なんです。そうやってみんなが出したことをみんなでたたえ合うといった活動を続けています。

この活動は2006年から12年間ずっと続けているのですけれども、毎年どれくらいの提案が実施されたかというと年間1万件以上です。一人あたり年間数十件になります。もちろんこれは飛び抜けた提案というよりも、例えば整理整頓でちょっと置き方を変える、あるいは何か簡単なものをつくるだけで作業が楽になるという類の提案が非常に多いからです。それでもずっと続けていくと大きな改善になっていく。実際そのなかの1割ぐらいは、先ほどの業務改善につながる設備、自動化、治具の製作につながるような提案もあって、生産性向上が数値で測れるものもあります。

ここで一つ、この徹底3S運動から出てきた作業環境を改善した事例を紹介します。障がいを持った人のそれぞれの可能性に合わせて作業環境を変えていくということはとても重要です。車いすで、かつ、片手しか使えないという人の例ですが、この人が何をやれるかというと、作業台からできあがった製品を青い箱に詰めて、そしてローラーコンベアーにのせるという作業をしています。片手では非常に難しい作業ですけれども、台車をパイプとジョイントでつくり、天板を持ち上げたら動くようにして、しかもローラーで進めるようにしてあります。この台車をつくったらどのように作業ができるかというと、この人はその台車の上に箱をのせて、持ち上げて、すべて片手で押したら滑るようにして、ローラーコンベアーに箱がのる。こういうのを簡単にパイプとジョイントの組み合わせで自分たちでつくってしまいます。

もう一つ整頓の効果を紹介します。当社にも工作室があるのですが、改善前は工具箱にすべて入っていました。これだと必要な工具が6秒以内に取れません。ということで、作業テーブルの下に釘を打って、立てかけるようにしました（次ページ写真参照）。どこに立てかけたらいいかというのは、その後ろにその実物の写真を貼り付けてあるので、釘の所にちゃんと立てかけられる。こうしておくと、作業台に近づいてきたときに、必要な工具が6秒以内に取り出せる。こういうものも提案のなかから出てきました。

この徹底3S活動のスローガンがあります。「1人の100歩より100人の1歩」。一人だけが飛び抜けた提案をすることを求めているのではなくて、少しでもいいから、みんなが提

車いすの人が作業しやすい高さにパイプとジョイントで作業台をつくっている。また多品種少量生産に対応するため、レイアウト変更しやすいよう作業台にはローラーがついている

ソケットの製造工程のラインの最初部分。片手でソケットの樹脂製ケースをラインにセットする（写真提供：オムロン）

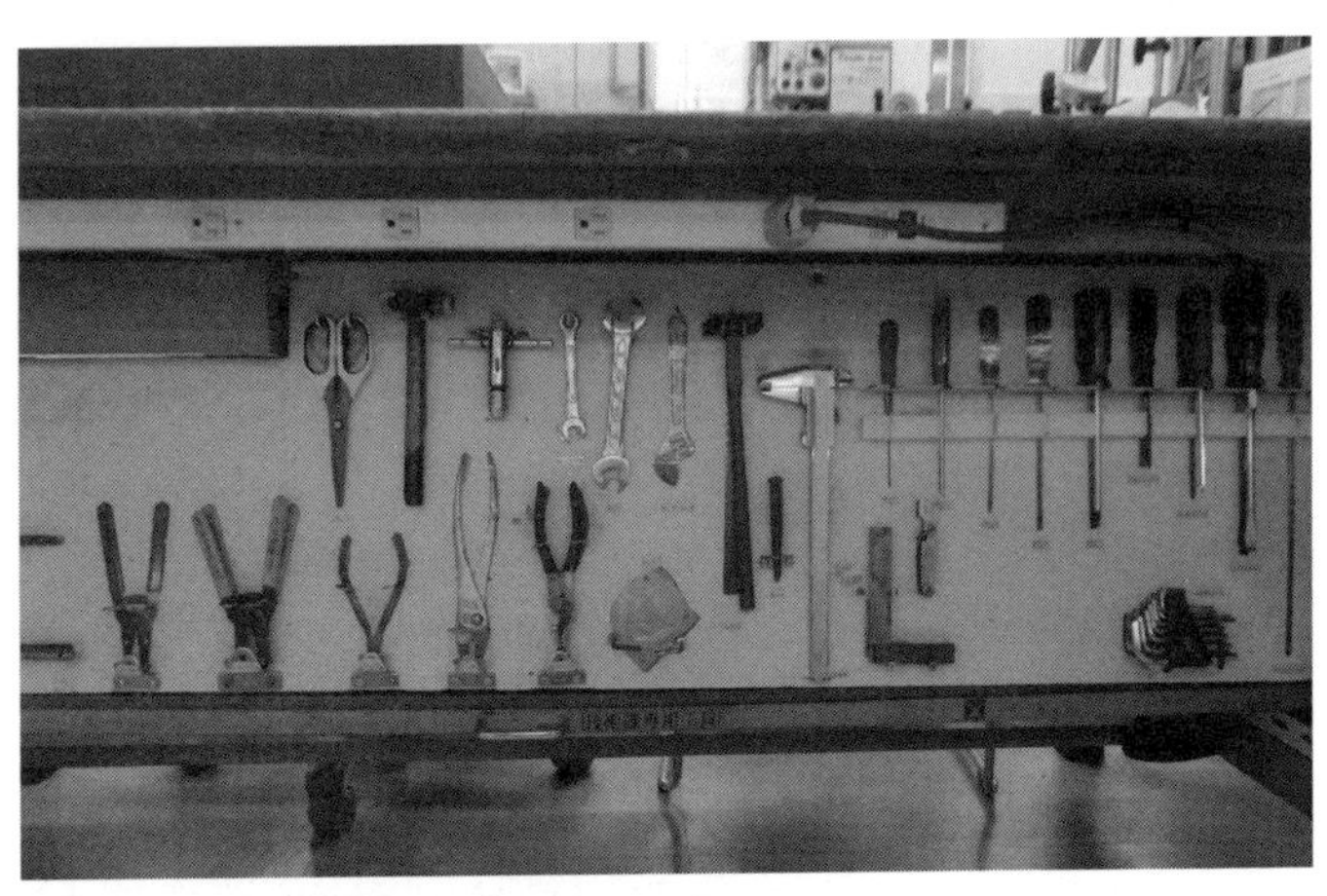

作業テーブル下の側面に立てかけてある工具。
これならすぐに出し入れできる（写真提供：オムロン）

案をしましょう。小さな提案でもいいので全員が参加する。そういうことを続けるという習慣風土をつくりたいと、これを12年間続けています。こういうふうにしていきますと、障がい者も健常者も含めて、それぞれが自分たちの仕事で何か改善すべきことはないかと、常に職場を見て、職場で考えるようになるのです。

オムロン京都太陽のこれからの課題

能力開発、業務改善、風土醸成という障害者雇用を支える3つの柱を紹介しましたが、その成果はこの10年間で売り上げ115％、障がい者の雇用数で121％に伸びました。急激に増加するという数ではないですけれども、着実に障がい者の雇用機会の創出につながっていると思います。

ここから少し将来の課題についてお話ししま

す。このようにしてオムロンというのは社会に先駆けて将来を見据えた障害者雇用をやってきました。現場では地道にいろいろな取り組みをして、障がい者も普通に活動できるようにしてきました。ただ、将来もそういう先駆者的な立場でいられるかというと、やはり社会も変わってきていますので、将来に向けてはまだまだ大きな課題があります。

これから取り組まなければならない課題は大きくは２つです。１つ目は、これから精神障害者の求職者が増えてくるということ。２つ目は障がい者、健常者共に、社員が高齢化をしていること。これにどう対処するかがこれからの課題です。

まず、精神障害者の求職の増加です。就業に適する18歳から64歳の年齢の日本全国の障がい者の数は約３００万人です。その内訳を示しますと、半分以上の53％が精神障害者です。各年齢を問わず、全体の障がい者の割合でいうと、身体と精神は同じくらいなのですけれども、若い層に限ると精神障害が増えているという実態があります。

一方で、日本の民間企業で雇用されている障がい者の障害種別を見ると71％が身体障害です。知的障害は８％しかいない。こういう数字からも精神障害者がなかなか働けないという実態がわかります。いま現在、身体障害者は民間企業でも多く働けているのですけれども、精神障害者は、福祉施設で作業しているという方が多いです。訓練生ということで、つまり労働基準法が適用されない、いわゆる最低賃金という枠が適用されないところで働いている方が多い。

実際、私どもが求人をしても、そういう取り残された精神障害者の方々の応募が半分以上で、これからはますます若い人で精神障害、発達障害といった方が中心となってくると思われます。

精神障害者を雇用するうえでの課題

以上のような現状に対して我々がやらなければならないことは2つあります。1つ目は精神障害者に適した職域の拡大です。オムロン京都太陽は生産工場ですので、職場は工場のラインが中心です。工場のラインというのは、一人で作業するということは少なくて、横の人と何人かで並んで作業するということがほとんどです。ところが、みんなのなかで一緒に、人と合わせて作業するというのは、精神障害者は苦手な方が多いです。そうするとその作業の種類も工場のラインだけではない仕事、精神障害者に適した職域を拡大していかなければなりません。

2つ目は、精神障害者の支援技術の高度化ということがあります。

実は当社では、車いすだけで、日常生活に支障がないという障がい者は、ほとんど支援が必要ありません。自分のことはすべて自分でできます。もちろん、健康面で一生懸命闘っている人もいますけれども、少なくとも企業のなかでほとんど支援は必要ありません。ところが、精神障害、発達障害、特に精神障害の方は、やはり一日の中でも心の状態が非常に変化をして、午前中はすごく元気に働いていますけれども、午後になると急激に働けなくなるといったこともあります。そのため、そういう人たちの健康面や心の状態を支援する支援員がたくさん必要になります。加えて支援員の支援技術を高めていくことも必要になります。

もう少し詳しく見ていきましょう。

1つ目の精神障害者に適した職域の拡大ということですが、オムロン京都太陽の職域は、現在工場の生産だけです。けれども本来、企業のなかには印刷であったりパソコン業務であったり、あるいは配送であったり、清掃であったり、いろいろな業務があります。

精神障害者というのは、コミュニケーションが苦手であったり、社会性がちょっと薄かったり、あるいは集中力がなかなか続かなかったり、持続力が弱かったりという面もありますけれども、特定の能力がすごく優れているというような、いろいろな個性を持った方がいます。そういったことを考えると、工場のラインで並んで仕事をするということよりも、ある一定の期間に、一定のボリュームの仕事をすればいいという、まさにオフィスの業務が適しているということも言えます。そこで当社では、今後は生産ラインの業務だけではなくて、オフィス系の業務へも職域を拡大していくつもりです。

実際にオフィス業務を拡大した事例があります。彼は20代後半の精神障害の人ですけれども、彼の個性としてコミュニケーション力は弱く、集中力はあるけれども持続しない。ただ、すごく飛び抜けた画像認識力、記憶力というのがあります。

フラッシュゲームというのをご存知ですか。写真を10枚ぐらい次々に見せて、「3枚目の人は右手に何を持っていましたか?」というクイズをやりますと、彼は全問正解です。私は、いつも答えられないんですけれども、彼はそれぐらい物事を画像で捉えるすごい記憶力、能力を持っている人です。

彼は最初、工場のラインで皆と並んで働いていたんですけれども、1時間もたつと集中力が途切れて、手が止まってしまいます。その結果、ラインに影響を与えて、品質に問題が出てくる。このように生産ラインのなかでは非常に彼は苦労をするし、周りの人も苦労をします。本人も苦痛と感じていたということで、この人をオフィスの業務に替えました。具体的に何をしたかというと、この人は1時間たつと集中力が切れるので、1時間ごとに交代で2つの業務を繰り返すようにしました。

1つは彼の画像認識力を生かして、PC入力です。これはオムロンの開発部門からの受託なのですが、普通のパソコンのデータ入力ではなくて、ビデオ画像を見て、ビデオ画像からある特定の動作をしたときのデータをパソコンに入力していくという開発の業務です。画像をずっと見ながら、特定の動作を見いだすという業務を1時間やってもらいました。その次の1時間は構内業務ということで、構内の郵便物の集配をしてもらいました。これを繰り返してやると、すごく能力を発揮します。

ビデオ画像からのデータ入力というのは、健常者以上の品質とスピードでやれるようになりましたし、構内業務も、いままでやっていたことからいろいろな改善をして、非常に早くできるようになりました。これは成功事例です。彼もいま、この作業が非常に楽しいと言ってくれている。このように、精神障害の方の特性に合わせた職域の拡大や、仕事の配置、あるいは時間ごとに切り替えるといった仕事の進め方などはこれから必要になってくるのではないかと思っております。

2つ目の精神障害者の支援技術の高度化ですが、先ほど精神障害者を雇用するためには、支援者がたくさん必要であると言いました。けれどもいま、世の中ではその精神障害、発達障害に対する支援員というのは非常に不足しています。当社でもベテランの支援社員がいるのですが、そこに若い社員をつけて支援力を上げていかなければなりません。

当社には支援者を育てるためのプログラムがありまして、オムロン京都太陽だけでなく、オムロンの他の事業所からも参加できるセミナーを毎月行っています。

このプログラムでは、始業前の朝礼から参加してもらって、最初に社員が出社してきたときに各ラインに並んだ指導員はどのように声掛けをしていくか、支援員は彼らのどういう状態を見ていくのかなども、実際に見て経験してもらいます。

工場見学をした後、座学で障がい者の特性を学んでもらいます。それから、どのような支援をしたら状況が改善するのかという成功事例と、うまくいかなかった失敗事例を紹介します。その後で、ロールプレイングで支援プロセスの実技経験をしてもらいます。支援員同士が1回、お手本を見せた後、受講生が実際にロールプレイをやっていきます。最後は、法的な話などの講義を受ける半日のプログラムです。

当社では、障がい者の入社時に、レイティング測定といって簡単な作業スピードを測ることと、メカニックトレインという簡単な組み立て作業をやってもらって、この人はどんな作業（つかむ、とる、つまむなど）が向いているかを判断します。その後、個別に面談をして、一人ひとり、個人別支援計画書というものを作成します。これは作業面と生活面、別々に作成します。

誰がどういう支援を必要とするかというのは、その人のいまの状態だけではなくて、バックグラウンドも加味して支援します。そのバックグラウンドというのは、例えば昨日、あまり寝られなかったとか、友達とけんかをしているとか、家庭でもめ事があるとか、そういうことも背景にありながら、今日はそうしたらちょっと話をするだけにしておこうとか、ラインから外して休ませなきゃいけないなど、そういう判断をしながら支援をしています。

社員の高齢化対策

今後の課題の2つ目の社員の高齢化ですが、日本の企業ほぼすべて高齢化すると思うんですけれども、当社も高齢化しています。社員の年齢構成ですが、実に37％、4割近くが50歳代ということで、このままいくと10年後、15年後には働く人がごっそりいなくなる。こういう状態のなかで、将来にわたって事業を継続していくためには多くの若い優良な社員をどんどん採用していかなければなりません。それにあたって2つの課題があります。

1つ目は50代のベテラン社員は、これまでいろいろな改善事業の機械をつくっていますが、そういう人たちのノウハウというものを、いかにして伝承していくかということ。2つ目は、高齢化に伴いまして、やはり身体機能が変化していきます。これは健常者でも同じで、高齢化するとだんだん体が動きにくくなりますが、身体障害者はその身体の状態が加速的に悪くなっていくということがあります。あるいは精神、発達障害の方も、その状態が年齢と共に進んでいくということもあります。そういった高齢化に伴う身体や状態の変化にも対応していくことが必要になります。

まず、ベテラン社員のノウハウの伝承ですが、当社は業務改善と称して障がい者が働きやすくなるために、治具や半自動機をたくさんつくっています。一昨年数えてみたら、創業以来約

380の治具・半自動機をつくっていたんです。そのうちの280ぐらいは現在でも工場で活躍していますが、それらのなかで、よりノウハウの必要なカラクリがあるような半自動機を中心に、約230件をデータベース化しました。いままで図面しかないとか、人の頭にしかないとか、図面はあるけれども、どういう人に対してどういうところが足りない、あるいはどういう思いでこの機械をつくったのか、その結果どうだったかとか、そういった図面には表れない情報はほとんど人の頭にしかなかったのですが、その辺をデータベースに落としていきました。

それは昨年完了しました。これからはそのデータベースを使って、当社の若い生産技術者に、こういう障がいを持つ人に対しては、過去、こういう事例があるよとか、こういうパターンのときはこういう考え方で治具をつくっていくんだよということを引き出せるような、そういう仕組みにしたいと思っています。

もっともその380の自動機、改善運動の治具というのは、特に体系的な考え方があったわけじゃなく、その都度、その人に必要なものをつくってきたのですけれども、これだけの数が集まりますと、その考え方もある程度体系的に整理ができると思います。その辺を体系的に整理すれば、学校でも使える技術者のためのマニュアル、バイブルができるのではないかと考えて、進めています。これから10年以内に辞めていく人たちのノウハウ、技術をいかに若い人に伝承するかということは、これからの課題です。

2つ目の高齢化に伴う身体機能の変化への対応は、もうこの仕事は無理だねとか、こっちだったらできるねという感覚的なものではなく、しっかりとその身体機能の変化を見える化して、この人はこのレベルだからこの作業ができるとか、この作業はできないとか、そういうことをきっちりと数値化していこうという取り組みです。

例えば、作業で必要な「握る、伸ばす、運ぶ、つかむ」がどういうレベルでできるかというのを数値化していって、その数値とラインで必要なレベルの数値を合わせることによって、何が足りないとか、こういう仕事だったらできるといった判断がつくようにしていきます。

とはいえ身体機能を数値化することはなかなか難しい。計測器で測ることができないので、本人がいま、日常の動作、例えば食事の動作でどういうことができて、どういうことができないかといったようなアンケートを中心に、そのアンケートから出てきた身体機能を、工場の作業で置き換えるとこういうレベルになるということを数値化しています。

身体機能を数値化して、見える化して、それによって生産ラインを改善したり、あるいは身体機能が衰えてきても、そのレベルで身体機能を維持するために、作業をどうしたらいいかということも示唆できるようにしていきたいと思っています。

工場というと秒単位で作業時間を計ります。よって、「モノを取る」ならできるだけ多く取って運ぶ時間が短くなるような仕事の仕方をします。すぐ近くにあれば早い時間で作業できるけれども、あえて少し遠くに置くことによって手を伸ばす作業が必ずそこで生まれる。そうすることで、この人の腕の機能の低下を抑えられるということがあれば、あえて生産ラインをそういう形につくるということもできるのではないかと思っています。

障害者雇用の波及効果

身体障害に対して、社内の改善化との関係を把握し、作業における身体機能の見える化をやっていくことによって、工場の現場を障がい者に合わせる、あるいは一人ひとりの個性に合わせて改善をしていくという、その改善力が強化されると思います。

この仕組みは、障がい者だけではなくて、高齢者、もっと言えば健常者にとっても働ける職域を拡大していくものではないかなと思います。

もう一つ、職場のサポート力の強化が社員のメンタルの改善につながるという面白いデータがあります。高齢・障害・求職者支援機構というところが国内の約2000社を調査した分析結果ですが、その2000社を4つのグループ、すなわち過去に障がい者の雇用の経験が一切ない会社、精神以外の障がい者を雇用した会社、精神障害者の雇用経験がある会社、そしていま現在でも精神障害者を雇用している会社に分類をする。このグループ別に、障がい者だけではなくて、健常者も含めた社員のメンタルの安定度、安定している人の割合がどれぐらいかを調べてみました。すると、精神障害者を雇用している企業ほど、社員全体のメンタルが安定している、そういうデータが出ています。[1] 精神障害者を雇用している企業というのは、その人の心の状態に応じて就業の支援ができているということなので、障がい者以外の従業員でもメンタルの不調を感じることが少ない。あるいはもしメンタル不調になっても回復が早いと、このデータから言えるのではないかと思っています。

つまり障害者雇用拡大に向けた技術は、障がい者だけではなくて、誰もが働きやすい就労環境をつくることになります。その技術によって日本の将来の労働力の維持拡大に貢献をしていけるのではないかと思っています。

日本の高齢化はどんどん進んでいます。２０１７年のデータでは、生産年齢人口（15歳から64歳）約７６００万人。これが２０３０年になると７０００万人ぐらい減ります。７６００万人ぐらいのレベルを維持しようとすると、２０３０年には69歳まで働かなければいけない。２０４０年には74歳まで働かなければいけない。[2] それぐらい労働者を高齢化していかないと労働力を維持できないという、そういう状態にあるなかで、障がい者だけではなく、高齢者やいろいろな個性を持った方が、いままで働けなかった、働きにくかったところをいかに改善して働けるようにするかということが、日本の未来の労働力の維持ということに非常に重要なことではないかと思っております。

1…出典：独立行政法人高齢・障害・求職者支援機構　調査研究報告書No.128「精神障害者の雇用に係る企業側の課題とその解決方策に関する研究」2016年3月
2…出典：平成29年版高齢社会白書（内閣府）

オムロンが目指す障害者雇用とは

近頃、ダイバーシティ&インクルージョンという言葉がよく使われますけれども、いまや障がい者の雇用というのは責任でやるものではない。障がい者も含めていろいろな個性を持った人が共に働き、共に成長し、そして企業は成果を出していくという時代になり、企業は障がい者も健常者も含めて貴重な戦力であると捉えるようになりました。その先にあるゴールというのがSDGs(エスディージーズ)。お聞きになったことがあるかもしれませんが、2015年9月、国連サミットで採択された持続可能な世界を実現するための2030年までの開発目標、2030年までのゴールを示したものです。

17のゴールがありますが、そのなかの一つ、雇用のゴールでは「すべての人々の完全かつ生産的な雇用と働きがいのある人間らしい雇用」を求めています。こうしたことが実現されている、あるいは障害者雇用の延長上で目指すというように変わっていくと思います。

最後に経営として大切にしていることを述べたいと思います。それは「人間性の尊重」です。障がい者だからできることだけをやってもらえばいいという考えではダメです。人は誰でも成長するのです。障がいも一つの個性です。お互いの個性を認め合い、その個性に合った仕事の改善をしていくということで、そしてさらに障がい者自身も自分自身を磨いて、そして自らの仕事を改善していくことで、障がい者といえども、みんなと同等の仕事ができて、そしてみんなが同等の競争機会が与えられる。こういった人間性の尊重の経営が必要なんじゃないかと思います。

お互いの個性を認め合うということは、非常にパワーが要ることです。しばしばお互いが歩み寄らなければならないと思います。企業においては、そんなことをしていたら、事業スピードが遅くなるという経営者もいるかもしれません。でも、そうではないと思います。お互いの個性を認め合うことで職場環境がよくなる。そして一人ひとりが成長するのです。一人ひとりが成長して、お互いの人間性を尊重し合えば、企業においても社会においても、みんなが快適に住みやすい、そして強い組織ができていく、と思います。それが日本の共生社会が目指している姿なのではないでしょうか。

学生の皆さんはこれから社会に出て、いろいろな人に会い、いろいろな個性と交わって、そしてみんなと協力し合いながら生きていくことになるはずです。そういったときに、人間性の尊重を大事にして、みんなと一緒に活動していただければ、今日よりよい日本ができるのではないかと思います。これから皆さんが共生世界づくりを担えるように、ますます活躍をしていただけることを願いまして、私の話を終わります。今日はどうもありがとうございました。

学生からの質問

Q1

オムロンが、精神疾患、障がい者の方の雇用について、たくさんのノウハウを持っていらっしゃって、さまざまな支援をされているのだと感じました。一方で、法定雇用率の問題を考えたときに、例えば１００人規模の会社で法定雇用率を守ったら、だいたい障がい者が2人ぐらいになるかと思うのですが、なかなかノウハウや支援の方法などがわからなくて、結局雇う側も障がい者の方もちょっと残念という感じになってしまうのではないかと思っています。オムロンの持っているノウハウをどうやったら社会全体に普及させることができるかについてお考えがあったらお願いします。

【宮地】 今日、こうやってお話ししていることもそうですが、工場の見学者には「今日ここで見たことは何でも持って帰ってください」、もちろんモノを持って帰られたら困るのですけれども、「ノウハウは持って帰ってください」といつも言っています。

実は京都は行政も地域の企業も、そういう課題意識が非常に高い地域です。いかに中小の企業で障害者雇用を広げていくか。京都でもいま法定雇用率を守っている企業は50％[3]ぐらいしかないんです。残りはやはり中小企業を中心としてそういうことができていない。それをいかにしてやっていこうかということを、いま行政と一緒に模索しています。

具体的にはもう1年ぐらい前になりますけれども、京都府、京都市と当社で連携協定を結んで、自前で雇用人材を育成できない人たちにオムロン京都太陽に来ていただいて、現場でノウハウを身につけていただく。１００人のなかで障がい者を2人雇用しようと思うと、周りの人もそれなりにその人たちの個性を理解しなければいけないし、現場で支援する人も必要です。例えば、総務の方たちがオムロン京都太陽に来て実習していただくことで、より障害者雇用のハードルを下げていく。そういう研修をオムロン京都太陽の中で京都府と一緒にやったりしています。

あるいは、就労する障がい者側も、支援学校などの生徒さんも、働くということに対して非常に恐怖といいますか、ハードルが高いと思われている方がいっぱいいらっしゃいます。なので、京都府、京都市の支援学校から積極的に当社の現場に来て、こういうふうに企業も頑張ってやれば、みんな安心して働けるんだという状況を見て、働く意欲を持っていただく。その両方の面で地域に貢献していきたいと思います。

【駒村】 障害者雇用の研究を始めた当初に見学させていただいた多くの施設は軽作業が中心で、「障がい者が大変だから」という考えで雇っているものが圧倒的に多かった。そこで果たして障害者雇用の市場価値をきちんと評価できるのか、そうした事例があるのか調査していました。さらに、果たして就労経験や作業環境の工夫で、障がい者の生産性が上がるのかということもわかりませんでした。しかしオムロンは、まさに市場でも競争できる条件を確保し、しかも障害者雇用においても生産性を引き上げることを見せてくれました。オムロンのポイントは工程を人に合わせる「スキルレス化」です。また障がい者を雇っているところでは、障がいを持たない従業員のメンタルが改善している。これも非常に注目すべき点です。

3…出典：京都府内の障害者の雇用状況。平成30年6月1日現在。（京都労働局）

第4部　地域社会の取り組み

地域社会で生活困窮者、地域の困りごとを支える「しんがり」の活躍

第4部は菊池まゆみさん、勝部麗子さん、生水裕美さん、亀井利克さんといった地域社会におけるしんがりの活動です。

第8章の高齢化と人口減少が進む秋田県藤里町社会福祉協議会で活動している菊池まゆみさんの特徴は、「粘り強い、そして大胆かつ合理的」といった点だと思います。菊池さんの象徴的な活動は町内の「ひきこもり全数調査」ですが、その問題意識の背景には、超高齢化・人口減少への危機感があります。

菊池さんは、福祉の視点で地方創生を考え、「町民すべてが生涯現役を目指すシステムづくり」、「町民全員参加の主産業の開発」、「若者が住みやすい町づくり」の動きを強く意識しています。私も菊池さんと藤里町で、野焼きをやり、葛の根から天然葛を抽出する作業に参加しました。この作業を高齢者、要支援者にお願いする「根っこビジネス」を目指

して、あらたな挑戦を続けています。

第9章の勝部さんの大阪府豊中市社会福祉協議会のCSW（コミュニティソーシャルワーカー）の取り組みは、NHKのテレビドラマ「サイレントプア」のモデルにもなり、厚労省が推進する「断らない相談」のさきがけと言えます。勝部さんの活動は、一言で言うと「超積極的」であります。いわゆるゴミ屋敷、ひきこもりのいる家族、地域・家族のなかで長い間累積していく問題にどんどん関わる。「この家、前からすこし心配だったの」とどんどん訪問し、そして近隣住民も巻き込んで解決策を見つけていく。行政でも警察でも消防、民間企業でも、使える組織はかまわず巻き込んでいく「巻き込む力」は尋常ではありません。市内をきめ細かく回り、さまざまな住民組織、NPOなどとのネットワークを駆使して、地域の問題を見つけていきます。

最近、勝部さんはオートロックの「マンション住民」が近い将来、孤立し、大きな問題になると警告しています。

第10章の滋賀県野洲市役所の生水さんは、とにかく元気な公務員です。こんな公務員がいるんだというのが受講者の驚きだったと思います。生水さんの取り組みは、消費者問題、多重債務、家計相談で市役所の役割を革命的に変化させた点でとても刺激的でした。

国民健康保険料・年金、税金を滞納すると自治体から督促が来ます。督促状は借金返済の見込みがない困窮世帯にはストレスを増やすだけのものですが、野洲市では、支払いが難しいということになれば、早めに市が債務整理を支援し、困窮世帯の生活再建支援に切り替えていきます。野洲市では、「お金の問題は、市役所に相談に行け」ということになっているのです。

現在の社会保障制度には、低所得者向けの公的な融資制度はありません。例外的に年金担保貸付がありますが、まもなく制度は終了するため新規貸付が終了します。ただ年金担保貸付制度は、公的年金を担保にお金を借りる制度で、年金制度の趣旨からもあまり望ましい仕組みではなく、野洲市では、もともと年金担保貸付を利用しないようにアドバイスしていました。

全国的に、年金担保貸付制度が使えなくなれば、低所得者向けの融資の仕組みは社会福祉協議会の行っている生活福祉資金貸付事業のみになります。しかし、この生活福祉資金貸付事業自体、返済の滞りが発生し利用が沈滞化しています。生活福祉資金貸付事業と生活困窮者自立支援制度の家計相談支援事業が一体的に行われれば状況は大きく変わりますので、市役所をあげて家計相談や消費者問題に取り組む野洲市の取り組みは、他の地域でも大いに参考になるのではないかと思います。

第11章の三重県名張市長の亀井さんの活動は、厚労省が進める「我が事・丸ごと」、「地域共生社会」のモデルケース、「地域共生社会」の実験室として、国の取り組みをリードしています。

人口高齢化・減少社会が広がるなか、地域のあり方、住民組織の役割については全国でさまざまな取り組みが試みられています。そのなかで重要なキーワードは「地域分権」ではないかと思います。一般的な「地方分権」は、国から地方自治体への権限・財源の移譲ですが、実際には自治体の首長への権限、財源移譲の性格が強く、住民主体の地方自治、住民主権の地方分権とは言えない状況が見られます。

これに対して、亀井さんが名張市で行っているのは、究極の「分権」です。市内各地域の住民組織（地域づくり組織）に財源とその執行の権限移譲、すなわち「地域分権」を進めたのです。通常、自治体の首長は地域へのさまざまな事業の予算配分で力を見せることで、選挙を有利にしたいと考えます。しかし、亀井市長は市を15地区に分け、人口指数などで計算した地域事業の予算を各地域の地域づくり組織が自由に使える「地域交付金」として配分しています。これは行政が地域住民の判断を信頼しているということであり、そのことにより、行政にリクエストするだけではなく、支え合いのようなさまざまな事業は自分たちでやろうという住民の自主性、自覚を高めたと思います。

（駒村康平）

第8章 生活保障の再構築と全員参加社会の構築
——自ら選択する福祉社会

【講義日：2016年10月26日】

秋田県藤里町社会福祉協議会会長

菊池まゆみ（きくち・まゆみ）

１９９０年年社会福祉法人藤里町社会福祉協議会入職。事務局長、常務理事兼上席事務局長を経て、２０１９年から会長。社会福祉士、精神保健福祉士、主任介護支援専門員。主な著書に『地域福祉の弱みと強み——藤里方式が強みに変える——』（全国社会福祉協議会）、『「藤里方式」が止まらない』（萌書房）。NHK「クローズアップ東北」「おはよう日本」「クローズアップ現代」、日本テレビ「ニュースゼロ」、秋田魁新報、毎日新聞、共同通信等で、ひきこもり者等支援事業等の取り組みが取り上げられている。２０１４年エイボン女性年度賞受賞。

高齢化率43%の町、秋田県藤里町。高齢化が進んだこの町では、次世代を担う若い人材が足りません。そこで菊池まゆみさんは長期不就労者、ひきこもりなどに対して、町の施設に出ておいで、と呼びかけを続けたのです。その結果、藤里町にはひきこもりはいなくなりました。この成功事例は藤里方式と呼ばれ、全国の自治体の担当者が見学に来る町になりました。

高齢化率43%の藤里町で、なぜひきこもりの全数調査を行ったか

私のいる秋田県藤里町は、人口3500人、高齢化率は43%にもなる小さな町です。実は先月44%になってしまいました。こういう田舎町の現状っていうのはよくわからないと思いますけれども、藤里町は世界自然遺産白神(しらかみ)山地の麓の町です。町の9割以上が山林原野という正真正銘の田舎で、藤里町社会福祉協議会(藤里社協)は53人体制でやっております。

さて、私は平成の時代になってから藤里社協職員になりましたが、相談員としての当初の10年ほどは、ひきこもり問題に対応している認識はありませんでした。職場にも学校にも所属していない若い人の問題はタブー視され、上司には家庭内トラブルには立ち入るなと言われ、個人としてできることは限られていました。

ですが、平成14（2002）年にケアマネジャー兼務の事務局長職に就いた頃には、孤立しがちな若者の問題は、家庭内の問題と見逃せなくなっていました。

ケアマネジャーとして定期的に訪問する家庭のなかで、介護放棄の困った介護者さんとして、あるいはいつも家にいる要介護者さんの息子さんとして、職場にも学校にも所属していない若者と顔見知りになります。頑張って外に出るように勧めても、「どこへ？」と聞かれます。「この町のどこに、自分が行けるような場所があるの？」と。

何とか精神科医が主催する講演会やイベント情報を探し、藤里社協のデイサービスのボランティアに誘ったり、一人暮らし高齢者交流会事業のスタッフに頼んだり。

そんな中途半端な関わりをしていた人たちの一人、Aさんが藤里社協の職員募集に申し込んできたのです。中学から不登校だったAさんは中卒で職歴もなく自動車の運転免許もなく、応募資格を満たしていなかったのですが、社協で働きたいと出てきたのです。

中途半端な関わり方をしてきたことを反省し、改めてAさんに紹介できる働き場所を探しましたが、ありませんでした。社協自体に、高齢者の居場所づくりには熱心でも、若者の居場所づくりという発想がなかったのです。ですが、ヘルパー事業所やケアマネ事業所からの報告・連絡・相談用紙を注視すれば、「困った介護者さん」等として、居場所のないひきこもり者等の存在が見え隠れしていました。そこで、これを社協が取り組むべき地域課題と正面から捉えて、平成18（2006）年にひきこもり者等実数把握調査に着手したのです。

福祉施設「こみっと」を開設し、ひきもり等支援を本格化

こうして始めた藤里社協の「ひきこもり等支援」の取り組みは、いろいろな所から注目されることになりました。この支援事業の正式名称は「ひきこもり者及び長期不就労者及び在宅障害者等支援事業」となっております。

正直な話、ひきこもり支援がやりたかったわけではないし、そもそもひきこもり問題に着手しようとしたわけでもなかったんです。ただ、いまの若い方々を見ていると、ほんのちょっと失敗しただけ、躓（つまず）いただけで、もう普通のラインに戻れないって思い込んで身動きが取れずにいる方々が結構いる。だったらほんのちょっと、こうした若い方々を後押しするような支援ができればなって思いました。そして若者支援を主体に、高齢化の進んだ町で次世代の担い手づくりをしたいと思いました。それがきっかけです。

ただ残念なことに社会福祉協議会という所は予算を取らなければいけないわけで、その予算を取るためには対象者を明確にせよという話です。ただの若者支援では福祉の対象にはならないんです。そこで、「ひきこもり者及び長期不就労者及び在宅障害者等支援事業」として、「等」を付けることでいろんな方を救えるかなと思いながら始めた事業でした。そして平成22

（2010）年4月に福祉拠点「こみっと」を開設し、本格的にひきこもり等支援を始めました。

次世代の担い手づくりを目指した若者支援とはいえ、「ひきこもり者及び長期不就労者及び在宅障害者等支援事業」ですから、「こみっと支援」は障がい者支援事業をベースにしており、職員配置基準等を満たして障がい者施設の認可を得ています。

「こみっと」における主な事業は以下の5事業です。

1. レクリエーション等のサークル活動事業（地域活動支援センター事業）
2. パソコン操作等訓練事業（自立訓練事業）
3. お食事処「こみっと」の運営（就労継続支援B型事業）
4. 「白神まいたけキッシュ」の製造販売（就労継続支援B型事業）
5. こみっと「バンク」事業（中間就労訓練事業）

県に何度も足を運んで、30人規模定員の障がい者施設の認定を取ると同時に、定員の範囲内で障がいを持つ方にも持たない方にもサービス提供をするための許可を取りました。

障害者手帳を持たない方を受け入れても収入にならないのですから、儲けにならないことを、わざわざ面倒になることをやりたがる意味がわからないと呆れられましたが、許可はもら

2010（平成22）年に開設した福祉の拠点「こみっと」のパンフレット

えました。

「こみっと」支援事業は、支援のメニューだけではなく、「いつでも誰でも受け入れることができる体制」にこだわっていたのです。

そのこだわりは、私の相談員時代のひきこもり支援の失敗からきています。

精神科の医師が主催する相談会のチラシを持って意気揚々と、Bさんを訪ねたことがあります。出かける場所を見つけたと思ったし、Bさんも2週間後の相談会に「頑張って行きたい」と喜んでくれました。ですが、期待が大きいほどにプレッシャーも強く、頭痛や腹痛に襲われて、当日に行けなくなって「ごめんなさい、ごめんなさい」と謝られるのです。そんな失敗を1〜2回重ねると、外に出る勇気はほとんどなくなるようです。

ですから「こみっと」は、月曜日から金曜日まで、誰でも、いつでも受け入れられる体制を整えたのです。レクリエーションだけの参加でもいいし、誰とも口を利きたくないならパソコンに向かって一日を過ごしていいし、何かしたいと思ったらさまざまな参加ができるように。もちろん知的障害や精神障害で専門的な支援が必要なら対応できるように、準備もしました。

社協がなぜひきこもり対策をしているか？

ところで、皆さんは「社協とはどういうところか」って知っていますか。世間の方々にはほとんど知られてないんです。社協というのは、何かやらなければいけないというのではなく、地域福祉のためにその地域にとって必要な事業をやりなさいという、そういう目的を持った組織なんです。

ですから私共藤里社協で考えたのが、①「ひきこもり等」という方々が実際に現実にいるということ、②その方たちに対して、制度もサービスも何もないんだとしたら、補助金をもらっている社協、市民から会費をいただいている社協としては、まっ先に取り組むべき課題なんじゃないか、という2点です。

原点はネットワーク活動事業でした。昭和55（1980）年、秋田県の社会福祉協議会、秋田県の全市町村社協が一斉に、「一人の不幸も見逃さない運動」である「ネットワーク活動事業」に取り組み始めました。「一人の不幸も見逃さない運動」ってすごいインパクトあるでしょ？　私はその担当として平成2（1990）年に社協に採用されたわけです。

ところが平成2年当時、「一人の不幸も見逃さない運動」が何故か「一人暮らし老人対策事業」になっていました。私にはこれがさっぱりわからなかった。何で不幸の人は一人暮らし老人なのか？　そのへんがよくわからないなと思いながら、いろんなことを考えて仕事をやっていたんです。

ただその当時の藤里町は、一人暮らしのおばあさんは生活保護以下の年金で暮らしていることが圧倒的に多かった。そういう時代だったんです。その人たちはつましい暮らしをしていました。本当に3万円とか4万円の年金の中で少しずつ少しずつ貯金しながら、近所の人とも仲良くしながら暮らしている、そういう方が多かった。米、味噌はもらえたり、野菜は畑で自分でつくったりという形ですと、「生活は苦しいけど、大丈夫だ」と言う方が結構いらっしゃいました。

けれども、そこに20年くらい行方不明だった息子さんがいきなり帰ってきたなんてことになると、ちょっと大変なんですよ。息子さんが仕事していなければ、一人でようやく暮らしているおばあさんの、その年金が頼りですよね。おばあさんの生活と若い人の生活は全然違うし、しかもおばあさんの年金に頼って昼からお酒を飲んでいるという生活が始まると、本当に近所の人もどうしたらいいのかわからない。怒鳴り声が聞こえるとか物が壊れる音が聞こえるとか言われてもなかなか家に入れない。

そんなときに上司に言われたのは、「もう一人暮らし老人じゃなくなったから、お前の担当ではない」「家族の問題であって、福祉が立ち入るべき問題ではない」だったんです。

30年近く前はそういう時代だったと思ってください。でも常々私には、この事業は、「老人一人暮らし対策」にしてはならない事業ではないかという思いがありまして、平成14(2002)年に事務局長職に就けましたので、自分のなかで矛盾を感じていたところを直していこうと思ったんです。

ですから、「ネットワーク活動事業」でやっていたこの矛盾を「トータルケア推進事業」というものに組み替えて、そして一担当がやるんじゃなく、社協の職員全員で「トータルケア推進事業」をやろうということで始めさせていただきました。

もう一度原点に立ち返ってひきこもり対策を

「トータルケア推進事業」の対象者に対する基本的な考え方は、「福祉のニーズを持つ方」ということです。

一人暮らしの高齢者は確かにいらっしゃる。それから身体障害の方もいらっしゃる。けれどもこの福祉のニーズを持つ方が、はたして一年３６５日支援が必要な人かといえば、そういうわけではないだろう。福祉の不便さ、ニーズは確かにあるけれども、同時にインフォーマルサポート、支援する側にも回れるはずじゃないのか。

例えば、一人暮らしの方々には一人暮らしの不便さはあるけれども、家族がいない分、自分の時間を自由に使っていい人たちではないか。地域貢献のために頑張ろうと思えば、頑張れる人たちではないか。身体障害の方たちには、例えば左手が利かない、左手がないと言われれば、その分右手、筋力がいっぱいある右手でできる支援活動があるはずではないか。

だから、社会参加がしたい、地域のなかで自分の役割を持って生きたいという方がいたら、そこを応援するのが社協であり、社協の事業ではないか、そう考えました。

これは平成20年につくった資料（**図表8-1**）です。

「その他『支援を必要としている方』」のなかに、例えば「ひきこもり等」がいらっしゃいます。そのひきこもりの方々には、「ひきこもりでも何でも、地域に暮らす方々には違いがないわけで、家から一歩出てきて、出てきたらもうひきこもりは卒業生なんだ」と言っています。

確かに、この方たちは就職しづらい人ではあるんです。だからその就職のしづらさとか、社

図表 8-1　藤里町トータルケアのフロー図（平成20年度）

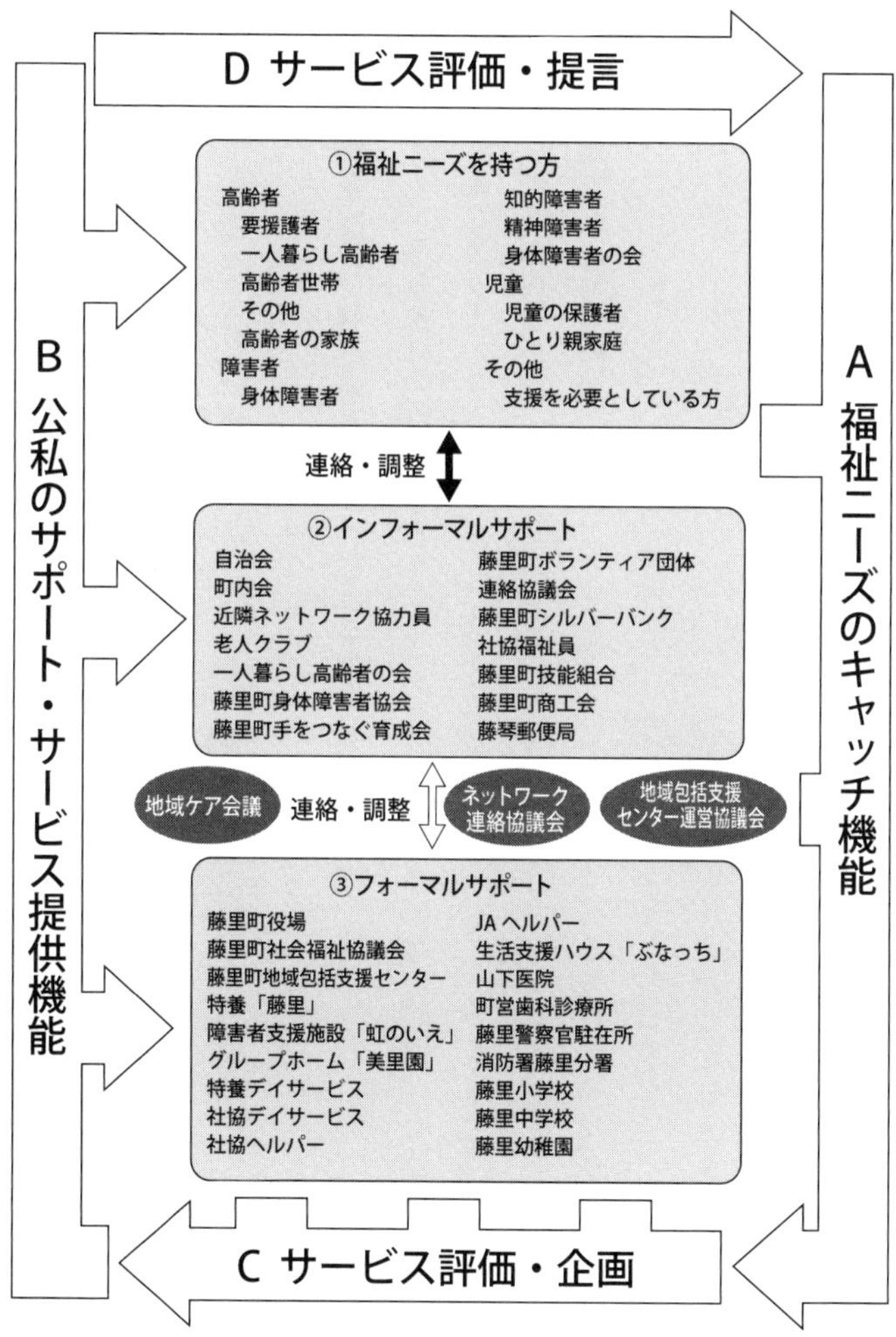
D サービス評価・提言
①福祉ニーズを持つ方
高齢者
要援護者
一人暮らし高齢者
高齢者世帯
その他
高齢者の家族
障害者
身体障害者
知的障害者
精神障害者
身体障害者の会
児童
児童の保護者
ひとり親家庭
その他
支援を必要としている方
連絡・調整
②インフォーマルサポート
自治会
町内会
近隣ネットワーク協力員
老人クラブ
一人暮らし高齢者の会
藤里町身体障害者協会
藤里町手をつなぐ育成会
藤里町ボランティア団体
連絡協議会
藤里町シルバーバンク
社協福祉員
藤里町技能組合
藤里町商工会
藤琴郵便局
地域ケア会議
連絡・調整
ネットワーク
連絡協議会
地域包括支援
センター運営協議会
③フォーマルサポート
藤里町役場
藤里町社会福祉協議会
藤里町地域包括支援センター
特養「藤里」
障害者支援施設「虹のいえ」
グループホーム「美里園」
特養デイサービス
社協デイサービス
社協ヘルパー
JA ヘルパー
生活支援ハウス「ぶなっち」
山下医院
町営歯科診療所
藤里警察官駐在所
消防署藤里分署
藤里小学校
藤里中学校
藤里幼稚園
B 公私のサポート・サービス提供機能
A 福祉ニーズのキャッチ機能
C サービス評価・企画

出典：社会福祉法人 藤里町社会福祉協議会（2008年）

会的経験の少なさみたいなことは応援したいと思います。けれども、ひきこもり支援ということではなく、社会参加を応援したいんです。就職してしまったら、どこかに所属してしまったら、なかなか社会参加なんかできないし、地域貢献活動なんかできないですから、いまのうちに地域のお役に立つことをやりたかったらいくらでも応援します、という形でこの事業をやってきたつもりです。

地域の理解を得られなかった「ひきこもり等支援」

皆さんのイメージのなかに、ひきこもり支援というと精神科医療の問題、心の闇を何とかするというものがありませんか？

私共、社会福祉協議会がひきこもり対策を始めようとするときに、地域の方々には何故「ひきこもり等支援」が必要なのかということがなかなか理解してもらえなかったんです。特に高齢者の方々にはなかなかわかってもらえないし、「何で社協がやらなければいけないんだ」と言われました。

私共、社協は「ひきこもり等支援」を医療の問題とは考えませんでした。やろうとしたのは、福祉でできる支援に特化するということでした。ですからひきこもりになった原因、いじめが原因というような原因探しはしません。でも、「地域で暮らしたい」と言ったら、いまより少しでも快適な暮らしにできるように応援しましょう、という視点でやったんです。

町の方々には「医療の問題なのに。教育の問題なのに。福祉の問題じゃないだろう」みたいなことも言われましたけれども、説得して歩きました。風邪をひいたときの話を一生懸命しゃべって歩いたんです。

「風邪をひいたときに、私たち福祉職の人間というのはもちろん治療もできないし、薬の処方もできない。けれども、『風邪をひいて食欲が出ない』と言ったら、食欲が出るような献立はつくって差し上げられる。それから『汗かいて気持ち悪い』と言ったら、着替えは手伝って差し上げられる。地域で暮らすということを考えたときには、治療ももちろん薬の処方も大切だろうけど、そういう福祉的支援というのも必要なんじゃないの。だから私たち福祉職ができる形の支援をします」と。

こう説得して歩いて、なんとかオッケーをもらったんです。

ひきこもりは、普通の若者だった

私自身が「ひきこもり等支援」というのを始めるまで、それからご本人たちのいろんな話を聞くまでは、「特別な人が特別の事情でひきこもっているんじゃないのかな」というイメージがあったんですよ。けれども藤里町の場合、普通に、普通の若者が、ひきこもっていました。

藤里町は仕事があり余っている地域じゃないんです。仕事がない地域なんです。だからほとんどの人は学校を卒業すると同時に都会に就職していきます。東京とか、秋田市とか。私たちにすれば秋田市は都会ですからね。そういう場所で就職するんだけれど、20代の若者はわりと普通に藤里に帰ってきちゃうんです。

「やっぱり合わないわ」とか「家から通える所で就職したいわ」って戻ってくるんだけれども、地元の採用面接を受けに行っても落とされる。本当に仕事がない地域なんですよ。そういう所ですから、なかなか思ったような仕事に就けない。採用面接受けて落とされ、受けて落とされ、大体3回目ぐらいになると気持ちが萎えるんですね。そして、「ちょっと休もう」と思う。ちょっと休んで嫌なことを先送りすると、皆さん、わかります？　どうなるか。ずるずるという感じで、なかなか仕切り直しをするのは難しくなるようです。

でも彼らの話を聞いていると、仕切り直そうと思うときもあるようなんですよ。半年経ち、1年経ち、そしてうっかりすると2年なんてすぐに経ってしまう。そこで、「だめだ、このままじゃだめだ」って就職活動を再開する。そのときには履歴書に空白期間ができちゃっているんです。そうすると日本という国はすごいですね。職場とか学校とか、どこかに所属していることがあたりまえと考えられている国なんです。ですから、どこにも所属してない期間が履歴書のなかで長ければ長いほど、変な人なんじゃないかなという見方が出てくるんです。

そういう私も採用する側だったので、履歴書に空白期間が5年とか10年あった場合は採用する勇気はちょっとないです。履歴書に空白期間をつくったことがすぐ不利になってしまう世の中なんだなとなって、結局彼らは家にいるようになるんですね。

彼らに言わせると、飲み歩いたり遊び歩いたりが嫌いなわけはないって言うんですね。でも友だちと遊び歩いても、1年、2年、3年と仕事していない期間が長くなると、「お前、いいかげんにしろよ」っていうふうに周りから言われるし、自分でも「友だちと遊び歩くのはやっぱりちゃんと就職できてからにしよう」って思う。まあ普通ですね。そうするとだんだん行ける場所、行きたい場所がなくなってくる。そして知り合いのいない所に行きたいと思うようになる。近所の人に見られると、仕事もしてないのにブラブラしていると言われるし、肩身が狭い。こうして知り合いのいない所に行きたいという気持ちが大きくなって、だんだん行ける場所がなくなってくる、そういうことがあるようなんです。

ひきこもり支援の推移

さて平成22（2010）年に「こみっと」を開設し、ここで「ひきこもり等支援」を始めましたが、ここで少し「ひきこもり等支援対象者」について、お話しします。

藤里社協は平成18（2006）年度に「ひきこもり者及び長期不就労者及び在宅障害者等」

の実数把握調査をしております。これは、地域包括支援センターや地域活動支援センター等の専門職が把握している対象者数を足し算しただけのもので、「こみっと支援」の企画案作成のための基礎調査で、40〜60人を想定していました。

「こみっと支援」事業の予算化の目途がついたところで、「こみっと」事業申請や建物の改修工事等に着手すると同時に、住民への説明会を始めました。すると、住民座談会や老人クラブ、ボランティア団体の総会に出向いて「こみっと支援」事業の説明をする度に、「実は、知り合いにひきこもりがいて……」と呼び止められ、「こみっと支援対象者」候補が増えていったのです。

そこで「こみっと」開設が近くなったところで、全数調査をすることにしました。とは言っても大掛かりなものではありません。全世帯のなかから、一人暮らし高齢者世帯・高齢者夫婦世帯を除いて、18歳から54歳までの人がいる世帯を抜き出す。そして、「こみっと」支援に向けた専門職チームが、18歳から54歳までの人全員のなかから「こみっと支援」の必要がない人(例えば役場職員・社協職員)を除く作業を行いました。確認できない人が300人ほど、それぞれの職員が「こみっと」支援候補として把握していた150人ほどを加えた400人ほどが、調査対象となりました。

このようにして「こみっと」開設に向けて訪問活動を始めるまでの間に名簿の再確認を繰り

返し、最終的に訪問対象者は230人程度になりました。その方々全員を訪問して、「こみっと支援」対象者名簿に載せてもいいかどうかの確認を行いました。「今後、『こみっと』でさまざまなイベントや事業を開始します、その情報をその都度お届けしたいので、訪問対象者名簿に載せさせていただいても宜しいでしょうか」と。

その結果、113人の方から了解をいただいたのです。

正直、了解をいただけるのは10人から20人程度と想定していました。もちろん歓迎された訳ではなく、「来たかったら勝手に来たら?」とか、「チラシを置いていく分には別に構わないけど」という程度の了解でした。ただ、NOと言われなかった、「来るな」と言われなかったことを重く受け止めました。

訪問活動の了解を得た113人の方にはカウンセリングや説得活動ではなく、年に3~4回程度、「こみっと通信」やイベントのお誘い等の情報を届け続けたのです。その結果、5年後には80人以上の方が家から出て自立しました。ただ、状況が変わらなかった人が25人いらっしゃいました(**図表8-2**)。

その自立の内容は、「こみっと」の登録生として頑張っている人もいますし、登録しないまま求職者支援事業を受けただけで自立していった方もかなりいますし、なかには「求職者支援事業受けてやってもいいから、ちょっと説明聞かせて」ということで、求職者支援事業につい

図表8-2　ひきこもり者等訪問対象者の5年後

A：平成22年度ひきこもり者等訪問対象者数　（人）

ひきこもり期間			5年未満	5～10年未満	10年以上
総数		113	30	27	56
男女比	男	71	12	21	38
	女	42	18	6	18

5年間の訪問支援の結果は、
- 「こみっと支援」で自立　31人
- 独自に自立　55人
- 変化なし　25人
- その他　2人

B：平成26年度末現在のひきこもり者等の状況　（人）

ひきこもり期間			5年未満	5～10年未満	10年以上
総数		25	2	5	18
男女比	男	18	1	5	12
	女	7	1	0	6

出典：厚生労働省平成26年度 セーフティネット支援対策等事業費補助金社会福祉推進事業

て説明して、そのあとハローワークに一緒についていっただけで自立した方もいらっしゃいました。

ほとんどの方は一般就職で自立なさったんですけれども、たまに珍しい方もいらっしゃって、求職者支援事業を受けに来て彼女をつかまえまして、そして結婚して「就職はしてないんですけど嫁が食わせてくれるので大丈夫」と言うんです。それもある意味自立なのかなあと。そういう方もいらっしゃいます。

次にC表（**図表8-3**）を見ていただきたいのです。私たちが訪問活動をしている対象者は、A表の当初の113人だけではありません。平成26（2014）年度に訪問した人の延べ人数は166人になりまし

図表8-3　平成26年度のひきこもり者等訪問対象者状況

A：平成22年度ひきこもり者等訪問対象者数　（人）

ひきこもり期間			5年未満	5～10年未満	10年以上
総数		113	30	27	56
男女比	男	71	12	21	38
	女	42	18	6	18

C：平成26年度情報提供対象者状況　（人）

ひきこもり期間			不明	ひきこもり歴ゼロ	5年未満	5～10年未満	10年以上
総数		166	31	99	8	7	21
男女比	男	72	17	37	3	2	13
	女	94	14	62	5	5	8

出典：生活困難者（ひきこもり等）の力を地域づくりに活かすシステムづくりの効果的な手法の開発事業報告書

た。社協は常に新しい情報を持って2～3カ月に一度はひきこもり者等のお宅を訪問しています。いつも20～30人は「こみっと支援」を受けていますが、そのメンバーは新たに就職を決めたりして常に入れ替わっています。そして、訪問対象の方々も常に入れ替わって、2～3カ月に一度の訪問の都度、10～20人は入れ替わっているのです。

ここで、C表のひきこもり歴ゼロについてお話しします。

印象的だったケースですが、来週高校の卒業式を迎える息子がいるというお母様から電話があって、「友だちは皆就職が決まったけれど、うちの息子だけまだ就職が決まってない」と言うんです。「朝から晩までゲームをやっている。もう昼夜逆転してるんだ」ということで、「卒業式を迎えてしまったらどうしたらいいかわからないから、とりあえず『こみっと』にやってもいいか？」と言われたので、「どうぞどうぞ」とお迎えしました。こういう人はひきこもり歴ゼロ未満ですよね。

一番最近の話では、「30年勤めていた会社がある日突然倒産した。すぐに新しい仕事を見つけるというよりは、30年勤めたので失業保険をもらっている間はちょっとゆっくりしたい。けれど、どこも行く所がない。仕事しかしてなかったから、昼間、家にぶらぶらいるのが耐えられない。とりあえず『こみっと』に行っていいかい？」と言って来てくださった方もいらっしゃいました。

そういう形でひきこもり歴ゼロという方たちがいつもこんなにいらっしゃいます。

それから不明30人というのは、仕事を持ってる方です。いま、現に仕事しているけれど、求職者支援事業の募集等の情報だけは欲しいという方がこのくらいいらっしゃいます。つまり、条件のいい仕事に就いてる方々とは限らないからです。そうすると、いろんな形で自分が、例えば1年間の契約は取れているけど、その先はどうなるかわからないとか、たまたま3カ月は仕事をもらえているけれど、先はわからないという方々も結構いらっしゃったんですね。

私はいま、日本のなかで職場とか学校とか、あるいは所属先がすごく不安定な人たちというのは、何らかの支援、何らかの情報を求めているのかもしれないなと思い始めております。ですからいま、すごく後悔しているのが、「ひきこもり等支援」から始めないで、所属場所がない人、不安定な人たちに対しての支援から始めていたら、もう少し楽な形で始められたか、なんて思っているところです。例えば、「こみっと」を「ひきこもり者等の居場所」ではなく、職場にも学校にも所属していない若者なら誰でも利用できる「こみっと」として開設していたなら、どうだったのだろう。「ひきこもり者」としてカテゴライズしなくても利用できるなら、自分のスキルアップのために利用できる仕組みだったら、気軽に始められたし、利用できたのではないか、と。「いま、所属してる所がないんだけど」と言いながら、立ち寄って利用できるような場所だったら、もしかしたらよかったのかなと思いながらやっているところです。

「生活困窮者自立支援制度」の先をゆく藤里方式

平成22（2010）年に「こみっと」を開設して、「ひきこもり等支援」を始めて2年目くらいで、この事業について「本を出そう、発信しよう」という話になったんです。「こみっと」にやってくるようになって、それから半年、1年と経ってくると、ひきこもり等だった記憶が薄れていく。その記憶がまだ残っているうちに本を出そうということで、厚生労働省から補助金いただいて、『ひきこもり町おこしに発つ』という本を出しました。

本を出すということになったとき、自分たちの経験を発信したいという気持ちと、皆に知られたくないっていう気持ちと、本人たちのなかにはさまざまな思いがあったようなんです。そして、「ひきこもりっていう言葉をタイトルに付けるとイメージが悪すぎる」「誰も手に取ってくれないよ」、みたいなことも言われまして、最後までタイトルが決まらずにいたんです。けれども、そのうちに皆で悔しくなってきたんです。というのは、「ひきこもり状態だったってことが、そんなに逃げ隠れしなければいけないほどひどいことなのか」と。なぜか悔しくなりました。ですから、「ひきこもり状態にあったかもしれないけれども落伍者ではないぞ、ただその状態にあっただけの話なんだぞ」という思いを込めて、『ひきこもり町おこしに発つ』というタイトルで出させていただきました。

ところで、平成27（２０１５）年度に始まった「生活困窮者自立支援事業[1]」と、私共の「こみっと」新事業がすごく似ていました。

家計相談を含めての伴走型支援、中間就労等々のいろいろな必須事業、選択事業含めて、それをすべて一カ所（こみっと）でやっているということで注目していただいたと思います。そして「生活困窮者自立支援制度」導入にあたっての説明会で、厚生労働省の担当者は「例えば藤里町という所では既にこういう形で取り組んでいる」と説明して歩いてくださいました。ところが、その「生活困窮者自立支援制度」というのは福祉事務所の置いてある市町村で取り組むもので、うちみたいな小さい規模の町には福祉事務所が町村単独では設置されてないんですよ。ですから、私共はべつにこの事業に参入しているわけではなく、「生活困窮者自立支援制度」とほとんど同じ事業を先駆けてやっていたということを申し上げておきます。

1……生活困窮者自立支援制度に基づいて行われる事業。生活に困りごとや不安を抱えている場合、地域の相談窓口に相談をすれば、どのような支援が必要かを一緒に考え具体的な支援プランを作成し、自立に向けた伴走型の支援を行う。

若い人たちが応援してくれた「ひきこもり等支援」

先ほどもお話ししましたように、「ひきこもり等支援」を始めるにあたって、高齢者の方々からはたいへんな反対がありました。

ひきこもり支援に対して偏見があるとは思っていましたが、それだけじゃなくて、うちのほうの高齢者の方たちというのは、本当にひきこもりの方々に対して「怠け者」「救いようのない怠け者」というイメージを持っていたんです。そして「ひきこもり等支援」を始めようとしたときに、例えば「お誘いしたい方、ご存知の方とかいらっしゃいますか?」という聞き方をしたとしても、もうほとんどの高齢者の方々が「そんな不名誉な人間が藤里町にいるはずないだろう」という、そういう考え方、思い込み方をしていました。これは私にとってはびっくりしたことです。

ただ、風邪を引いたときの話を高齢者の方に繰り返し話しているうちに気がついたことがありました。「まじめに一生懸命」が通用した時代に生きた人たちというのは、根拠のない揺るがない自信があるようです。だから仕事が欲しければ探す、仕事をする気がある奴は探す、そういう感覚しかなかったようなんですね。しかも、周りからどう見られるかというよりは、自分が仕事をしたいのか、したくないのかというような価値観がそこにあったわけです。

一方でいまの若い人たちは、高齢者に比べてやわなのかどうかはわかりませんけれども、「まじめに一生懸命」が通用しないってことを知っているんですね。そして、周りの空気を読めなければいけない。空気を読むってことは、仕事してない奴がどう見られるか、仕事に失敗した奴がどう見られるか、ということを感じる若者たちなんです。

高齢者の方々はそういう空気を読む必要は全く感じない、感じていなかった。だから自分が仕事したければする、したくない奴だけがしないっていう、そういう時代に生きてらっしゃったようです。ですからいくら話しても理解はできなかったんです。

ただ、世代が違うっていう言い方は変ですけれども、「まじめに一生懸命」が通用した時代の人たちには理解できないことなのかもしれないなって思ったときに、「ああ、そうか。だからひきこもりの支援というのがいままで進んでこなかったのかな」と思いました。勝手に私はそう解釈しております。

ですから、情報をくれたり応援をしてくれたりしたのは若い方たちでした。私は当時局長だったので、若い方たちが「局長、ガンバ」って言って情報くださるんですね。「俺も一歩間違えばひきこもりだった。たまたまいい職業に就けたからこうやっていられるけど、俺があいつの立場だったら、もしかしたらそうだったかもしれない。俺より優秀な奴なんだ」と言ってくれたり、「自分の名前を出していいから、だから頑張ってあいつを外に出してやってくれ」と若者が言ってくれたりするんです。

さらに「こみっと」支援を始めて、本を出したりしたものですから、全国からいろんな若い人がぶらりと遊びに来てくださるんですよ。そうすると、そのぶらっと遊びに来た人たちが本当に、私から言わせるとかなりいい職に就いているいい人たち、立派な人たちに見えるんですけど、その人たちが「俺も一つ間違えればそんなになったかもしれない」とか、「私たまたまいい職業就いてるんだけど、でもね、いつ私がそういう立場になるかわからない」っていうような言い方するんですね。ですから、「何だろう？　この温度差」といつも思っていました。

若者と高齢者を結ぶ「こみっと」

ただ、「すごいな」って思ったのは、「こみっと」をオープンさせるときに、「彼らを孤独にしたくない、孤立させたくないから、とにかく皆が出入りする場所にして欲しいから、頑張って人集めて欲しい」ってお願いしたところ、うちのほうの高齢者の人たちは、「全く理解できない」「賛成じゃない」って言いながら、その開所式のときには200人以上の人を集めてきてくれたんです。

そして、「何なんだよ、やわだな」って言いながら、毎日「こみっと」に顔を出して、「理解できなくても協力しなきゃな」って感じで協力してくれる。それはありがたいことです。

一方、「こみっと」に集ってくる若者たちに聞くと、「特に理解して欲しいとか、同情して欲しいわけではない」っていう話なので、「それはそれでいいのかな」と思いながらやっております。

これまで「こみっと」支援事業としていろんなことをやってきました。ところが、「家庭訪問した」とか「訪問調査した」と言いますと、一人ひとりを説得して、カウンセリング的な意味合いで、頑張って出ておいでというように関わってきたと思われるようなんです。けれど私たちは本当に情報提供しただけなんです。それは理解してください。

先程も言いましたが、要するに「こみっと」というものをオープンさせるときに訪問して歩いたんです。そして、「これから私たちは、ひきこもり者等の支援事業をやるんだけれども、それについてあなたに情報を届けたい。情報を届けていいか?」と聞いて歩いたと思ってください。長期不就労者、就職して半年、1年勤めた人、仕事を持たなかった人を中心にそういう形で訪ねて歩いたと思ってください。そうしたところ、113人の方が「来てもいいよ」ってOKしてくださったんです。「情報提供してもよろしいか?」「いいよ」っていうそれだけの関係だと思ってください。

ですからOKっていうのもステキなOKじゃないんですよ。「来たかったら勝手に来たら」なんです。そして「チラシ置いていく分には構わないよ」っていうことなんです。ただ、拒否はしなかった。私は「それで十分だ」って思いながらやっていました。

ひきこもりの若者が求めているのは支援ではなく情報

正直な話、私が相談員としてあちこち歩いていた頃、外から入りづらいと思うかもしれませんけれども、ひきこもり等の方々は意外と専門職を入れてくれたんです。私が訪問すると中に入れてくれていた。1回目に訪問したときに、専門職だったら何か新しい情報を持ってきてくれたんじゃないのか、そういう期待のもとに会ってくれるんですね。

そのときに何にも手持ちの駒がないと、「頑張って外出るんだよ」っていうそれしかなかった。そうすると「あー」っていう感じでがっかりさせる。ですから彼らが欲しいのは、親身な支援ではなく情報、彼らが求めている情報、「こういうものがあるよ。ああいうものがあるよ。こういうものがあるよ」という、いろいろな情報なのかもしれないと考えました。

実際問題として、「一生懸命頑張るんだよ」って言ったって、「頑張れって言ったってどこ行けばいいの?」って聞かれても答えられないようだったら、逆に迷惑だろうなって思いました し、「頑張るんだよ」って言ってくれるのは親だけで十分なんじゃないのかなと思いました。専門職だったらいろいろな情報をお届けできればいいのではないかということで、まず頑張りました。

例えば「こみっと通信」です。「こみっと」に出てきた人たちには、家から出てきた時点で「あなたたちは(ひきこもりの)卒業生だから、まだ家に居て、出られずにいる人たちに向けて情報を発信しなさい。あなたたちが一番状況わかるんじゃないの?」と話しました。そして、「どんな情報を欲しかった? その欲しかった情報を『こみっと通信』に載せて。私たち職員が運ぶから」ということで、「こみっと通信」を彼らにつくってもらって、そして2、3カ月に一度、あるいは3、4カ月に一度、職員が訪問するという形をとっております。

それでは「こみっと通信」は素晴らしいものをつくっているのかといえば、そんなことはないです。「うどん始めました」とか、「こんな感謝祭やりました」とか、その程度のものしかないんです。ただ彼らは自分の顔写真を載せて、自分の言葉で書いてくれています。それだけの「こみっと通信」です。

「こみっと」は地域デビューの場

「こみっと」の中に共同事務所という地域のいろいろな団体が出入りする事務所を置いております。これも藤里町の特徴です。つまり、「こみっと」は小さいグループでサークル活動をやっているというような所ではないということです。

登録生のお父様、お母様たちは、「こみっと」は小さなサークル活動で、そしてひきこもりだったことを周りには知られないように社協が守ってくれるんだみたいなことをイメージしてたようなんですけれども、それは小さい町では無理なんですね。「こみっと」に通っているというだけで、色眼鏡で見られるということがあるわけです。だから「こみっと」に出てくるというのはかなり勇気の要ることだったようです。

家から出てこよう、という勇気を出したときが一番大変なんではないか。だったらそのときに「こみっと」という場所は、「地域デビューができる場所」にしたいと思いました。

共同事務所は、例えば老人クラブさんですとか、ボランティア団体連絡協議会さんですとか、いろいろな団体の方たちが毎日のように出入りする場所になっております。ですから彼らのお母様たちはかなりびっくりしたようです。かなり口うるさい方が毎日出入りしている場所なので、いきなりその人たちの洗礼を受けるわけです。「大丈夫かな」という思いがお母様たちにはあったようですが、本人たちはあまり気にしなかったんですね。

ひきこもり歴が長い人というのは社会的経験がないんです。つまり10年、20年家にいた方というのは、家族かそれ以外の人という区別の仕方だったんです。ですから家から出てきて、社協の職員の顔と名前を覚えること自体が大変だったようでした。職員の顔と名前を1週間ぐらいで覚えるんですけれども、共同事務所にいろんな方が出入りしていたので、そのときには出入りしている老人クラブさんとか、地域の方々の顔と名前も同時に覚えていて、他の人に対してこれといった特別な思いはなかったようです。私共はこれですごく助かりました。

また、彼らはいつも、「人が怖い」という言い方するんです。人が怖いってどういうことなのか。そこで私は聞きました。「老人クラブの何とかさんが怖い？」「ボランティアの何とかさんが怖い？」という聞き方をすると、「いや、あの人は口うるさいけれども怖くはありませんよ」って言うんですね。十分怖い人なんですよ、私にすれば。そういう人たちを怖くないって言えるということは、「あの人が怖くなかったら、もう世の中渡っていけるから」って言っています。

一方、老人クラブさんの彼らへの見方も変化していきました。老人クラブさんは共同事務所にコピー取りに通うんですけれど、コピー機が使えないんです。そうすると「こみっと」登録生が「あっ、やりますよ」と言って、コピーを代わりにやってくれる。すると「お前、社協の職員か?」って聞くらしいんです。「いやいや、私は『こみっと』に登録している者で、仕事を探しているんですけど、なかなかないんですよね」と話す。すると老人クラブさんが私の所に来て、「仕事探しているそうだぞ。あれはまじめに一生懸命やっているし、なんかお前協力してやれよ」って言うんですよ。「はあ、ですから私、ひきこもり等支援をやっておりまして」と言うと、「お前はあの若者をひきこもり扱いする気か、失礼だぞ」と怒られます。

どうも老人クラブさんがイメージしているひきこもりって、オドロオドロしいイメージであって、いま、自分が話しているこんな気持ちのいい若者ではないということらしいんです。とはいえ、家から出てきた最初はちょっと様子が違います。長い間家にいた人は、髭は伸び放題、髪は伸び放題、体重は100キロ超えという方が多いんです。すごく痩せている方もいますが、ドーンと太っている方がほとんどです。ですから「こみっと」登録生の作業着は4LかMしかありません。そんな状態で家から出てきて、いきなりウォーキングをする人が多い。ウォーキングといってもノタッノタッって歩いている感じです。小さい町でそういう人が歩いていたらどうなると思います? 大概は変な人って見られるんです。けれども「こみっと」は民生委員さんもボランティアさんも結構来ているので、「大丈夫。あの人は『こみっと』の人だから」と言うと、たちまち「頑張ってねー」って、不審者から応援すべき人に変わってしまうようです。

必要なのは、就労訓練。そして「白神まいたけキッシュ」の成功

「こみっと」ではいろいろなことをやります。レクリエーション活動とか、パソコン操作とか。お食事処『こみっと』では手打ちそばをつくっています。

最初は「いろんなことができるよ」というメッセージを出していました。これで段階を踏んでレベルアップしていくというイメージがあったんです。けれどもほとんどの人が、レクリエーションでは出てこない。「パソコンで遊べるよ」と言っても出てこない。けれど、「お食事処『こみっと』でそばを打てば、少し工賃になる」と言えば、そちらのほうは喜んで来るんです。ですからお食事処『こみっと』で手打ちそばを打ってもらって工賃を出しました。

それで「レクリエーションは?」って聞いてみると、「レクリエーションだったら、社協に用意してもらわなくても家帰ってから遊ぶからいいわ」って。3カ月ぐらい経ってみると、本当にレクリエーションで会ってくれる人はいなかったんです。

私たちは、こうした活動を段階的にレベルアップしていって卒業していくとイメージしていたんですけれども、レベルアップというのがそもそもおかしな話だったんですね。確かに彼らは社会的経験はないけれども、能力がないからという理由で家にいたわけではなかったからです。ですから、社会的経験を埋めるような訓練や体験授業は必要だったけれども、彼らをレベ

ルアップさせることは、彼らにとっては全く意味不明だったようで、そのあとはちょっと違う形になっていきました。

いまは彼らにお食事処「こみっと」でそばを打ってもらって、その手打ちそばを頑張って販売しています。さらに「白神まいたけキッシュ」というものを、平成24（2012）年度から販売を開始いたしました。

この「白神まいたけキッシュ」を販売するにあたり、「私たちのコンセプトは『町民すべてが営業マン』です。ひきこもりだった方々、彼らの工賃をアップさせたいから、そのために毎日このキッシュを食べてください。毎日は無理でも、お客様が来たとき、キッシュを勧めてください。どこか出かけるとき、お土産に持っていってください」、そうお願いして、町民全てが営業マンというスタンスで「白神まいたけキッシュ」を売り出しました。

平成24年度から売り出したんですけれども、ここでお金の力の凄さを感じました。このキッシュは初年度で450万円を売り上げたんですよ。小さい町で一年間に450万円をいきなり売り上げたっていうことは、結構尊敬されました。そして町民の私共を見る目が変わったんですよ。

それまでは変な人たち、お荷物でやっかいな人たちを集めて何かをやっている所というイメージが強かったようなんです。けれども450万円の売り上げと聞いたら、「そうだよね。彼ら若いし、頑張れるし、そういう若者たちが集まれば450万円くらいいくんだな」って。そしたら、「まだ家から出られずにいる人たち、活躍の場がないまま埋もれてる人たちがいるとしたらもったいない話だから、頑張って外に出してやんな」みたいな、そういう応援が来るようになりました。

ですから、この「白神まいたけキッシュ」の売り上げ増というのは、かなり私のなかでは意味ある、価値ある話になっております。

これでちょっと味をしめて、「こみっとうどん」を始めたんです。これは四国の讃岐まで修業に行きまして、たぶん「丸亀うどん」よりもおいしいうどんがつくれるというふれ込みの高級な機械を買って、「こみっとうどん」として売り出し始めたんです。

秋田で、なんで稲庭じゃなくて讃岐うどんなんだって怒られますけど、「讃岐うどんは、たぶん秋田県内であまり食べられたことがないからごまかしが利くだろう」と、その程度の思いで始めたんです。

先ほどの「まいたけキッシュ」のコンセプトは「町民すべてが営業マン」でした。「彼らの工賃をアップさせるためにお願いします」だったんですけれど、こちらのコンセプトは「町民のために私たち頑張っています」なんです。

おいしいうどんをつくって格安で提供します。町内のイベントに使ってください。飲食店さん、安く卸しますから使ってください。そして、どこでもここでも「こみっとうどん」は食べられるということになれば、おいしいうどんが食べられる町として観光客が押し寄せるかもしれない。そういう私たちの野望を一生懸命お話ししているんです。もちろん全然売れていませんけれども。

まあ売れてないわりには私たちのスタンスはわかってもらえました。『こみっと』に集っている若者たちが町のために頑張っているんだよ」という、そこはわかっていただけたようで、これで売れれば申し分ないんですけれど、まあそれは別の問題として、「こみっとうどん」も始めています。

人材派遣の「こみっとバンク」

さらに「こみっとバンク」というものも始めました。これはシルバーバンクのようにいろんな依頼があれば、彼らを派遣しております。

私たちとしては一人分の作業を頼むと言われたら、4人がかりだろうが5人がかりだろうが職員が付きっきりになろうが、一人分の仕事はきちっと請け負うということを考えております。本人たちには、「一回信用を失うと、仕事はもう来ないから。だから、ドタキャンしてもいいから、必ず誰かがフォローするから、行けなくなったら電話はしてね」とお願いしながらやっています。

能力の有る無しにかかわらず、社会的経験のない人たちが突然一人で何でもやれと言われても、ちょっと責任を感じてしまって、頭が痛くなったりお腹が痛くなったりする人もなかにはいらっしゃいます。ただ、元々能力がないわけではなかったので、２カ月、３カ月経たないうちに一人で行けるようになります。そしてそのうちに指名が来るんです。

依頼主の方々には指名するんだったら雇ってあげてくださいとお願いしているんですけれども、残念なことに本当に藤里町という所は、人一人を雇えるほどの体力のある企業が少ないんです。でも、企業から「一年に３カ月だけは彼に仕事を頼みたい。その間は工賃という話ではなく、ちゃんと一人前の給料払いますから、その３カ月だけはお願いする」という形の依頼が増えております。

本当のところ私共も、なかなか就職しづらい人たちだと思っていたんですよ。ところが結構、一般就職を決めていくし、それから「こみっとバンク」への依頼も少ないと思っていたら、依頼は山のようにある。そういうことで、いまのところ依頼が結構あるのに人が足りなくて、お断りすることが多くなっているというのが現状です。

「求職者支援事業」としての役割

「求職者支援事業」[2]という制度があります。これはハローワーク経由で職を求めている人たちに勉強の場を提供するという事業です。そもそも「こみっと」というのは、支援事業として始めたわけではありませんが、単に予算がなかったので、社協でずっとやっていたヘルパー養成研修を「求職者支援事業」としてやることにしたのです。この支援事業を使って一人受け入れるといくらかお金が入るので、収入の足しにしようという思いで始めたわけです。

実は、最初の113人の登録生の方々というのは、『こみっと』の支援が受けたいです」と言って家から出てくる人はいなくて、この「求職者支援事業」だったら受けてもいいとおっしゃって、出てきた人がほとんどでした。

「求職者支援事業」に出てきた人たちというのは、例えば初年度、平成22(2010)年に6カ月コースでやったんですが、7人の方が出てきて5人の方が就職なさった。私たちからすると「えっ、この人が就職できる?」って思うような方もいらっしゃいました。本当に知的障害かなというレベルの方やいろいろな方がいらっしゃいましたけれども、3カ月、そして6カ月支援したら、皆さん就職していきました。

皆さん、生活が昼夜逆転しているんです。ですから最初の1週間は、ほとんどの方は頑張っ

図表 8-4　求職者支援事業の成果

	受講者数	就業者数	こみっと登録者数
平成22年（6ヶ月）	15人 ★（7人）	12人 80% ★（5人）	3人 ★（2人）
平成23年（6ヶ月）	15人 ★（13人）	10人 66% ★（9人）	5人 ★（5人）
平成24年①（4ヶ月）	15人 ★（9人）	11人 73% ★（6人）	1人 ★（1人）
平成24年②（4ヶ月）	12人 ★（11人）	8人 66% ★（8人）	3人 ★（2人）
平成25年（3ヶ月）	9人 ★（8人）	9人 100% ★（8人）	0人 ★（0人）
平成26年（3ヶ月）	7人 ★（6人）	6人 86% ★（6人）	0人 ★（0人）

★：家庭訪問の情報により受講に至った方の人数
出典：社会福祉法人　藤里町社会福祉協議会（2015年3月）

てそれを直してから受講し始めるんですけれども、なかにはやっぱり強者がいらっしゃって、朝、本当に最後には電話してもらちがあかなくて、迎えに行ってずるずる引きずってくるみたいなことを1週間やります。でも1週間すると昼夜逆転はほとんどの方が直ります。

「一生懸命いままでも、昼夜逆転を直してからどこか行かなければと思っていたんだけど、目的のない生活をやっているとなかなか直らなくて」とおっしゃいます。

求職者支援事業を受けるんだという意気込みで、最後まで頑張った方たちも結構いらっしゃいます。**図表8-4**の平成22（2010）年の星印の7人というのが、私たちの対象者名簿に載っていた方たちです。

残った方2人は能力的に劣った方とイメージするかもしれませんけど、そういうことではなくて、履歴書の空白期間の長さが問題だったんですね。大学卒業して働いたのは1年だけで、あと20年ひきこもっていたという方もいらっしゃれば、中学校からひきこもっていたから中卒の資格しかなく、職歴ゼロで、それから15年ひきこもっていたとなると受けさせてもらえる所がほとんどないという状態で、能力の有り、無しとは全く別の問題が残りました。

2…雇用保険を受給できない求職者が職業訓練によるスキルアップを通じて早期の就職を目指すための制度。

求職者支援事業のチラシを配って歩く

こういう形で「こみっと」に出てきた方は就職していくようになりました。

その後も私たちが訪問して、求職者支援事業のチラシを置いていくと、だんだん職員に会ってくれる人が出てきました。もちろん会ってくださらない方も結構いらっしゃいます。お父様経由、お母様経由で「社協がやってきたよ。また来たいって言っていたけど、どう?」って聞いてもらって、オッケーはいただいていました。けれども、だからといって会ってくださるわけでもない。「チラシを置いていくのは構わない」ということらしい。ご家族の話だと部屋に持ち込んでいるみたいだから見てはいるんだと思う、というような程度のつながりの方も結構いらっしゃったんです。

そうしたところ2年目、3年目以降になると、その会ってくださらない方々から電話が来るようになったんです。「求職者支援事業受けてもいいんだけど」とか「受けたいんだけど」と。それも素敵な言い方じゃないんですよね。電話をしてきて、「あんたたち、結構うるさく来るから、しょうがないから一回は受けてやるよ」みたいな、そういうことをおっしゃって、それで受けてくださる。そして受講を始めるとご家族の方が、「えっ、社協に行ってたんですか」ってびっくりするということもありました。そうやってどんどん皆さん就職していきました。

次に「求職者支援事業」を利用して、例えば生活困難者の力を地域づくりに活かす事業というのを始めました。

私共の場合、この事業を使ってヘルパー養成研修をやっているわけですけれども、受講者は福祉の仕事に就きたい人だけではなかったんです。一生懸命通ってはくるんですが、福祉の仕事は結局嫌だと言って建設業に就職されたり、選択肢としてこの仕事がしたいというイメージが湧かない人たちもいた。ですから、社会復帰訓練カリキュラムと言いながら、「これは体験プログラムと思ってくださいね」と言ってやってみたんです。そして遊び半分で町の商店主の方々を講師にお迎えして、「仕事ってこんなもんだぞ」という講義をしてもらったりもしました。

他にも、「こみっとバンク」に「草取りしてほしい」という連絡が入ると彼らは一生懸命草取りをやっていました。けれど、「それだけじゃ仕事の訓練にならない」ということで、りんどう畑の農家さんに、「りんどう畑を俺が始めた理由」という講義をしてもらい、りんどうを使って演習をしてもらい、最後にりんどう畑の草取りの実習に入らせていただく、というようなものをいろいろな方にやってもらいました。こうしたカリキュラムをつくっております。

藤里独自の地方創生事業

私共がこういうものをやりながら考えたのが地方創生です。一般的に言われる地方創生は、元気な人、若い人、頑張れる人が行う地方創生であって、私たち社協が関わるような弱者と呼ばれる人たちは、誰かがやってくれた地方創生の恩恵を受けるだけなんです。それでは高齢化率が44％を超えたような地域だと、本当の意味での地方創生になるかな？と、私たち福祉職の人間には疑問でした。

ですから弱者と呼ばれる方々でも担い手になれる、そういう地方創生じゃなかったら、もしかしたら本当の意味での地方創生にならないのではないのかということで、弱者でも担い手になれる地方創生をやりたいと思いました。そこで町民すべてが生涯現役を目指すシステムをつくろうと、平成27（２０１５）年度の総務省の補助金に手を挙げました。「福祉の立場からの地方創生をやりたいです」と。

そうやって、人づくり・仕事づくり・若者支援を3本柱にしたシステム構想をつくりました。

・人づくり＝全世代を対象にしたプラチナバンクの創設。デイサービスを利用中でもグループホームに入居中でも登録できる仕組みとする。

・仕事づくり＝プラチナバンク会員を中心に、「こみっと」が製造販売を始めた「白神まいたけキッシュ」等の製造販売を拡大し、山菜を利用した新たな特産品づくり等、誰もが参加できる仕事づくり構想。

・若者支援＝「こみっと支援」として実施してきたさまざまなカリキュラムを、藤里町体験プログラムとして町外の若者に開放し、プラチナバンク会員が共に山菜採り等を行うことで、その町外からの若者に藤里に親しんでもらう。

こうしたシステムをつくったので、後は行政に「よろしく」と渡すつもりだったのですが、さらに地方創生加速化交付金というものがあるそうで、その続きをやりたい者には補助金を出すということで平成28（２０１６）年度もいろんなことをやっております。

人づくり事業とか、新たな仕事づくり事業とか、若者支援事業とかいうものをやっておりますけれども、新たな仕事づくりということで、皆様からお知恵を拝借したいなあと思っております。

去年一年間、いろんなことを考えながら推進委員の皆さんと話し合いを重ねたんですけれども、新たな仕事づくり事業の一つとして私がやりたいと宣言したのが「根っこビジネス」です。四国の葉っぱビジネスって、聞いたことがありますか？　葉っぱを売ってビジネスにしている年商1千万、2千万円のおばあちゃんがいると聞いて対抗したかったんですけれど、雪国では葉っぱは一年の半分は埋もれているので絶対不利です。そこで雪に埋もれていても頑張れる根っこしかないということで、「根っこビジネス」をやりたいと昨年（2015）度、宣言いたしました。

すごいノリだなと思ったのが、説明会の会場に100人とか、200人の人が来てくれるんですよ。藤里の人、結構ノリがいいので、「集まって」と言えば集まってくれるんです。それで、「私は根っこビジネスやりたいなって思っています」と言ったら、次の日、葛の根っこが社協に届いた。「これはもう、やるしかないのか」と、今年（2016）度、町有地を3ヘクタール、4ヘクタールほど借りました。いまのところ、「葛の根っこは自生しています。白神山地の麓に自生する葛を使い〜」という謳い文句だけは考えているんです。

葛の根っこのほかに、わらびを休耕田に植えて、今年度はわらび畑の野焼きなんかも始めたりしているんです。この「根っこビジネス」、「葛の根っこ」と「わらびの根っこ」を、おばあさんたちに叩いてもらって、冬の間さらして、粉を商品にしようとたくらんでいます。

学生からの質問

Q1
地域という場合に、自治会、あるいは老人会などがどのような関わり方をしているのか、あるいはそのきっかけというか、何から活動が始まっているのか。その辺のところを教えていただければなと思います。

【菊池】 私共社協の場合は、やっぱり自治会さん、民生委員さんなどとタイアップした形で仕事を進めております。それから老人クラブの方々とは、例えば、老人クラブ連合会というものの事務局は社協が持っていて、いろんな形で協力しています。

藤里町では町の人口の10％近くの人が勉強会に集まって、野焼きをやっています。野焼きをやって集めた根っこを高齢者や、場合によっては軽い要介護の方にも叩いてもらうんです。デイサービスを使うようになったからといって、すべての身体機能がだめになったのかというと、そんなこともないだろうと思うんですよ。

野焼きには、昔、野焼きの仕事をしたことがあるという人も参加してくださいました。その方は脳血管性疾患にかかってからは、もう仕事ができなくなって、立つも座るもできなくなった。「座ることはできるけど、立ち歩きはできない。そんな俺でも参加していいか」と言うので、「もちろん、指導してください」とお願いしたら、軽トラの上に乗って、「そっち危ない。木があるからこっち気をつけなきゃ」と指導してくれました。

自分の役割を果たせるように支援するのが社協です。「根っこビジネス」といってビジネスを成功させるという視点も必要でしょうけれども、役に立ちたいという皆さんの思いを結集させることも必要かなと思っています。

いま、温泉保養所みたいなものを拠点にして「根っこビジネス」ができないかと考えています。温泉保養所は夏の間はいろいろなイベントやレクリエーションができますが、冬の間は何もできないんです。そこで、秋に一生懸命掘った根っこを叩いてもらう。叩いて澱粉が出やすい状態にして、それを水にさらして澱粉を抽出する。とっても手間暇がかかるんですけれども、「温泉入りに来るんだったら、ひと仕事してから温泉入ってちょうだい」というお願いの仕方で、デイサービスを使っていようが何をしていようが、「手伝いたいという意志があるんだったら、私たちがお迎えにあがりますから」ということをやろうとしています。

【**駒村**】恐ろしい町ですね。障がい者であろうが、要介護者であろうが、高齢者であろうが、ひきこもりであろうが、使える人は皆使おうという発想です（笑）。それで町を活性化しようということです。おそらく天然の葛から取った澱粉はかなり高く売れるということで、それを売ってビジネスを始めようとしています。非常にアイデアが豊富です。

藤里町は、北国で高齢化率40％を超えている。皆さんが65歳になったときには、日本の社会は藤里と同じ状態になっています。じゃあよっぽど暗い町なのかというと、そんなことないです。すごく遅く走る車なんかもあります。80過ぎのお婆さんが、歩くより遅い速度で運転していますが、まあ明るく楽しくやっている町です。皆さんが思っているほど高齢化社会は暗くはないですね。

Q2

そもそも根本的な問題として、生活困窮者やひきこもりを生みにくい、生まないようにする、そういう町づくり、地域づくりという視点も、これから必要になると思うんですけれど、そういう取り組みに関して何かお考えがあればお聞かせください。

【菊池】生活困窮という話題になると、正直な話、藤里町の場合は所得が低い。そのなかでという話になるんですけれども、私共が生活困窮の家計相談に関わったなかでわかったのは、所得が低いから大変という話ではなかったんですよ。所得はある程度あっても、金銭をきちんと管理できない、欲しい物があれば我慢できない。こういう方の場合が家計破綻をするようです。生活困窮に陥っていくのはそういう方のほうが多かったということがあります。一概に、所得を上げることイコール生活困窮を救うことにはならないと思っております。

【駒村】時代、時代で暮らしにくさが起きているので、抜本的に解決というわけはいかないと思います。貧しいから必ずしも生活困窮とは限らない、いろんな課題を持っているということのようです。

藤里のこの取り組みをどう思ったか。現在、高齢化率44％の町で若い人が2000人いる。2000人のうち113人がひきこもり。オールジャパンの統計を見るとどうなっているかというと、15歳から39歳は日本全国で54万人。人口に占めるひきこもり率は2％少し。ということはこの藤里町の数字がいかに高いのかというのがわかるわけです。一方で、そのひきこもりの人を地域の仕事にいろいろつなげていくということのパフォーマンスの高さ。その点に気がついてもらえればなと思います。

第9章

制度のはざまから社会福祉を見直す

【講義日：2017年1月11日】

大阪府豊中市社会福祉協議会事務局次長兼福祉推進室長

勝部麗子

（かつべ・れいこ）

大阪府豊中市生まれ。1987（昭和62）年に豊中市社会福祉協議会に入職。2004（平成16）年に地域福祉計画を市と共同で作成、全国で第1号のコミュニティソーシャルワーカー（CSW）になる。ごみ屋敷など「制度のはざま」への取り組みが認められ、同社協は2009年度の「日本地域福祉学会　地域福祉優秀実践賞」を受賞。厚生労働省社会保障審議会特別部会委員として生活困窮者自立支援法策定に関わる。著書に『ひとりぼっちをつくらない――コミュニティソーシャルワーカーの仕事』（社会福祉協議会2016）がある。

制度のはざまで苦しむ人々に対して、「決して断らない」というスタンスで支援を続けている勝部麗子さん。阪神大震災後、コミュニティが崩壊した町で、住民と一緒に、もう一度、地域づくりを始めました。講義では、コミュニティソーシャルワーカー制度が定着するまでの道のりをお話しいただきました。さらに、今回、その後の新たな動きについて、加筆いただきました。

意図的に町づくりをしなければバラバラになってしまう

豊中市というのは、人口が40万人、1年間で2万人ぐらいの人が入れ替わる、いわゆる転勤族の人たちがたくさん住む町です。大阪市の北部に面していて、伊丹空港は豊中市にあります。大阪に転勤してくると、豊中市に住まわれる方がたくさんいるという町です。毎年2万人ずつ住民が入れ替わっていきますと、20年たったらみんな変わってしまうというくらい人がどんどん入れ替わる町ですから、意図的に町づくりをしないと本当に町がバラバラになっていきます。自治会の加入率は40%。集合住宅にお住まいの人は66%。つながりの限界集落化した都市です。

とはいえ、2018年の大阪北部地震では、この町の支援が必要な高齢者障がい者1万20

00人を4時間で見守ることができた。これも住民たちのボランティアによるものです。大阪府豊中市では、8000人もの住民がこうした活動に参加しています。この活動を支えているのが、コミュニティソーシャルワーカーです。孤独死を防ぐための高齢者の見守り、ゴミ屋敷、ひきこもり支援など、こうした問題に苦しむ人々を地域の住民と共に支えています。

コミュニティソーシャルワーカーは15年前、大阪府で初めて導入された制度です。豊中市ではこうした意図的なつながりを町づくりの一環として利用しようと考えました。そして、13年ぐらい前からコミュニティソーシャルワーカーという制度を始めました。また、さまざまな制度の「はざま」から地域福祉をもう一回見ていこう、社会保障を見直していこうという取り組みも始めました。そのなかで、これまでなかなかSOSの声を上げられなかった人たちの問題がたくさん見えるようになってきました。そのことを通じて、一人ひとりの個の問題から地域づくりをしていくという取り組みが、現在、国が進めようとしている「『我が事・丸ごと』地域共生社会」[1]を実現していくことになると思っています。

1…制度・分野ごとの「縦割り」や「支え手」「受け手」という関係を超えて、地域住民や地域の多様な主体が「我が事」として地域社会に参画し、人と人、人と資源が世代や分野を超えて「丸ごと」つながることで、住民一人ひとりの暮らしと生きがい、地域をともにつくっていく社会。人口減少、高齢化社会、ひとり親家庭の増加などさまざまな分野の課題が複雑化に絡み合った現状を包括的に支援するために厚生労働省が推進している。

阪神淡路大震災がきっかけに

豊中では、いま小学校区をベースとして地域のなかでの助け合いをしています。そういうエリアを設定しながら、地域の助け合いの組織化を進めてきたのが私たちの取り組みのベースになります。

私たちの町の転機は二つありました。一つは阪神淡路大震災です。私たちの町が一瞬にして大きく崩れていきました。阪神淡路大震災で豊中市は大阪最大の被災地で、17万世帯のうちの1万5000世帯が全半壊をしました。

5時46分、大きな揺れと共に一瞬にして町が潰れる。壁が落ちたり、家が崩れたりというのが、たった数秒の間に起こりました。町が潰れると次はどうなるかというと、避難所に皆が集まります。そのときは自分の町の地域の人たちと一緒に避難所に集まって、「命が助かってよかった」という話になるわけです。

そこから今度は仮設住宅、そして復興住宅へ、皆さん何回も何回も家を引っ越しをしていくということになるのですが、そのなかでいろいろな課題が出てくる。

例えば、障がい者の人たちへの対応です。当時、車上でずっと生活をしていらっしゃるような障がい者の方がたくさんいらっしゃいました。集団生活ができなくてパニック障害を起こすような人たちは避難所には居られずに、全壊家屋のおうちに戻って行かざるを得なかった。子どもを抱えているお母さんは、子どもが夜泣きをするから体育館での生活ができなくて、ずっと外で子どもを抱っこしているような状況が続いた。そして、寝たきりの高齢者の方々というのは、トイレがうまく使えないということで、福祉避難所へどうやって連れていくかということなどを、一つひとつ初めての経験として私たちは行いました。

スタートラインに立てない子どもとの出会い

私は昭和62（1987）年に社協に入職をしました。もともと社会福祉協議会という組織をよく知っていたわけではなくて、大学時代は学校の先生になりたいと思っていました。ところが教育実習に行って、福祉に関心を持ったのです。

実習先の学校では、先生が忘れ物をしてくる子を注意したり、遅刻してくる子どもたちに対してちゃんと学校に来るようにと指導したりする様子を見ました。教育実習の先生というのは子どもたちの年齢と近いこともあって、「何で毎日毎日忘れ物をしてくるの？」と気軽に聞くことができました。たぶんいま考えると、その子たちはゴミ屋敷状態のおうちで、どこに何があるかということが家のなかで管理をされていないようなおうちのお子さんだったのではないかと思います。

遅刻してくる子には、「なんで毎日、遅刻するの？」と聞きますと、「うちはお母さんがシングルマザーで朝まで働いていて、朝起こしてくれない。だから夜中ずっと一人で起きていて、お母さんが帰ってから寝るから、朝、起きられないんだ」なんて話をしていました。いままで言うところの「子どもの貧困」ですが、当時もやはりそういう問題がたくさんあったのです。その教育実習を通して私は、スタートラインに立てない子どもたちがたくさんいるということを実感しました。

スタートラインに立つためには福祉がちゃんと充実するべきだ、ということで、一番厳しい福祉の現場を知るために私は西成、釜ヶ崎という日雇い労働者の町にアルバイトに行きました。関東だと山谷とか寿町とかですね。大学3回生の頃でしたが、そこで見たものというのは、朝からお酒を飲んでその辺で寝転んでいるオジサンたちでした。朝8時に出勤すると、そういうオジサンがたくさんいて、「なんでこんな時間からお酒を飲んで寝てるのよ」と思うわけですけれども、「ちゃんとこの町のことを知るためには、朝3時頃に町に来てください」と先輩に言われました。そこで朝の3時にそこに行くと、そこは日雇いのおっちゃんたちが職を得る「寄せ場」という場所でした。「今日の作業現場、何人必要」とワゴン車に何人かずつを乗せて、そのまま現場に連れていかれる、そういう場所です。

当時はすごくたくさんの人がそこに集まっていました。ちょうど関西空港ができる頃でしたので、1万人ぐらいの人たちがその寄せ場に集まっていて、西成は活気にあふれた状況にありました。3時に人が集まってきて、体が大きい人、元気な人、若い人はどんどん連れていかれるのですけれども、体の弱い人、高齢の人たち、障がいのある人たちというのはそこで残されていきます。我々が出会う8時というのは、それが全部終わった後だったんです。日雇労働者の手配を終えたオジサンや仕事にあぶれたオジサンたちがワンカップ1杯を飲んでいた、3時から一仕事終わった後の姿でありました。

本当のことというのは、もう一歩踏み込んで見ようとしないと見えない。私たちが見ている世界というのは、本当のことではないんです。もう一歩踏み込んだときに、やっとその人たちの実態がわかるということを、この経験をして以降、すごく思うようになりました。

制度のはざまでもがく人々、そして断らない福祉への想い

じゃあ、この人たちは最後に誰が助けるのかというと、それが社会保障です。福祉事務所というところが生活保護で彼らをサポートできるということがわかり、今度は福祉事務所の実習に私はうかがうことになりました。

福祉事務所の実習先で見た現場というのは、例えば、行路病人。[2]行き倒れになっているような人たちを生活保護で救おうと面談を一生懸命して、「あなたはどこから来られたんですか」

「どういう状況でこうなったんですか」と聞きますと、いろいろしゃべってくれるんです。けれども、「じゃあ、明日、生活保護の申請用紙を持ってきますので、書いてくださいね」と病院でお別れして、次の日に病院に行くと本人は行方不明になっている。

なんで行方不明？ せっかくきれいなシーツの上で眠れて、お風呂にも入れて、ご飯も食べられるようになって、なんで逃げていったのだろうと、当時、私はわからなかったんです。でも、そのときに生活保護のケースワーカーの先輩から、「彼が昨日言ったことは、たぶん本当のことではなかったかもしれない。ふるさとの話、それから家族の話、自分のいままでの経過の話。実は言えないことがたくさんあって、そのことを本当に申告していくと、それがウソだということがわかるから、彼は書けなくなって逃げちゃったのかもしれない」という話を聞きました。

言えないことがたくさんある。制度のなかに当てはめていこうとすると、そこからはみ出てしまう問題をたくさん抱えている人たちがたくさんいる。そういうことを知りました。

例えば高齢者の問題。高齢者というのは、いまの制度上では65歳からということになります。そうなると、63歳の人が相談に来た場合には、「あなたは63歳ですから、まだこの制度では対応できません」と帰されます。

障がい者だって、障害者手帳を持っていなければ、障がい者のサービスは受けることができません。いまは一部、例えば高次脳機能障害や発達障害の方々については、手帳を取る前からでもある程度サービスを受けられるよう、だいぶ緩和されてきていますけれども、当時はそういうことはできませんでした。

もっと言いますと、住民票をその町に置いていない人たちというのは、その町のサービスを受けることができない。福祉事務所の実習期間2週間で私が見た福祉というのは、残念ながら窓口で一生懸命当てはまらない問題を断っている福祉でした。断る福祉というのを見たときに、「この人たちは断られたら、その後どこへ行くんだろうか」と思いました。

その後、住民主体で福祉をつくれる組織があるということを知りました。それが社会福祉協議会という組織です。全国の自治体に必ずある組織で、戦後、GHQが民主化政策のなかでつくってきたという経緯はあるものの、住民が自分たちの町の福祉を自分たちでつくれるという、非常に創造的な組織であるということで、私も夢見て入職したのが昭和62年でした。

2…行路は正式用語ではないが「ホームレス」と似た意味で使われる。

社協での挑戦が始まる

そこで入った社協というのが、実は言っていることとやっていることにずいぶんギャップがありまして、現実にはなかなか私が思っていたような社協ではありませんでした。組織の多くが行政からの出向者が管理していて、住民主体という理念の具現には時間を要しました。そこで、できるだけたくさんの人たちの悩み事に向き合い、住民がたくさん出入りするような、そんな組織に変えていきたいということで、そこから私たちの挑戦が始まったんです。

最初に出会ったのが校区ボランティア部会です。平成4（1992）年当時、私はボランティアセンターの担当をしていました。ボランティアセンターというのは、皆さんもイメージがわくと思いますが、ボランティアをしたい人と、ボランティアに来てほしい人たちをマッチングしていくという、そういう役割を担った組織です。

当時、豊中には特別養護老人ホームもデイサービスセンターもありませんでした。高度経済成長期に急速に都市化した町で、幼稚園、保育所をつくることで精いっぱいで、次々学校をつくっていくということをやっていましたので、自分が高齢者になるなんてみんな考えていなかったのかもしれません。そんな町でしたから、「寝たきりになったらどうするんですか」という問い合わせがあっても、「他の町の特別養護老人ホームで預かってもらってください」、こういう対応でずっとやり続けていたという状況でした。

そんなとき団地に住む二人暮らしのおばあちゃんとおじいちゃんからお電話が入りました。豊中市には千里ニュータウンという中高層の5階建ての団地群があります。これは大阪万博の頃にできた人工的な町で、ニュータウンとして最初にできたのが千里ニュータウンです。そこの5階建ての団地に住んでいる方からの電話でした。

「うちのおじいさんが寝たきりになってしまって、団地の4階から下ろすことができません。何とかして下ろしたいんですけれども、どうしたらいいでしょうか。ボランティアセンターの皆さん、ボランティアで助けてくれる人いませんか」という内容でした。

当時まだ、私たちの町のボランティアは、数十名のところからスタートしていましたので、そんなにたくさんのボランティアの人たちがいたわけではありませんでした。しかしそのなかに大学生のラグビー部の子がいました。その子に電話をして、ご主人のAさんをおぶって下ろしてもらった。これが1回目の活動でした。

これはうまくいったんです。Aさんはおんぶされながら下まで下りて、そして病院に行くことができました。何年かぶりにやっと受診ができて、帰るときにまたその大学生の子に来てもらって帰りました。「よかったね」という話で1回目は終わりました。

ところが2回目、今度はいついつ検査結果を聞きに行かなければいけませんとなったときに、またその子を頼んだら、「僕、今日は試合があるので行けません」となりました。あたりまえです、ボランティアですからそんなことはずっと普遍的にやれるわけではないんです。

そのときにそこのおばあちゃんが、「ここはピアノを4階まで上げられたのに、おじいさんが下ろせなくなるとは思いもよらなかった」とおっしゃっていました。そこはエレベーターがない団地[3]です。千里ニュータウンにはそういう団地がいっぱい並んでいた。

社会福祉協議会というのは、誰もが安心して暮らせる町づくりを目指しているとうたって、小学校区ごとに支部[4]をつくっていましたから、そこの代表の方々に、「この地域でこういう方がお困りなんだけれども、どうしたらいいですか」「お手伝いしてくれるようなボランティアいませんか」とお聞きしました。そうしたら、「いや、いまあの人は自治会に入っていないから助けることはできない」、そして「近所づき合いがまずできなかった人、ご近所とトラブルが多い人だから無理です」と言われるんです。「じゃあこの町では一回失敗した人というのは、もう二度と支援することをしないんですか」ということを、社協に入って数年目の青い頃に、一生懸命皆さんにお話をしていました。

3…現在、エレベーターのない公営住宅に住む高齢者の問題は深刻である。階段の上り下りが困難になると病院はもちろん、買い物に行くこともできない。

4…地区社協のこと。地域住民に最も身近な社協として地域の人たちが「自分の地域は自分たちで良くしていこう」という気持ちで、地域住民の代表、社会福祉施設、民生委員・児童委員、保健活動推進員、当事者組織などが会員となり組織されている。

実は困っている人がたくさんいた

こうした経験から、この町では結局、ご近所の人は助けなくて、遠くから電車に乗ったりバスに乗ったりして来るボランティアしか住民を支えることができないのかという思いと同時に、本当にこの団地のなかで困っている人たちはこのご夫婦だけなのだろうか、ということを考えるようになりました、

まず、お困りのAさんを何とかする方法がないかと思ったときに、階段昇降機という階段をキャタピラで上がっていく車いすがあることがわかりました。それで助成金を申請して、階段を上り下りできる車いすを購入して、彼らを支えることを始めていきました。すると、その町の隣の団地からもその隣の団地からもと、あっちからもこっちからも相談がどんどん出てくるようになりました。

結局は、解決力ができると福祉というのはどんどん相談が増えていくということがわかりました。「言えば解決してくれる所にしか相談をしない」ということと、解決策が見えると「相談してもいいんだな」ということで、声を上げられなかった人たちがどんどん声を上げるようになったということです。一人を助けるつもりでやった事業が、多くの人たちを救うことになりました。断らない福祉を展開すると、出口づくりを行うことを考え始める。結果として制度

のはざまのさまざまな課題を支える仕組みづくりを行うことになる。そしていままで見えなかった問題（声なき声）を支えることとなり、社会の課題が社会化していくことになります。

その頃には、地域のなかで、「あの人は自治会に入っていないから支援の対象ではない」と言っていた人たちまでが、実は自分たちの家族のなかにも困っている人がいるということを、だんだん打ち明けてくれるようになりました。そこで、尻押しボランティア養成講座をはじめ、みんなでお尻を押して階段を上がったり下りたりするような、そんなボランティアグループができてきたというのが、平成４（１９９２）年の頃でした。

コミュニティ崩壊で孤独死を経験

そういうことをやりだした頃に阪神淡路大震災が起きました。震災が起きたときに今度は、コミュニティを失うということを経験します。コミュニティの崩壊は、避難所から仮設、仮設から復興住宅と移る段階で起こりました。避難所は知り合い同士、ご近所の人ですけれども、仮設に行くときには体が弱い人、障がいがある人、それから子育て中のお母さんたちというのは優先的に抽選でどんどん仮設住宅に入れましたから、知らない人たちがポツンとそれぞれ新しいコミュニティに入って、仮設で暮らしていくということを経験し始めました。そこで起きたことは何か。孤独死です。人は社会とのつながりがなくなったら死んでいくということを初めてそこで経験します。

いままで声をかけてくれていた人がいなくなり、誰も声をかけてくれなくなって、孤独にどんどん陥っていく。先行きが不安であるということも当然ありますし、すべての財産を失ったなどいろんな思いはありますが、人との関わりがなくなっていくなかで、人が死んでいくということをたくさん経験しました。その頃になって、初めてマスコミは孤独死を取り上げました。さらに、仮設住宅から復興のためにつくった市営住宅に引っ越ししていかなければなりません。その過程で人間関係がどんどん切れて、またそこで独りぼっちになる人たちが増えていきました。そのなかで何が起きたか。孤独死です。

コミュニティを失って人が死んでいくということを見たときに、よく考えるとこの町というのは震災で住民の人間関係が切れたということも確かにありますが、日常的に年間2万人ぐらいの人が入れ替わっている町ですので、日々のなかでもコミュニティを引っ越しなどで失って、孤独になっている人たちがたくさんいるんだということをあらためて考え直しました。

小地域福祉ネットワーク活動を開始——マンション問題への挑戦

そこで震災の翌年、小地域福祉ネットワーク活動というのを始めました。震災でたくさん被害を受けて、家族がとても小さくなってしまった結果、豊中市というのは核家族化率が全国でトップ30に常に入っています。

また自治会の組織率が45％ぐらいまで落ちています。その要因の一つがマンションです。マンションは管理組合をつくっていますけれども、自治会をつくらない所が増えています。マンションにお住まいの率が、いま豊中では66％まで上がっていて、人口密度が全国でトップ8ととても高い。人口密度が高く、地域のなかは「面」で住むのではなく、空間上「上」にいっぱい人が積んで住んでいる町だということです。

そこをサポートするために、我々の町では小学校区という単位で、配食をしたり、サロンをやったり、会食会をしたりというような活動を通じて、地域のなかでコミュニティを形成するという「小地域福祉ネットワーク活動」を震災の翌年から本格的にやり始めました。

当初は、そんなことまでやる必要があるのか、と地域の人々はいろいろとおっしゃっていました。けれども意図的につながりをつくらないと、町のなかがどんどん大変になるということを震災で経験してからは、本格的に皆さんがご協力してくださるようになっていきます。そしてそこを生活圏域にある包括支援センターやコミュニティソーシャルワーカーがサポートするようになりました。

いまは全市的に事業所による見守りを行うようになりました。電気・ガス・水道などのメーターを見る人、新聞配達員の方々、それから配食をしてくださる方々、こういう事業所の方々も見守り協力員になっていただいて、事業を通して見守りをするという体制も進めて、全市的にこういう取り組みが広がっています。

いろいろな見守り方法がありますが、２０１６年の4月から資源ごみの持ち去り禁止条例、いわゆる空き缶は勝手に持って帰っちゃだめだよという条例ができてしまったので、空き缶集めをしていた人たちのなかから生活困窮の人たちを探し出して、支援をするということも始めています。

さまざまな形での見守りの体制をつくっていますが、その一つに校区福祉委員会というのをつくりました。小学校区ごとの見守り、声掛け、個別支援、ふれあいサロン、異世代間交流という取り組みをすべての地区で展開するようになって、地域のなかで相当数の把握ができるようになり、17万世帯のうちの１万２０００世帯の見守りができるようになってきました。

かなりいい線まできたと私も思っていたのですけれども、そこでまた新たな課題が出てきたんです。というのは、まず一人暮らしの高齢者を見守りましたが、見守っているうちに、「老老介護が大変じゃないか」ということをみんなが言い出したのです。

老老介護のなかには、「認認介護」――認知症の人が認知症の人を見ているようなおうちもたくさんありますし、「８０５０」――80代の親と50代の息子が同居していて、息子さんがずっとひきこもっているというようなおうちを見つけてきたりと、いままでは福祉の対象になりにくかった人たちだけれども、見ていると心配だという人たちがいろいろ出てきました。

見守りのなかからこういった気になる人を見つけて市役所に相談しに行っても、担当部署が決まっていません。例えば、ゴミ屋敷の問題というのは、環境部に相談に行っても環境部の方に、「ご本人はそれをゴミと言っていますか」というふうに返されます。「いや、本人は宝と言っています」。そうなると、「じゃあ本人がゴミと言わなければゴミではありませんので、ゴミの問題としては取り上げることができません」と断られてしまいます。

ホームレスの問題も、ホームレス自立支援法ができる前に相談があがってきたときは、地域で一生懸命見守っていました。ところが、「公園にいま、ホームレスの人がいるんですけれども、どうしたらいいでしょう」と市役所に電話をかけると、「公園みどり課にかけてください」と言われます。公園にいるけれど、その人は人ですから、歩きます。「いま、道に行きました」と言うと、「道は国道ですか、府道ですか、市道ですか」と聞かれます。管轄がどこかということで、それぞれ割り振られていきます。それがもし国道だったら、国交省にかけてください。それが市の道だったら、市の土木にかけなさいと言われて、そこの土木の担当者が「ここにいたら困りますよ。あっち行きなさい」、今度府道のほうに行くと、府の人がまた「こっちに行きなさい」とやっている。これは生活支援するということではない。縦割り、たらい回しということが横行していたわけです。

コミュニティソーシャルワーカーの誕生

私たちの町は震災から後、「我が事」として地域の問題を考える人たちを一生懸命育成してきましたが、受け止める側のほうの「丸ごと」のほうが「丸ごと」ではなく縦割りだった。「この問題はうちじゃありません」「うちじゃありません」と言われてしまうと、地域の人たちはだんだんまじめに見守ることをやらなくなります。やってないわけではないけれど、本気で見なくなり、見て見ぬ振りをし始めます。これが震災から5年ぐらいたったところの私たちの町の様子でした。

全国の住民が「自分たちの町の課題を我が事」として捉え発見しても、行政機関のほうが縦割りで「丸ごと」ちゃんと解決してくれない。そうなると住民というのは、「そこまで真剣に自分が見守るから忙しくなる。やっていないわけではないけれど、本気でやるのはやめとこうか」というような、形骸化していく見守りの組織が増えていくということを実感しました。

そこで平成16（2004）年、地域福祉計画というなかで、コミュニティソーシャルワーカーをつくりました。これが私たちの町の二つ目の転機です。

全国で初めて「はざま」の問題を引き受ける制度です。すごくおもしろいですね。はざまの問題を引き受けるということは、はざまですから、対応できるサービスはありません。制度がありません。ですから、その制度がないものを我々がご相談を受けて、どうやって解決するかというと、行政と市民が力を合わせて、あるいは事業所の方々、いろいろな人たちの力を総動員して、問題を解決できるようなルールをつくったり、そして解決できるような連携を考えていくということを始めていきます。それと合わせまして、こういう問題解決をしていく仕組みを豊中市のなかにつくりました。

さらに、「福祉何でも相談窓口」という、市民がいろいろな活動で相談事があったら、ここに来ればいいという組織もつくりました。これは住民が相談窓口を運営している「我が事」です。つまり自分の問題として、住民の方々が発見に関わるということです。

待っていても相談に来ませんので、いま何をやっているかというと、「ローラー作戦」です。つまり全部の地域を見て回るという活動です。一軒一軒聞いて歩くということや、ご近所で心配な方々の問題があったらアウトリーチをして、ご近所の相談を一緒に聞くということを住民自らがやることとなったわけです。そして、いろんな心配事があると、我々コミュニティソーシャルワーカーにつないでいただく。そして解決できる問題、解決できない問題というのを、いろいろと精査をしながら、「地域福祉ネットワーク会議」で協議します。

豊中市の地域福祉ネットワーク会議とは、行政のなかでも、高齢、障がい、児童、環境、それから医療、警察、消防、さまざまな人たちが関わり、住民の代表者と施設の代表者、みんなが集まる会議で、これをエリアごとにつくっていきます。

一般的なネットワークは、高齢者だけ、障がい者だけ、なんですけれども、このネットワーク会議ではこれを、丸ごと一緒に協議します。ですから、いろいろな世帯の問題が、例えば、おばあちゃんが認知症で息子がひきこもりで、DVがあったりという、一つの家族のなかでたくさん問題が起きていますので、このネットワーク会議のなかですべて一緒に話し合えるという体制をつくりました。

そして解決できない問題は、ライフセーフティネット総合調整会議という、市の課長を構成メンバーとする会議に我々が情報提供して解決に向けて協議するという仕組みをつくることを始めています。

制度のはざまの課題から解決のためのプロジェクトを住民と一緒につくる

私たちは困りごとを解決するためのさまざまなプロジェクトを住民の皆さんとつくっていきました。最初につくったのが「福祉ゴミ処理プロジェクト」、ゴミの問題を解決するプロジェクトです。ゴミの問題は、誰が分別して、誰がそれをゴミ清掃局まで運搬して、その費用負担は誰がするか。この3つのことが解決しないと一歩も前に進みません。そこで住民と共に分別して、その運搬については市の担当者に来てもらえるようにして、その費用を住民の方々やいろいろな方々の寄付金で賄(まかな)うというやり方をしています。こうした方法で、15年間で550軒のゴミ屋敷の片づけをしています。

ゴミ屋敷条例などが全国でできていますが、条例をつくったところでも、実行されているのは1軒、あるいは2軒あるかどうかということですから、550軒もの片づけが行われて、その後、また元に戻らずに、そのままで普通に生活をしているというところはほとんど例がないということで、多くの方々が私たちのところに視察に来られたりもしています。

次に「徘徊SOSメール」という、徘徊する高齢者を携帯電話の一斉送信で地域ぐるみで捜すという仕組みを10年近く前につくりました。

これは個人情報を流すことになるので、どうなのかということはずいぶん議論がありました。行政は個人情報は流せないと言いましたが、命に関わる問題なのだから家族が流してほしいと言っている情報に関しては流してもいいのではないかと当事者は言いました。

そうしたやり取りがあって始まったプロジェクトですが、今度は住民のほうが行政に対して物申しました。それは時間制限についてです。当初、メールを配信できる時間は朝9時から夕方5時15分まででした。しかし、だいたい夕方から徘徊が始まるのに、そんな時間だったらやっても意味がないのではないかと言い出したのです。

0か100か、○か×かという議論はやめて、できることから一個一個積み上げていくというなかで進めていきましょうということで、この徘徊メールも行われました。１５００人ぐらいの方々が町のなかで一緒に捜してくれる人、つまりメールの配信先として協力してくださって始まりました。いまでは２０００人以上の人が登録し、徘徊の連絡が入ると地域ぐるみで捜索できる体制ができております。

こうして15年間で50以上のプロジェクトが立ち上がっていきました。次々と課題が出てくるたびに解決策をつくっていく。ＳＯＳを出してくれた「はざまの問題」から仕組みができるということを続けていきました。私が最初に千里の団地で階段を下りられなかった人たちを階段昇降機で助けようとしたら、実は同じように困っている人がたくさんいたように、はざまの問題でＳＯＳを出してくださった方々がいたからこそ、そういう問題を次々と解決できるようになったということです。

裏返しますと、「はざまの問題」を断っていた福祉だったら、そういう問題は見えないことになっていた。町のなかで必要性があるのに窓口のところで断っていたから、そういう人たちの声は上がらなかったということです。いま、それを受け止めることになったために、いろいろな問題を解決できるような、しかもそれを行政だけではなくて、市民と共同で解決していくということができるようになってきているということであります。

困った人に見えている人は、困った問題を抱えている人

孤立がまた問題を繰り返させます。これには社会的孤立へのアプローチが大切です。ここで「はざまの問題」を解決した例をご紹介します。

脳梗塞の後遺症で半身まひとなった50代のBさんは、仕事を続けられなくなり退職。同居していたご両親も相次いで亡くなり、一人暮らしになりました。その後Bさんは自暴自棄となり、自宅にひきこもって酒におぼれた生活をしていました。近隣の人たちは、彼を「困った人」と見ていました。

ある日、Bさんが家のなかで倒れているのを近所の人が発見し、コミュニティソーシャルワーカーに連絡が入ったんです。訪ねてみると、家にはゴミがあふれ、孤独感と将来への絶望から、Bさんは自暴自棄になっていました。そこで地域のボランティアとすぐにゴミを片づけることにしました。そして生活再建のために介護保険サービスを利用して、ヘルパーに定期的に来てもらうことにしました。ところが、Bさんは全くヘルパーを家に入れようとしない。困り果てたケアマネジャーから、再度コミュニティソーシャルワーカーに相談が入りました。

早速、私はBさんを訪ねました。そして、「なぜ、サービスを受け入れて生活改善を図らないのですか？」と聞くと、Bさんは「会社を起業したい。人の役に立ちたい」と話したんで

す。半身まひになっても、Bさんはまだ50代。働かずにヘルパーの世話になりながら暮らしていくことに、抵抗感を持っていたのです。しかし、事業を起業するという希望は、とてもこれまでのBさんの暮らしぶりからは想像できないものでした。これまでも、Bさんに協力してくれる人はいなかったといいます。

けれども私たちは、考えた末、本人の意思を尊重し、Bさんの夢に協力することを約束しました。それから、就労に向けた支援が始まったんです。

起業するには、お酒を断つ必要がありました。定期的に居場所に通い、パソコン作業などをしながら生活習慣を整えていきました。働く目標ができると、Bさんはお酒を飲まなくなりました。そして、本格的な就職に向けた支援が始まりました。

しかし、50代で身体障害もあるBさんの就職への道のりは厳しいものでした。そんななか、またBさんは自暴自棄になってアルコールに手を出してしまったのです。周囲の人たちは、再三繰り返されるアルコールへの依存にほとほと手を焼き、支援の輪から離れていく人もありました。アルコール依存は人間関係を切っていく病気です。そして孤立していく。だから人の輪でしか解決が図れないんです。私たちコミュニティソーシャルワーカーは、人生をあきらめかけている人を支援しているのですから、私たちが先にあきらめるわけにはいかない。いつも本人のやり直したいという気持ちを確認し、支援を続けました。そしてやっと、週4日の仕事に就くことができたのです。

就職が決まった日、Bさんの頑張りを見守ってきた地域の人たちが、手づくりの料理で就職祝いをしてくれました。そのなかには、初めは彼を「困った人」と見ていた人もいましたが、次第に頑張り続けるBさんを応援する人に変わっていたのです。Bさんは、地域の温かな人たちに見守られながら、一人暮らしを続けることができました。

私は、本人を支えることもさることながら、地域の人たちが、Bさんのような人たちを排除するのではなく支えてくれる優しい地域になることこそが、大切なのだと考えています。このように人生をあきらめかけている人（セルフネグレクト）を目の前にして、私たちが先にあきらめてしまうと彼らの未来が途絶えてしまいます。ですから、私たちはあきらめるわけにはいかない。人間関係の貧困にはその人を徹底的に信じる最初の一人になることが大切であり、尊重こそが本人の自尊感情を引き出していくことになります。さらに、その人の支援を通じてその人を支える人間関係を増やしていくことになるのです。

一番厳しい人を見捨てる社会はみんなが見捨てられる可能性のある社会

困った人に見える人は間違いなく困っている問題を抱えています。認知症や、ゴミ屋敷状態の人や自暴自棄に振る舞う人、児童虐待のような状態に陥っている人。これらの困った人は物の管理ができなくなったり、発達障害で片づけができなかったり、人間関係が結べなかったり、病気と育児と生活に追われ、誰にも相談できないでいる人たちかもしれません。

ここでコミュニティソーシャルワーカーの立ち位置が問われます。私たちが地域の人たちの倫理観になります。福祉教育の教科書になります。私たちが排除の行動をとれば、きっと地域の人はそういう行動が正しいと考えてしまうでしょう。セルフネグレクト状態になりたくてなる人はいません。社会が、彼らを排除するなかで孤立を進めていきます。コミュニティソーシャルワーカーは、住民の地域活動をつくり出していくこともさることながら、一番状況が厳しい人を決して排除しないという態度と覚悟が問われます。

しかし、地域には二面性があります。それは、彼らのことを理解できれば優しいですが、理解できない場合は厳しく排除するという側面です。一般論の犯罪者であれば、再犯を危惧し、排除してしまいます。しかしそうではなく、その人自身の境遇や背景を知るなかで、誰にでも起こり得る可能性があるという「我が事感」をいかに社会に広げられるのか。

だからこそ、「一番厳しい人を見捨てる社会は、みんなが見捨てられていく可能性のある社会につながっている」という視点を、地域へ発信していくことが大切だと考えています。「知ることによって優しさが生まれる」のです。その人の背景がわかれば、もっと地域は優しくなれると確信しています。そのためにも、周囲にとって「困った問題」に目を向けるのではなく、その人の困った課題に目を向けて寄り添うという支援と、その人が社会参加できる居場所や役割をどう構築していくのかが問われています。

最後に、これからの地域共生社会の実現は、①一人も取りこぼさない、②すべての人に居場所と役割を、③排除から包摂へ、④支えられていた人が支え手に変わるという新たなステージへと進んでいくでしょう。そのためにも、コミュニティソーシャルワーカーが地域側へアプローチをし、「制度のはざま」に寄り添い、住民と共有し、社会の不足する課題を見つめ、新たな予防的取り組みや多様な就労支援、社会参加の場をつくっていくことなどが孤立を防ぐことにつながっていくと考えます。「制度のはざま」に地域住民が向き合うことで、いまの社会福祉の課題に気づく、ここから地域共生社会は動きだすのだと思います。

第10章

生活困窮者と家計相談支援

――野洲市が取り組む相談支援

【講義日：2018年1月17日】

滋賀県野洲市市民生活相談課長

生水裕美

（しょうず・ひろみ）

1999年4月から野洲町（2004年合併により野洲市）の消費生活相談員（非常勤嘱託職員）、2008年より正規職員。内閣府の「社会保障改革に関する集中検討会議」、厚生労働省の家計再建支援モデル調査研究事業、生活困窮自立促進（社会参加）プロセス構築モデル事業統括委員会などの委員を務める。社会保障審議会臨時委員（生活困窮者自立支援及び生活保護部会）を歴任。共編著に『生活再建型滞納整理の実務』（ぎょうせい）がある。

滋賀県の湖南に位置する野洲市[1]は人口5万人の町です。生水裕美さんは、旧野洲町時代の平成11（1999）年に消費生活相談窓口の新設に伴い消費生活相談員となりました。その後、市役所の正規職員となってからは「くらし支えあい条例」をつくり、困窮者支援にも携わるようになりました。家計相談や消費者問題対策などで先端的な取り組みをしている野洲市の、消費相談窓口の最前線や生活困窮支援の様子をお話しいただきました。

1…平成16（2004）年10月に人口3万6000の野洲町が中主町（ちゅうずちょう）と合併し人口5万人の野洲市になった。

相談の価値――相談を通じて自己肯定感が芽生える

相談支援をするうえでの一番の課題は、ほんとうに相談が必要な方々にどう相談支援をお届けできるかということです。疲弊している方、生活が苦しい方、困窮されている方は情報も伝わらないし、相談に行ってもどうせ無駄だろうと思ってあきらめている。だからこそほんとうに相談が必要な方ほど、相談が届かないんです。そういった方にどうやって社会保障制度を届けていくか、ここのところを一番の課題としています。今日はその課題に対してどのように地方の現場でやっているかをお伝えできればと思っています。

特にいまからお話しする消費生活相談は、「真実がどこにあるのか」ということを探す作業で、たとえればジグソーパズルをバーンと投げて最後のピースが当てはまるまで、誰が言っていることが正しいのかを探していく作業です。

消費生活相談をやって真実を追求していくにつれて、相談者が強くなっていくことを実感します。悪質業者の被害に遭うと、最初は皆さん、自分が悪いと言うんです。だまされた自分が悪いんだと。けれども相談を繰り返して逃げずに問題に立ち向かっていくと、皆さん、自己肯定感がどんどん芽生えてきます。

消費生活相談から悪質リフォーム詐欺を解決

例えば、平成16、17、18（2004、05、06）年に被害が多かった事案に「悪質リフォーム詐欺」があります。点検商法と称して、まず家のマンホールの点検をやっていく。その点検のついでに床下点検を無料でしてあげようと言って、床下に潜り込んでいくんです。潜ったなかで、「床下に湿気が多いので、このままでは家が腐ってしまう、畳も傷んでしまう、家が潰れてしまう」と言う。詐欺的な手法ですね。危ない話をして巧みに契約をとりつけていく悪質リフォーム詐欺の事件がものすごく多かったんです。

雑な施工の一つの事例を紹介します。

70歳、一人暮らし、天涯孤独の女性で、家族は誰もいないし、結婚していないし、子どももいない。こういう方が野洲市に一戸建てを購入されて引っ越してこられたんです。とても家を大事にされていて、半年前に床下リフォームの工事の契約をしました。床下調湿材80万円と床下換気扇120万円で合計200万円です。床下点検から始まって、このままでは家が腐ってしまう、潰れてしまう、畳が傷むと言われ、大事にしている家だからこれは大変だというので、200万円の契約をして現金で全部払ってしまったんです。

相談に来られる5日前に、今度は基礎のひび割れの補強工事を50万円で契約しました。これは半年点検と称してやってきた業者に「基礎にクラックがある、ここのところを補強しなければ家が潰れてしまう」と言われて、契約をしました。この契約をした5日後にご相談に来られたんですが、「業者がこの50万円については解約できないと言っている、どうしよう」という相談だったんです。そこで聞き取りをすると半年前からこういった契約をしていることがわかりました。

すぐに解決のために連携しました。まず消費生活センターが業者に連絡をしていきます。こういった相談があります、こういった話があります、事実はどうでしょう、と状況を聞いていきます。そして解約交渉をするのですが、私、この電話のときに「ババア」とか、ぼろくそに言われたんです。当時の業者はものすごくガラが悪かったんですね。

その業者は「うちは絶対に詐欺ではない、うそを言っていない」と言い張るので、床下の状態を調べてもらうため公益社団法人日本しろあり対策協会にお願いして床下調査をしてもらったんです。この調査書をもとに弁護士に頼み込んで、もし解決できたら解決金のなかから支払っていただきましょうということで、着手金をとらずに受任いただきました。

ところが業者は全然話し合いに応じてこないので、裁判になりました。結局、勝訴しまして、全額お金を取り戻すことができたんです。基礎ひび割れ補強の50万円についてはもともとクーリング・オフによる無条件解約をしたので、お金を払わなくても済んだんですが、払ったお金を取り戻す作業というのはものすごく難しいんです。この裁判で２００万円、全額回収しました。

そのときには、泣いてばかりだった相談者がほんとうに強くなったんです。最初、相談に来られたときは、もう小さくて、つらそうで、ほんとうに自信がないような感じだったんだけれども、だんだん元気が出てきて、裁判のときには堂々と、「私はこう言われました、ああ言われました」と証言されました。

最後、お礼を言いに来てくれたときには口紅まできれいに塗って、「生水さん、最近、婦人会に行っているのよ。いろいろ誘われるわ」と明るく強くなっていました。相談を通じて、皆さん、どんどん強くなっていかれます。最終的には裁判に勝ちましたので、すぐに新聞が報道しました。県も行政処分をしてくれました。新聞報道はするわ、行政処分はするわということになると、警察が「これはいかん」とすぐに対応があり、被害届を出しました。結局、業者の息の根がとまり、その会社は解散となりました。

一つの相談を解決するだけでは、次の被害が出ます。被害を未然防止、拡大防止するにはとことんやっていきます。さまざまな情報を世の中の人に知らせて、ここには気をつけてくださいい、ここはだめですよということを伝えていく。これが大事なんです。それが法律改正にもつながっていくのです。法律が改正されてどんどん厳しくなったことで、当時のような悪質リフォーム詐欺はいまは本当に少なくなりました。

消費生活相談にはPIO-NET（全国消費生活情報ネットワークシステム）というのがあります。これは全国の自治体にある消費者センター、中央省庁等とつながるネットワークシステムです。そこに年間約90万件の情報が登録され、同種事例はあるか、被害をどう未然に防止すればいいか、法律改正していけばいいかということが検索閲覧できます。

私たち相談員は、日々このPIO-NETにラブレターのように情報を送っています。こんな相談があった、こんなふうに被害が出ていますということを国に届けています。現場が国の仕組みを変える。まさしくこのPIO-NETの情報が国を動かしているのです。

消費生活相談がヤミ金融対策法成立に一役買う

私が相談員になった平成11（1999）年頃はヤミ金の相談がものすごく多かったんです。いわゆる無登録の業者がお金を貸して、ほんとうにひどい高金利でお金を巻き上げていく。当時（平成11年、12年、13年頃）は、警察は民事不介入、借りた者の責任だということで全然対応してくれませんでした。私が何度被害を報告しに行っても、対応してくれなかったんです。ところがその間に被害がどんどん拡大していきました。

自己破産をした方の名簿は官報という新聞に載ります。それを見てヤミ金業者は、その住所にダイレクトメールを送ってきます。1・1%とか0・3%といった嘘の金利を書いて、どんどん自己破産者にお金を貸していくという手口でした。

警察がなかなか動かなかったため事態は悪化していきました。平成15（2003）年6月14日に八尾（やお）市でヤミ金心中事件というのが起こったんです。これは高齢者3人が八尾市にある踏切に飛び込んだという悲惨な事件でした。この事件の報道をきっかけに、ヤミ金がどんなにひどい犯罪行為であり、これは借りた人の責任ではなくて社会問題なんだということがわかってきました。これによって借金は自己責任だ、民事不介入だと言っていた警察が動きだしました。そして、暴力団をはじめとする犯罪者グループが根こそぎ捕まりました。

この事件が6月14日。その1カ月余り後、7月25日に議員立法でヤミ金融対策法が成立しました。そして被害がこれ以上広がらないようにするために、罰則強化規定などは9月1日から施行されるなど、素早い対応が図られました。

現場の事実を知ることで世の中の意識が変わって法律が変わります。どんどんそういった情報を伝えていくことが必要です。現場で知った者の責任として「伝えること」の大切さをこの事件を通して学びました。

こうした多重債務問題をきっかけに金融庁と一緒に仕事をすることになり、平成18(2006)年、貸金業法というお金の貸出金利などを決める法律を改正するに当たって、いろいろとお手伝いさせていただきました。そのときにわかったんですが、官僚たちはとても賢い人たちなんだけれど現場を知らないんです。だからこそ現場ではどんなことが必要で、何が大事で、どんなことが起こっているのかということを伝えていきました。すると、伝えたことがすべて制度になっていったんですね。これはすごいなと思いました。だからこそ現場の声を伝えるという責任を痛感していったということです。

消費者庁設立にあたっても現場の声を伝える

平成20(2008)年に自民党の消費者問題調査会で、消費者庁をつくるにあたりどんな検討をしようかという勉強会があったんですが、そこに呼ばれました。そこで私は、「国にいくら立派な消費者庁をつくってもダメです。地方の消費者行政を元気にしなければ何にもならない」と訴えてきました。消費者庁が平成21（２００９）年にできるんですけれども、その年の5月の参議院消費者問題に関する特別委員会にも呼ばれました。そこで、松井孝治議員（当時）から「地方消費生活相談の現場で一番大切なものは何ですか」と聞かれましたので、「職責に応じた権限が必要」だと伝えました。

実は消費生活相談員のほとんど、99・9％が非正規なんです。非正規職員なので身分が不安定です。けれども職責はすごく重いんです。業者と交渉して被害回復のためのお金の問題に関わります。だからこそ職責に応じた権限がなければ仕事を全うできませんということを伝えてきました。その後平成28（２０１６）年、法律が改正されて消費生活相談員の資格が国家資格になりました。

私自身は嘱託相談員から平成20（２００８）年に市の採用試験を受けて正規職員になりました。正規の職員になって一番大きな変化は何かというと、権限を持つことができたということです。予算を要求できて事業計画を立てられて、そして運用できる。この権限がある、ないでは全く違います。公務員というのは権限があるからこそ制度をつくっていけるのですから、その制度をつくらなければもったいないと思っています。

「社会的孤立」の概念を入れた野洲市の生活困窮支援

次にこうしていただいた権限を生活困窮支援につなげていくお話をしていきます。

琵琶湖の湖南に位置する野洲市は非常によいところで、人口約5万人、高齢化率は25%。大体、全国平均並みかと思います。平成16（2004）年にリフォームした市役所の正面玄関を入っていくとすぐ右手に市民生活相談課があります。非常にわかりやすい場所にあるんです。相談業務というのはひっそりした場所にあることが多いんですけれども、野洲市は玄関を入ってすぐ右という「市役所の一等地」にあります。

玄関を入って左側に「やすワーク」があり、これはハローワークの機能を市役所に持ってきました。その隣に半個室のブースがあり、ここに相談者をご案内して職員が相談者をたらい回しにしないように対応しています。正面玄関から入って15歩で市民生活相談課にたどり着けて、福祉事務所と税（税務課と納税推進課）との間に市民生活相談課があるという、連携するにはとてもいいポジションだと思っています。

私が職員になって権限を得ることができて、この権限を使ってやった仕事の一つに平成28（2016）年6月に公布され、同年10月に施行された「野洲市くらし支えあい条例」があります。これは消費者行政と生活困窮者支援、この二つを包括的に取り入れた条例です。消費生活条例[2]に、生活困窮支援も取り込んだのが特徴になっています。

理由としては、高齢者の消費者被害の背景に実は認知症や社会的孤立があったり、多重債務の背景に貧困や失業があったりするからです。相談の背景にまで目を向けて、その方の生活全部をまるごと支援していくということが必要なのです。そこで野洲市はこのくらし支えあい条例のなかに、消費者行政と生活困窮支援を包括的に取り込んだのです。

今日、お話ししていくのがそのうちの生活困窮支援の部分です。条例の第2条で「生活困窮者等」とは「経済的困窮、地域社会からの孤立その他の生活上の諸課題を抱える市民」と定義しました。

生活困窮者自立支援法[3]という平成27（2015）年4月1日から施行されている国の法律があります。この法律上の生活困窮者の定義は「経済的困窮」なんですね。いわゆる経済的に困っている方を対象にすると。けれどもひきこもりやゴミ屋敷、そうした社会的孤立の問題を抜きにして相談対応はできません。だからこそ野洲市は「くらし支えあい条例」のなかの生活困窮者等の定義を、「地域社会からの孤立その他の生活上の諸課題を抱える市民」とし、とにかく困っているという方があれば全部対象にすると定めました。

そして第23条、これは私が一番好きな条文なんですが、「市は、その組織及び機能の全てを挙げて、生活困窮者等の発見に努めるものとする」と入れております。全部で28条でできた条例なんですが、そのうちの23条にこれを入れ込みました。

条例というのは市を縛るものです。市の職員に対して、ちゃんと働きなさいということを縛る役割と、市民へのメッセージにもなります。だからこそこの23条で、野洲市はどういった考えでこの事業を行っていくかということを、ちゃんと伝える必要があるだろうと思って入れました。

2…消費者保護のための地方自治体でつくる条例。
3…未だ生活保護の対象にはならない生活困窮者に対する法律。生活困窮者とは、現に経済的に困窮し、最低限度の生活を維持することができなくなるおそれのある者をいう。改正生活困窮者自立支援法（平成30年10月1日施行）では、定義規定に「生活困窮者とは就労の状況、心身の状況、地域社会との関係性その他の事情により」が加えられた。

生活困窮者への野洲市の支援

では、この23条に基づいて、野洲市がどのような支援をしているかということをお話ししていきます。

市民は生活していくなかでいろいろな費用を市役所に支払っています。ただしその請求は担当課からバラバラに来ます。クレジットカードの明細はまとめて来ますから「こんなものを買ったな」とわかりますが、市役所からの請求は違います。水道料金は上下水道課、給食費は学

税の滞納の督促状に相談窓口のお問い合わせを明記している

校教育課、市営住宅の家賃は住宅課、国民健康保険税や軽自動車税は納税推進課……といった具合です。そのため借金がたくさんあったり、税や使用料の滞納をされたりしている方は、いま自分がどこにいくらの滞納があるのか、なかなか把握することが難しい状況になっています。

そこで野洲市では税滞納の督促状を納税推進課が送るときに、ピンク色のチラシ（403ページ）を一緒に入れて送ってもらっています。

それでもなかなか連絡がない人には、ちゃんと目にとめてもらうように黄色い封筒に、「重要」「至急開封をお願いします」と明記したものを送っています。ほとんど海外宝くじのような、ちょっと悪質系の郵便のようですが、「借金がある方はご相談ください」という、このチラシを見てご相談につながるケースが多いですね。

このポイントは、連絡先、お問い合わせ先の1番が市民生活相談課、2番が納税推進課になっていることです。この二つが連携しているからこそできることで、相談は税金納付の納税推進課ではなく生活相談である市民生活相談課にという意味が含まれています。

税金や公的サービスの使用料を滞納している場合、相談したいと思っても市役所に行くと払ってと言われるのではないか、怒られるのではないかと怖がられます。ですから相談というのはものすごく勇気が要るんです。

ピンクのチラシを見て納税推進課に相談に来られた場合は、先ほどお話ししたブースに案内します。そして借金の相談のようだから来てくださいと、市民生活相談課にオファーが来ます。そこで相談員がブースに出向いて相談を聞いて、一緒に借金、滞納を解決しましょうと言っていくんです。

「わかりました」と言われることは、まずないです。大体ここからが勝負です。お金をたくさん借りていて返すのが苦しい、大変だと言っても、長く借金生活をされている方ほど債務整理をしていくことに対してすごく怖がられます。なぜかというと、借金を整理するともう借りられなくなるんじゃないか、家族に迷惑をかけるんじゃないか、といったいろいろな不安があるので、そういう方ほど相談することを躊躇されます。

だからこそ、この段階で「借金を整理することはあなたにとって、とても大事です。一緒にお手伝いをさせてください」と懇々と丁寧に説明していきます。この説明に、長い場合は2時間、3時間かかります。そこで、「わかりました、じゃ、やっていきます」と言っていただけたら、個人情報の同意書をとっています。

野洲市は相談申込・受付表というものをつくっていて、これが生活困窮者自立支援法に基づく申込用紙にもなっています。その申込用紙の下に個人情報取り扱いの同意書の欄があります。内容は、「私は、野洲市が実施する生活困窮者等支援事業に関し、生活困窮状態の解消と生活の再建の目的のために限り、野洲市市民生活総合支援推進委員会要綱別表の委員において、私の個人情報を収集し、保有し、利用し及び提供すること並びに外部（弁護士、司法書士、社会福祉協議会、公共職業安定所その他目的を達成するため必要となる者及び機関）に提供することに同意します」というものです。

私はこれまで相談業務を19年やってきましたが、こういった同意で拒否をされた方はおりません。それは、「あなたがここで相談をして借金の整理をしていくこと、生活再建を一緒にやっていくことはとても大事なことなんです」という説明をしっかりと最初にしているからだと思っています。それを理解してくださっているからこそ、同意をくださっています。

同意書をとったらすぐに担当部署で情報を共有します。

住宅課は市営住宅の家賃、上下水道課は水道料、学校教育課が給食費、納税推進課が市・県民税や国民健康保険税、軽自動車税、保険年金課が後期高齢者保険料、こども課が保育料、高齢福祉課が介護保険料、と市役所には使用料や税金を徴収する課がたくさんあります。相談者が何を滞納しているかわからないので、市民生活相談課でその滞納情報を調べてもいいか、調べた情報をこのメンバーで共有してもいいかという情報の共有化をしていきます。また、同意書のなかの情報提供者に、弁護士や司法書士、そして社会福祉協議会が含まれているのは、弁護士、司法書士には今後債務整理などをお願いしますし、社会福祉協議会は金銭管理など権利擁護やお金の貸付事業もしているからです。

このように情報の共有化と第三者提供という、かなり包括的な同意書となっているのには理由があります。私は平成21（2009）年に多重債務者支援プロジェクト[4]をつくり、多重債務の相談支援から家計相談支援を始めました。このときに整備したのがこの同意です。かなり包括的な同意なので問題はないか総務省に相談をしました。その結果、税の滞納情報を生活困窮者支援に活用することについては、同意をとるなどの留意点を押さえたことであれば、積極的にやってくださいということになりました。そして、総務省の自治税務局市町村税課長と地域力創造グループ地域政策課長名で、平成23（2011）年3月3日付で、全国の自治体に「生活困窮者対策等における税務情報の活用について」という題名で、困窮者支援に税務情報の取り扱いについて留意すべき点を整理したうえで、活用してもいいという通知を送ってくださっています。私はその日付からひなまつり通知と呼んでいます。

4…生活困窮者が増加している現状に対応するため、税等を滞納している市民が借金問題に悩んでいないかどうかを尋ね、そのような事態がある場合には、行政の総合力を大いに活用して市民の生活困窮状態を解消し、健全な家計を取り戻すとともに生活再建を目的に行うというプロジェクト。

相談によって滞納請求を一括化し課題を整理

こうして、相談をしてくださることで、いままでバラバラと請求していたものを止めることができます。いったん止めて、その方の家計状況、借金がほんとうはいくらあって、どれくらいの収入があって、どういう生活をされているのか、家計の収支を見ていきます。そして、それぞれの滞納に対してどれだけの分納、分割で払っていけるかという計画も立てていきます。そうした計画を立てるまでは、滞納請求、いわゆる請求書を市役所から送ることを止めて、大体2カ月ぐらい、静かな環境にしていきます。

さらに聞き取りをしていきます。家族は元気ですか。例えばお父さん、お母さん、高齢の方がいたら、ちゃんと介護サービスを受けていますか。子どもさんがいたら、学校へ行けていますかと。その人だけではなくて世帯丸ごと、家族のこともお話を聞くようにしています。

それから課題の整理をしていきます。まず税金滞納がある、給食費も払えない、借金がある、収入が低下している、市営住宅の家賃も滞納、妻がうつ状態、生活費がない、家計の見直しも必要だ、そして食料がいまない……。こうして相談者とお話をしながら、その方の家庭、家族に関してどんな課題があるかということを整理していくんです。

実はこれがとても大事な作業で、疲れ果てている相談者、困窮されている方は、いま自分がどんな状況に置かれていて、何に困っていて、何が問題で、今後どうしていったらいいかということを考える余裕もないんです。

ところがこの相談を通して一緒に整理していくことで、相談者自身も自分はこんなことに困っているのか、いまこういう状況にあるのか、いま収入はこんなに少なくて、でも借金はこんなにたくさんあったのかということなどを理解していきます。

特に債務相談の際、いくら借金がありますかと聞いても、即答できる方はいないんですよ。200万円ぐらいかなと言われて調査をすると400万円あるとか、皆さん、正確に理解されている方はいない。だからこそこうした課題の整理を一緒にすることで、相談者自身でどうしていったらいいかということを一緒に理解していく。それはとても大事な時間なのです。

そうして課題をスクリーニングをして、これは相談者だけで対応できる問題じゃない、これは生活困窮者自立支援法のなかで定められている相談事業で、自立相談支援機関が継続して支援をしていく必要性があるとなれば、そこからプランを立てていきます。

その前に緊急支援が必要となれば対応していきます。例えば住宅の家賃を払わないと追い出されるかもしれない、食料がないとこの人は飢え死にするかもしれない、ということであれば対応していきます。

この食料支援のために野洲市の予算3万円を獲得しました。この3万円を獲得するのがものすごく大変だったんですが、この予算で食料をストックしています。缶詰とか味噌汁とかですね。お米は地域の農家さんが寄付をしてくださっているので、玄米で用意していて、必要な方には精米して渡しています。またフードバンクさんにも毎週食料をもらうなど、助けてもらっています。食料支援は原則生活相談をすることを条件にしているんですが、これは非常に効果があります。

さらに生活困窮者自立支援法のなかには住宅手当という制度があります。これは住居確保給付金という制度で、生活保護の住宅扶助の基準を上限に家賃を給付する制度です。最長9カ月間支援できます。仕事を探すこととセットで給付する制度ですが、これも活用していきます。

生活再建のプランを包括的に検討

緊急支援で対応したのち、生活再建のためのさまざまなプランの検討を、関係者が集まってチームでしていきます。一つの窓口、一人の相談員が全部の制度を知っているわけではないので、例えば、社会福祉課のケースワーカーに来てもらって生活保護はどうか、学校教育課職員に来てもらって就学援助はできるかと、いろんな知恵を出し合ってプランを立てていきます。

市役所というのは、うちみたいに小さい市役所でさえ、他課の制度を知っていることはないんです。けれどこうして一緒に相談を聞くことによって、次からは納税推進課の職員が税金を

図表 10-1　野洲市の支援実例

課題	つないだ機関	活用したサービス
食料なし	市民生活相談課	食料支援
住まい	市民生活相談課	住居確保給付金（家賃額給付）
税金滞納	税務課	確定申告（適正課税）
国民健康保険税	保険年金課	短期健康保険証を発行
	税務課	確定申告により２割軽減
国民年金	保険年金課	低収入による減免
給食費　学費	学校教育課	就学援助制度（給食費・学用品等の給付）
生活費	社会福祉協議会	総合支援資金貸付（月20万円）
借金	司法書士	債務整理（任意整理）
家計	市民生活相談課	家計相談（家計の見直し）
妻のうつ	健康推進課	自立支援医療（１割負担）
収入低下（仕事）	やすワーク（市民生活相談課）	就職ナビゲーターによる就労相談支援

滞納している市民に対して、給食費も払えない状況にあるとわかれば、すぐに学校教育課につなぐことができます。こういった連携が野洲市のなかで、プラスアルファのおせっかいとして循環しています。

この表（**図表10-1**）は実際の支援の例なんですけれども、濃いグレーのところだけが市民生活相談課がやった仕事で、あとは税務課であり、保険年金課であり、学校教育課であり、社会福祉協議会であり、司法書士、やすワーク、健康推進課、ほんとうに一つの窓口、一つの部署では相談支援というのはできないです。いろんな課やいろんな関係機関が協力し合わないと、ほんとうにその方の生活再建にはならない。

例えば、相談者は国民年金を払えない方

が少なくありません。でも国民年金を払えないと、もし精神障害や身体障害など、いろんな障がいを背負ってしまったときに障害年金を受け取ることができません。国民年金が払えない場合は免除申請をあらかじめしておく必要性があります。特に困窮されている方は心がしんどい方が多いので、やっぱり発病してしまう可能性もある。だからこそ保険年金課につないで、国民年金保険料の免除申請というのをしていきます。これは減免、免除制度というのですが、相談者にとって必要なサービスの情報提供をしていくんです。

一般の市民さんは、こういった行政のサービスを知るすべがないんです。だからこそ公務員、行政職員が、あなたにはこういった制度が使えますよ、こういった制度を使われたらどうですかということをチョイスして、情報提供していく義務があると思っています。

法律家との連携で支援する

次は法律家と連携していきます。借金のある方がいますのでお願いしますと、弁護士や司法書士の先生にダイレクトにつないでいきます。うちはダイレクトに協力してくださる法律事務所が10ほどあるので、野洲市のやり方に理解と協力をくださっているその先生方にお願いをしています。

先生に直接つなぐとフィードバックが必ずあります。法律家の仕事というのは必ず面談をして受任をします。法律家は受任したことをもって、サラ金やカード会社に受任通知を送ります。そしてその人がいままでどんな取引をしてきたか、10年前、20年前にさかのぼって取引履歴というのを取り寄せるんですね。

そして昔は高い金利だったので、その金利をほんとうの正しい金利に引き直して、ほんとうにある債務額、借金の額を計算していきます。これをすると300万円の借金があると思っていたのが、20年前から借金していた300万円の金額がなくなったうえに払いすぎた金利、過払い金というんですが、払いすぎたお金も返ってくるケースも出てきます。このように取引履歴をきちんと取り寄せて、計算して初めてその方のほんとうの借金の金額というのがわかってきます。

もう一つ、先生が受任通知を送ると、直接的に相談者に請求行為ができなくなりますので、静かな環境になるんですね。相談者はこれで非常に落ち着かれます。そして、先生から整理ができそうだという連絡があると、これを関係機関に連絡していきます。最初に個人情報提供の同意を得ているので、情報共有がスムーズにできるのです。

ハローワークと連携して就労支援

お話ししたように野洲市役所のなかに「やすワーク」[5]というものをつくっています。国のアクション・プランという事業を活用しているので、市役所は1円もお金をつけなくていいんです。全額、国の費用でできます。

このように現場で必要なこと、足りないことがあるときは、私たちは、国にどんな事業があってどこに予算があるかを探しに行って、活用させていただいています。

相談者は、まず「やすワーク」を利用する手続きをします。ハローワークからは就職ナビゲーターが毎日8時半から17時15分の間、派遣されてきています。一日5枠で、1枠1時間、完全個室で相談者と市民生活相談課の相談員、そして相談者についている支援者、例えば生活保護受給者の就労支援員さんであったり、ひとり親家庭の就労支援員さんであったり、場合によっては障害者支援を行う団体がついたり、ケアマネジャーがついたりもします。こういった支援者がついて、大体4人であーでもない、こうでもないとお話して、その方の就労に関する情報を探して支援していきます。

まず、ここにはハローワークと全く同じ機能である就職情報が入っている端末機が2台ありますから、このなかから求人を探していきます。相談者に、ここを受けたいと言われれば、その方の紹介状を切ります。事業者に連絡して、紹介状を切って、面接の予約をして、面接に行っていただくという段取りです。

このときに相談者が、「実は午前中しか働けませんから、午前中の仕事を探してください」

と言われたら、その理由を聞き取っていきます。例えば、「実は親の介護があって午前中しかヘルパーが来ません、だから午後は帰らなくちゃいけないんです」と言われたら、ケアマネジャーに連絡をして、介護プランを見直します。つまりその方の環境調整をして、そしてその方が一日働けるようなプランを立てていくということです。これは市民生活相談課とハローワークの協力があるからこそ、環境調整までできるという流れになっています。

履歴書もつくっていきます。皆さんにはちょっと理解できないかもしれないんですが、字が書けない方もいらっしゃるんです。なかには履歴書をつくるのが非常に厳しい方もいます。特に、長年ひきこもりをしていると、その間の履歴がないんですね。ここをどうするか。相手の事業者さんに正直に話をしていくか。そういうことまでを調整したりもしていきます。

面接が決まれば面接練習もします。こんにちは、おはようございます、ありがとうございます、そうしたコミュニケーションができない方もいます。長らく家にひきこもっていたりすると、コミュニケーション能力が乏しい方も多いので、その方に対しては面接練習という理由づけでコミュニケーションの練習をしていきます。

例えば、納税推進課で「税の滞納があって失業中です、お金を払えません」という相談があったら、そのまますぐに市民生活相談課につながって、そしてハローワークの端末機で情報を見て、これがいいなとなればすぐに紹介状を切り、履歴書をつくり、そして面接の予約をして、やすワークでストックしている貸し出しのスーツに着がえて、そのまま面接に行く。これが一日でできることもあります。非常にいい動きになりました。

今日、皆さんに一番お伝えしたいことは、一人の相談員、一つの部署、一つの窓口で相談は絶対解決しないということです。いろいろな部署、いろいろな機関、いろいろな方々の手で助けていただかないと、その方の生活再建はならない。だからこそ生活困窮支援、相談支援は、市役所の総合力、地域の皆さんも巻き込んでやっていくことが必要なのです。そしてそれを皆さんに伝えていくことがとても大事なんです。

そのキーワードとなるのが、やっぱり共感です。こういった事業はいいよねと思ってもらえる共感、成功事例を積み重ねることで、押しつけではない共感を得るということがとても大事だろうと思っています。

5…平成25（2013）年4月1日付で締結した「野洲市と滋賀労働局が生活困窮者等を対象とした就労支援事業を一体的に実施するための協定」に基づき就労支援と生活支援を一体的に実施するために野洲市役所内に設置した施設。

支援調整会議のなかで出てきた新たな課題──社会的孤立

こういった市役所の仕組みを使っていろいろなプランを立て、これに沿って支援したのち、そのプランを見直します。そして、このままでプランを終結するか、再プランを立て直して継続支援をしていくかということを検討します。これが生活困窮者自立支援法に基づく支援プランの評価になりますが、そのなかでいろんな課題が出てくるんです。

役所には支援調整会議といって、プランをチェックする会議があります。ここで出てきた例が、単身世帯の男性がどうも糖尿病が多いとか、家計相談をしているとレシートのなかにコンビニの弁当ばかりがあるとか、ということでした。これは非常に体にもよくないし、お金ももったいないということで、一人暮らしの大人を対象に大人食堂というものをコミュニティセンターの調理室を借りてやりました。この大人食堂は、現在は行っていませんが、家計改善に役立ちましたので、今後再開したいと考えています。

次に出てきた課題が、社会的な孤立です。そこで野洲市では平成27（2015）年度から年賀状プロジェクトを始めました。

皆さんには想像できないと思いますが、人生で一度も年賀状をもらったことがない、一枚も年賀状が来ないという方はいるんです。それは社会的孤立というところもあるんだけれども、あえて世の中とつながらない方々もいらっしゃいます。けれども年末年始で世の中が楽しく浮かれてくると、一人になった方はとても寂しいんです。こういうとき自殺のリスクが高まります。そこで、役所のほうで40人ほどリストアップしまして、私たち相談員が手書きでメッセージを書いて、送らせていただきました。

今年も送ったんですけれどほんとうに喜んでくださいます。「1月1日に年賀状が着いたんだけど」と、1月1日の8時半に野洲市役所の正面玄関に立って、お礼が言いたいということで待っていてくれた相談者の方もいました。ほんとうにうれしいです。つながっていきます。

これは52円でできる自殺対策です。市役所が年賀状を出すのは多分、前代未聞で、全国でもないと思います。うちはこれは通信費でやったんですが、監査で怒られるかな、まあいいかと思いながらやったんです。そうしたら監査でものすごい評価をいただいて、1枚52円、40枚送っても2000円ちょっとですよね。これで自殺対策になると。すばらしいことだと評価いただいて、助かったと思いました。

大人食堂や年賀状プロジェクトで、身寄りのない単身世帯、いわゆる社会的に孤立をして誰も支援者、親戚、家族がいないという方を支援していますが、やはりこういう方たちへの支援は大変です。まず異変に気づきにくいので、緊急的な対応ができない。具合が悪くなって、いきなり緊急搬送となっても、家の鍵もかけられないんです。お金も払えない。市役所が家に行って鍵を探せても、その方が高齢福祉の対象でない50代だったならば、いったいどこの部署が担当するのかという問題が出てきます。

障がいがあったとしても、そのときにわからなければ対応できません。また入院や入所に必要な保証人や緊急連絡先になってくれる人がいないので、入院や入所の手続きができないんです。病院の入院手続きってものすごく面倒くさい。転院するときにも、介護タクシーに乗る場合は付き添って一緒に乗らなければなりません。大事なことを相談する相手もいない。手術をする必要があると言われても、「今後私はどうしていったらいいのか」ということも相談する相手がいない。

死亡後の事務手続きをする人もいない。死亡届けを出す人がいない、火葬をするのも誰が手続きするの、ということになります。財産処分もできない。こうしたいろいろな課題が出てきます。これから高齢社会になってくると、どんどん単身世帯が増えていって、家族も減っていきますから、こういった課題はいっぱい出てくると思います。自治体がしていくのか、NPOがしていくのか、ほんとうに地域でどうやっていくか、身元保証サービスのトラブルが増えているなか、これを考える必要性があるだろうと思っています。

やすクールで学習支援

野洲市では平成27（2015）年から、生活困窮者自立支援法に位置付けられていますす学習支援事業を行っています。この学習支援というのは、生活困窮世帯の子どもたちを対象に行っておりまして、野洲市は平成27年度が31名、28年度が35名、30（2018）年度も31名の方が登録してくれています。人口5万人で30人っていうのは多いんですね。

学習支援を行ううえでの全国的な課題は、子どもたちをどう集めるかということです。野洲市の場合は庁内連携で非常に協力をもらっているので、児童扶養手当の世帯受給者の名簿のなかから中学生のいる家庭に対して、ダイレクトメールを子育て家庭支援課の名前で送ってもらいました。「学習支援事業『やすクール』というのがあるので、よかったら来てください」と送らせていただきました。そのなかから3割の方が応募くださっている状況です。生活保護の方については、ケースワーカーから声をかけています。

学校やスクールソーシャルワーカーとも非常に協力をしていて、情報をやりとりしています。児童虐待をベースとした個人情報を共有できる要保護対策児童協議会があり、ここに市民生活相談課が構成員として入らせてもらっているので、学校や家庭児童相談室等の情報も共有させてもらっています。

ボランティアもいろんな方に助けてもらっています。運営はNPO法人反貧困ネットワーク滋賀・びわ湖あおぞら会というところにお願いしています。ここは弁護士、司法書士が構成する団体です。個人情報の管理から募集、そして当日の子どもの出欠や学校や関係課の情報共有などは、市民生活相談課が事務局として行っています。私も毎週水曜日、夕方6時から8時半まで行っているんです。これは3年間、休みなく行っています。やっぱり職員が行って一緒に、一体的にやるということで子どもたちは信用してくれるんです。

毎週水曜日にやっているやすクールですが、開校式には校長である市長、教育長、この二方が来られる。するとそれぞれの部長も来られるので、多分、全国一、たいそうな式になっています。ボランティアの皆さんもたくさん来てくれています。3月には修了式をやりますが、色紙に市長の一番大きい判子を押させてもらって、それを市長みずから一人ひとりの子どもたちに渡しています。

勉強はほぼマンツーマンでやっています。野洲高校の先生も来てくれたり、野洲市に住んでいる私立高校の先生も来てくれたり、支援学級の先生とか、リタイアした企業の方たちも来てくれたり、主婦や大学生のお姉さん、お兄さんたちも来てくれています。

子どもたちはほんとうに敏感で、1回、2回だけ来たような人を信用しないです。たまにしか来ていないじゃないかというので信用しないんです。継続して来てくれる、常にここにいるよという人に対して心を開くんです。

よく居場所と言うけれども、単にそこにいるだけでは心を開かないんですよね。ここに来ている子は全員、母子家庭です。お父さんがいないから、近くに男性がなかなかいないんですね。特に働いている男性というのを見ない。ここには建築士もいれば弁護士、司法書士、いろんな職業の人がいてくれるから、親戚のようなつき合いをしています。

やすクールを卒業した高校生も来てくれるんです。高校生になって、今度はボランティアで勉強を教えに来てくれています。やすクールに来ているときはあまり勉強しなかったのに、ボランティアに来てからは一生懸命、勉強を教えてくれています。また、大人には馴染まない課題のある子に対して教えてくれると、気持ちが寄り添うのか非常にマッチングします。こうして役割ができています。

ほかにもおにぎり隊として地域の方々や市社会福祉協議会、コミュニティセンターやす、おにぎりのお米を寄付してくれている青年農業者クラブ、いろんな人たちが協力をしてくれています。こういったことで地域の皆さんと一緒に子どもたちを育てていきます。

地域の皆さんにはいつもメッセージを出しています。私たちの地域の子どもたちが思い切り遊んで、勉強して、食べて、将来に向かってチャレンジできる、こんな地域を一緒につくっていきましょうと。子どもたちを通じて一生懸命動ける地域になれば、生活困窮支援についての理解も深まるだろうし、共感も広がるだろうし、それが相談しようと思っている方々の心に届くと思うんです。

個人を助けることが、全体を助けることになる

最後に、くらし支えあい条例でつながっていくことを紹介します。条例の27条には「見守り

ネットワーク協定」を入れました。これは市役所のなかの連携だけではなく、地域の方々の協力も得て、全市で動いていきたいと思い入れたものです。そして野洲市では「見守りネットワーク」というのをつくっています。これは見守りというよりも、何かちょっとおかしいというような、例えば新聞受けに新聞がいっぱいたまっているとか、冬なのに半袖でずっと歩いている人がいるとか、同じものばかり宅配便で届けている家があるとか、そういう気づきがあったら連絡してもらうシステムです。いま、全部で40の事業者、団体（令和元（２０１９）年12月現在）と協定を交わしています。

振り込め詐欺の被害が全国的に広がっていますが、野洲市はこの見守り協定を発表してから、その被害がものすごく減りました。犯人たちは全国から見ていますから、ちょっと野洲市はやめておこうかなというところがあるのかなと思っています。地域の皆さんの協力というのは非常にありがたいことです。

野洲市の山仲市長は「一人を救えない制度は制度じゃない、個人への支援が社会のためになる」と言ってくれています。

行政というのは、公平に、満遍なく、みんなに同じようにやっていかなければならないという、そんなルールがあるんです。例えば市民が被災されて困っていたら、みんなにお水を渡しましょうというのが行政なんですね。この方はスープ、この方は白湯、この方にはコーヒーと、それぞれ個別の方に渡すことはなかなかできないんです。

でもうちの市長は、まずは一人を支援しなさい。その支援が成功すればそれを普遍化すればいいじゃないかと。そして普遍化した制度によってほかの多くの方々が救われるんだから、個人への支援が社会のためになるんだと。

自分で自分を助けるのではなく、誰かに必ず助けられて人は生きているんだ。だから個人への支援をしっかりやっていくことが必要なんだと言ってくれています。

地域が一体となって生活困窮者支援ができるよう、自治体も頑張っていきたいと思います。

学生からの質問

Q1

いま困窮者の方は情報弱者だと思います。そういった方は相談窓口があることも知らないと思いますが、こうした情報弱者に対してはどのような支援をされているのですか。

【生水】 困窮されている相談者自身に情報を届けるのはとても難しいんです。そこで野洲市がやっているのは、その相談者の周りの方々に、福祉の関係者だけではなくて地域の民生委員さんや住民など、いろんな方々に困っている人を見つけたら相談につないでくださいということを伝えています。そのときに大事なことは、どのようなことでも相談を受けますという、セーフティネットが張れる相談体制をしっかりつくっていくことだろうと思っています。ほんとうに相談が必要な方の周りにいる方々が、安心して相談者をつなげられる窓口と、それを支える体制をしっかりつくる、これがないといくら情報だけを発信しても、「相談しよう」と思ってもらえる気持ちにならないので、安心して相談できる体制づくりが一番大事だと思っています。

Q2

身寄りがない単身世帯の方は異変に気づきにくいというのがあったと思うんですけれども、その異変に気づくために何かアプローチをしていることなどがあったら教えてください。

【生水】 単身世帯の方というのも、情報が届かない。見守りネットワーク協定をご紹介させてもらいましたが、野洲市内で活動する事業者と協力して、そのなかから見守りネットワーク協定を組んだところに、異変に気づかれたらすぐにつないでいただくという、個人情報の整理と合わせて見守る仕組みをつくらせていただいています。

普通、見守りネットワークとなると高齢者だけを対象とすることが多いんですが、野洲市は子どもから高齢者までのオール世代が対象です。それと福祉関係者だけではなくて、例えば宅配業者や新聞配達店さん、訪問販売をされている事業者とか、通信事業者、金融機関、フードバンク、地域の民生委員さんなど、いろんなところと協定を交わさせてもらっています。こういった仕組みが広がっていくためには、いままで福祉には関係ないと思っている方も巻き込んでいく、これが一番大事だろうと思っています。

【駒村】 お話の前半部分は消費者トラブル、訪問販売の問題でした。高齢化のなかで規制したほうがいいのではないかという動きは世界的にあるわけです。野洲市のような条例は他にどこかにあるんですか。

【生水】 消費生活条例自体は全国の政令指定都市、都道府県には全部あるんですが、そこに生活困窮者支援まで一緒に入れたというのは野洲市が初めてです。

【駒村】 訪問販売を登録制にしているところはどうですか。

【生水】 野洲市のくらし支えあい条例では、市内で活動している事業者に、市内で訪問販売をするときには市に登録することを義務づけました。訪問販売登録制については、全国で初めての仕組みであって、現在、野洲市だけですね。また大きく違うのが、ほかの消費生活条例は規制型、取り締まり型なんです。あれをしたらいけません、これをしたらいけませんというものが条例のなかで規定されていますが、野洲市は三方良しの促進型です。詐欺(さぎ)や悪質業者は排除し、まじめに地域で活動する事業者を巻き込んで味方につけて一緒に安心安全な地域づくりをしようという条例になっていますので、これが大きな違いです。

第11章

個人で生きる社会から江戸時代の社会へ共生社会の実現へ向けて

――地方都市の生き残りをかけた挑戦

【講義日：2018年11月1日】

三重県名張市長
亀井利克
（かめい・としかつ）

1952年三重県名張市生まれ。名張市職員を経て、三重県議会議員（3期）を務めたのち、2002年4月から現職。現在5期目。全国市長会「まち・ひと・しごと創生対策特別委員会」委員長、公益社団法人国民健康保険中央会相談役、一般社団法人福祉自治体ユニット代表理事、人口減少に立ち向かう自治体連合　代表世話人、厚生労働省社会保障審議会介護給付費分科会委員、厚生労働省社会保障審議会　療養病床の在り方等に関する特別部会委員などを務める。

いま日本では東京一極集中が進み、地方から都市部へとどんどん若者が流入しています。そんななか、関西のベッドタウンである名張市では生き残りをかけて社会保障制度改革に取り組みました。名づけて「福祉の理想郷プラン」。老いも若きも男性も女性も、障がいや難病の有る無しにかかわらず、すべての市民が社会参加できる互助共生社会を目指しています。

非正規雇用の増加が人口減少につながった

これまで日本の社会保障制度は家族、雇用（職場）、地域と深く関わり合って制度設計がなされてきました。その間、家族制度は3世代、4世代同居の大家族から核家族化、そして単身化と進みました。さらに1990年代からは雇用が非正規化しました。

こうした変化に伴い、より効率のいい社会であろうと若年層が都市部へどんどん流入して、一極集中が起きています。毎年、東京圏へは13万人ぐらいの若年層が来ています。大阪、名古屋、仙台、札幌という地方都市圏からも1万3000人ぐらいが東京圏へ来ています。そして、そうした地方都市圏へは、その周辺部から行っています。

なぜ人口減少になっていったかは、皆さんよくご存知だと思います。1945年に戦争が終わって、47年から49年の3年間、ベビーラッシュが起こりました。彼らは団塊の世代と呼ばれ、この3年間で806万人が生まれました。その人たちが成人して就職して結婚した。それが1971年から74年で、この4年間で816万人の子どもが生まれています。その人たちに我々は期待させてもらっていました。ところが、その人たちが成人して結婚して就職して、というのが1990年代だったわけです。

92年にバブルが崩壊してリーマンショックまでの経済的なピンチを企業はどうやってしのいだかというと、自己防衛せざるを得ませんでした。つまり非正規でやっていこう、正規職を抑えていこう、というわけです。

この結果、格差がどんどん広がって、「僕はこの給料では結婚できません。ですから、子どもも、もうけることができません」という状態がずっと続いているのです。その結果、少子化になってしまったというわけです。

2018年3月、国立社会保障・人口問題研究所が将来人口の推計を出しました。これは国勢調査に基づいて5年ごとに出されていますが、5年前と比較しますと、ほとんどの自治体で将来人口が下振れしていっています。ところが、名張市は上振れしたんです。

全国で約1700の自治体がありますが、そのうちの70％、約1200の自治体は人口5万人以下です。残りの30％の約500の自治体に、日本の人口の85％が生活しています。ですから人口5万人以下の約1200の自治体は、たいへんな危機感を持っていますし、何とか地域を活性化して住民満足度を上げていこうと苦心しています。

社会保障制度改革と自治体の役割——連携と自立

このように人口減少が進むなかで、はたして社会保障を維持していけるのだろうか。高齢者数のピークは2042年ですが、生産年齢人口[1]はすでにどんどん減少していることから、2025年から2040年の超高齢化の山を越せるか。これがいま、日本にとっての最大のテーマだと思います。

こういう状況のなかで、特に社会保障制度の維持が厳しくなるということで、社会保障・税一体改革が行われ、2014年、19の法律を制定、改定しました。そのなかでも「地域医療介護総合確保推進法」は重要で、医療と介護の連携強化を狙っているものです。医療と介護を一体的に、強化していく。そして、医療と介護の分野に地域住民がどんどん参加していく。これが法律の大きな狙いです。

これを受けて自治体は、介護予防であったり、疾病予防であったり、健康づくりであったり、病気になってしまった場合の重症化予防であったり、人々を支えるきちんとした仕組みづくり、町づくりをしていかなければならなくなりました。これはいま、地方創生の取り組みのなかでやっていこうとしています。

具体的な取り組みの一つ目は広域行政の推進です。地方創生で簡素効率的にやっていこうと思ったら広域行政が必要です。いまはもう、一つの自治体で行政サービスをフル装備していくということは非常に難しいことですから、医療問題だけでなく、下水道、ゴミの問題、介護の問題など、いろいろなことを多くの市、町、村と一緒に提携しながらやる必要が出てきていきます。どういう制度にしていかなければならないかを考えるうえで、海外の規模の小さな自治体の連携例は参考になります。

フランスは既存の自治体で3万5000以上あります。「なんでそんなに多いの?」となるでしょう。フランスでは一つの自治体をコミューンと言いますが、カトリック教会の教区ごとのようになっていますから、非常に数が多いのです。

つまり規模が小さいので、一つの自治体ですべてはできませんから、あなたのところと一緒にやろうと、コミューン間で協力していきます。これからは日本も、そういうことをどんどん進めていかなければならないでしょう。

地方創生の取り組みのもう一つは、共生社会をつくっていくということです。これには、各地域を法人化していかなければいけないと思っています。

いま名張市は小学校区単位で地域づくりの団体をつくっています。するとその地域が経営する組織が、住民の足を確保するためにバス会社と契約を結んだり、地域でコミュニティビジネスを始めだしたんです。そこで各団体に財産を持たせるようにしましたが、法人化がすごく必要になってきています。[2] ですから、これをどんどん進めていけるような制度を国でつくってもらうよう、働きかけなければなりません。

連携と自立のこうした例は英国にあります。

英国は一つの自治体の規模が大きいんです。大きいので、やはりきめ細やかなサービスはできません。そこで、「パリッシュ」という法人格を持たせた団体をつくって、そこでいろいろ対応するようにしています。これからは日本も、英国の「パリッシュ」のようなことをどんどん進めていかなければなりません。一方で、フランスのコミューンが連携してやっているようなことも、どんどんやっていかなければなりません。

1…生産活動に従事し得る年齢の人口。日本では総務省統計局による労働力調査の対象となる15歳以上65歳未満人口がそれにあたる。ちなみに、日本の生産年齢人口は1990年代をピークに減少している。

2…総務省は、地域経営組織を法人化し、財産の保有や経営主体になれる仕組みを導入しようとしている。

ソーシャルキャピタルの醸成を目指す

私が市長になったのは2002年です。翌年には名張市が進んでいく方向を定めました。それは、総合計画「福祉の理想郷プラン」というものです。目指すところは、老若男女、障がいや難病の有る無しにかかわらず、すべての市民の皆さんの社会参加がかなうような、そんな互助共生社会をつくっていくということです。

２０１６年、名張のこの取り組みを参考に、政府のなかに『我が事・丸ごと』地域共生社会実現本部」というものが立ち上がりました。実はそれ以前から、名張へは政府の要人がたくさんやってきて、我々の取り組みを見ていかれていましたが、やっと国がこの計画の意図するところをわかったんです。

つまり、自分でできることは自分でやってください、ということなんです。そして、できないことは向こう三軒両隣で協力してやって、それでもできないことはこの地域のなか、この小学校区別の地域組織のなかで仕組みをつくってやっていく。それでもできなかったら、市に、それでもできなかったら県に、それでもできなかったら国に手伝ってもらう。こういう近先速の原則[3]を貫くということです。

そのためにはソーシャルキャピタルの醸成が必要です。ソーシャルキャピタルとは人的支援やインフラ、自然資源などですが、こういったソーシャルキャピタルを有機的に結びつけてできてくる土台がありますが、その土台の上でいろんなことがかなっていく。これからはそういう町をつくっていかなければならないと考えています。公衆衛生学の権威であるハーバード大学のイチロー・カワチさんが「病院よりも、お薬よりも、もっともっと大事なものがある、人と人との結びつきがある」とおっしゃっていますが、意味するところはソーシャルキャピタルの醸成が大切だということです。

みなさんは「ブルーゾーン」をご存知ですか。ベルギーの人口学者ミシェル・プーランとイタリア人医師ジャンニ・ペスが、「この地域は何で病気が少なくて、長寿者が多いんだろう」と、イタリア・サルデーニャ島のバルバギア地方にブルーのマーカーで印をつけていったことに由来します。

その後、アメリカ人研究者のダン・ベットナーが「ナショナル ジオグラフィック」という雑誌と一緒にほかの長寿地域を見つけました。例えば、ギリシアのイカリア島、カリフォルニアのロマリンダ、コスタリカのニコヤ半島、これには沖縄も入っています。そこで共通していたものは、「人と人との結びつきが強い町だ」ということです。それはソーシャルキャピタルの醸成がかなってきているということです。人と人との結びつきが強い共生社会がかなっている。そういう地域が健康で長寿の町になっているのです。

3…できるかぎり小さい単位で行い、できないことだけをより大きな単位の団体で補完していくということ。「補完性の原理」と呼ばれる。

野球型社会からサッカー型社会へ

現代社会は個人で生きる社会になってしまいましたが、これからまた、互助の社会を広めていく、つまり江戸時代のような仕組みをつくっていこう、としています。そのためのソーシャルキャピタルを醸成して、地域社会のつながりを強くしていかなければなりません。

スポーツにたとえたら、野球型社会からサッカー型社会への転換と言えます。

野球型社会というのは、自分のポジションだけを守っていたらいい。人口が、以前の日本のようなピラミッド型の社会でしたらそれでよかったのです。税金を払っておくだけで、「これは市でやって。これは県でやって。これは国でやって」となった。ところがいまは、逆ピラミッドの社会になってきていますから、そんなことはできない。ということで、一人何役もこなすような社会をつくっていかなければなりません。要するにサッカー型の社会をつくっていくのです。

「おいチャンスや」となるとバックスも攻撃に参加します。「おい、危ない。ゴール守れ」となれば、フォワードも戻ってゴールを守ります。そういう社会をこれからはつくっていかなければならないということです。「そんなしんどいな」って皆さん言いますが、できる範囲のことでやっていただければいいわけです。

共生社会をつくっていくということは、大変なことです。何が大変かというと、プライバシーを共有していくということにつながるからです。同一の目的を持っている縦割り社会であったのを横串に刺していかなければいけない、壁をなくす、支える側から支えられる側になる。

80歳のおばあちゃんで、要介護2の人がいます。ところが一方で、このおばあちゃんに市民センターでは子どもたちが手芸を教えてもらっています。そういう、「こっちでは支えられているのに、こっちに行ったら支える」という社会をどんどんつくっていく。壁を取っ払っていって、地域を活性化していこうとしています。

けれど、こんなことは東京ではできないと思います。だから東京は最終的に社会保障がピンチになると思っているのです。

非就労者1人を就労者1人で支える社会とは

高齢者1人を何人の生産年齢人口で支えているか、ご存知ですか。50年前、1970年は8・5人で1人を支えていました。ところが2010年代になると2・6人で1人を支える社会になりました。2050年は1人で1人を支える社会になります。

実は、50年前から1人の就労者が1人の非就労者を支える社会なんです。2010年にも1人の就労者が1人の非就労者を支える社会になっています。これは技術革新で生産性を上げる、効率よくやっていく、こういうなかでかなってきたことです。これをずっと続けていけたらいいんです。もちろん、ＩＣＴやＡＩロボットの活用も考えられますが、加えて女性の社会参加と高齢者の社会参加が進むとよりいいでしょう。

女性の社会参加についてですが、日本は結婚、妊娠、出産で社会参加が減っていきます。子育てが終わるとまた増えていきますが、このときは非正規です。これを、「子育て中も正規職のままでお休みください」という社会を、これからはつくっていかなければなりません。

これまでの日本では介護は子の責任であり、子育ては親の責任でした。けれども、これをきっちり社会化していかなければいけません。介護については、２０００年から始まった介護保険によって社会化が進みましたが、子育てについてはちょっと遅れてしまいました。１９９０年代に地方でどんなことが起こってきているかということ[4]を、我々は霞が関、永田町など国の中枢にもっともっと強くお伝えしていかなければならなかったと、いま非常に反省していますし、残念だったなと思っています。

もう一つは高齢者の社会参加です。いま政府は70歳定年とか言い出していますでしょう。それもいいけれども、定年と関係なく、働ける限り働いていただいたらいいんです。生きがいですから。生涯現役でやっていかれたらいいと私は思っています。

私の父は80歳ぐらいまで現役で農業をやっていました。朝から晩まで、田んぼや畑へ行くのが好きで、だからピンピンコロリでした。患う期間も少なかったのですが、あれは理想だなと思っています。ところが、父親は80歳で、先ほどの支える側の人だったかというと、決してそうではないです。やっぱり税金は払っていませんでした。農業は趣味みたいなものでしたから税金は払っていない。とはいえ、自立していましたから支えられる側でもなかった。分母でもなかったけれど、分子でもなかったのです。こういう人がどんどん育ってきたらいいわけで、そういう町をつくっていかなければならないのです。

4…若者がどんどん都市へ出ていってしまい、地方には年寄りしか残っていないということ。

改革の第1ステージ「補助金の全廃」

名張市のまちづくりの具体的な話をいたします。第1ステージから第4ステージまで、段階を踏んで進んでいきました。

2002年に市長になって、まず補助金を全廃しました。どこの自治体もそうですが、名張市も長年、補助金行政というのをやっていました。補助金行政は、3年間ぐらいは効果があって実績を出します。ところが3年目で補助金を切りますと、元の木阿弥（もくあみ）です。

私は市長になる前に県会議員をやっていました。その頃から「補助金に頼るいまの自治体のやり方はまずいな」と思っていました。補助金がなくてもやっていけるような地域、それをつくっていかなければいけない。そこで、「名張市はお金もないし、補助金を全廃します」と宣言したのです。

この地域補助金が５０００万円ぐらい出ていました。それをやめて、小学校区単位で15の地域に人口割とか地域割とか、あるいは面積割で、「もうこれだけでやって。何に使ってもいい」と「交付金」としてお金を渡したのです。

そうしたら、最初の1~2年はそれまで補助金でやっていたようなことをやります。それしかできないからです。ところが2年、3年と経つと「このお金、こんなことに使っていていいのか。我々のこの地域にはこういう課題があって、その課題を解決するために使っていかなきゃいけないんじゃないか」ということを言い出す人が出てきました。

そうなってくると、だんだん課題解決型予算の思考になってきます。自由に使っていいわけですから、おもしろいですよ。地域住民が自分たちで予算配分の権限を持てると、民主主義というのはどんどん発展していきます。

例えば、「もう市は防犯灯をつくりません。地域予算のなかから地域でやってください」と言います。実は防犯灯を市がつくろうと思ったら、入札をしてもかなり費用がかかります。ところが地域がやったら、原材料費ぐらいでできる。地域にある電器屋さんに「頼むわ、あそこに防犯灯つけて」「わかった」とサッとやる。「いくら払ったらいいか？」「そしたら材料費だけくれるか」ってなるんですよ。ものすごく効率よくやっている。いままでは1億600万円ぐらいの交付金が出ていますが、これまで市が直営でやっていた事業を地域づくり組織が7〜8割くらいの予算でやってくれます。

こうした地域（地域経営組織）の拠点は、15の小学校区単位ごとにある公民館に置いているのですが、今度はこの公民館の使い勝手が悪いと言い出してきたんです。そこに各地域の事務所を置いたのですが、「酒は飲めないし、商売はできないし」となってきた。というのも、公民館法という条例があって、酒を飲んだらいけない、商売したらいけないとかあるわけです。この条例のために、地域のみんなで草刈りに行った帰りに缶ビールを飲みたくても、飲めないんです。そこで、公民館条例を廃止しました。いまでは高齢者がロビーでカフェをしています。商売をやっていますし、いろいろな取り組みがここで始まっています。

改革の第2ステージ「区長制度の廃止」から、「公民館の市民センター化」へと仕上げに向かう第3、4ステージ

次に、昭和30年代から始まった「区長制度」を全廃[5]しました。これにはすごい抵抗がありました。区長さんは地域と行政の橋渡しをしていたのですが、市役所へ何かを頼むときは区長を

通さなければいけないなど、弊害もいろいろありました。小字の単位には「代表」の方がいらっしゃいますが、区長と言っている地域もあれば、自治会長と言っているところもあれば、町内会長と言っているところもありますけれども、名称は別にして区長制度というのはもうありません。

ただし教育部会とか、福祉部会とか、さまざまな部会はありますから、区長さんたちには各部会に入っていただいて、うまく融合してやっていただいています。この第2ステージで、各15地域に住民による住民のための「市役所」ができました。

さてこの15の地域に拠点ができましたら、いろいろ競争が始まります。「あの地域であんなことができているぞ」、「この地域はこれができているぞ」、「うちらもああいうことだったらできるのではないか」とか。おもしろいです。行政としては楽になりました。

ただ、気をつけなければいけないのは、組織は劣化していくものですから、きちんと新しい息吹を吹き込む人材は養成していかなければいけません。例えば、「健康づくり隊」というものが各地域にありますが、10年以上たってきたら、「市長、わしらもう動かれへんわ」となってきました。そこで、次を担ってもらえる若い人たちをそれぞれ10人ずつ出してもらって、7日間の研修をしました。そしていろいろな地域で活躍していただいています。新たな人材養成はやっていかなければなりません。

こういう活動を続けていきますと、「いまは地域の課題解決のために予算が使われているけれども、もっとこの地域の将来をどうしていくかということを考えていかなければいけない」という話が出てきました。そこでそれぞれの地域が協議して、今後のビジョンをつくっていくことになりました。

次はそのビジョンを地域計画として名張市の総合計画のなかに取り入れ、それをかなえるために、新しい国の予算もとってきて、各組織が市と共同で事業もやりだしました。そこまでが第3ステージです。

第4ステージになりますと、公民館が市民センター化してきましたので、ここでレストランをしたり、いろいろなことをやりだしました。これもまたおもしろいなと思っています。こういうビジネスがどんどん発展していけるように、我々はサポートをしていきたいと思います。

5…名張市は昭和31（1956）年から区長の設置を制度化してきた。当時、市内には166の区があり、旧市街地や村落部では区が地区の自治組織で、その代表者が区長だった。一方、住宅団地等においては、住民の民意によって組織化された自治会があり、自治会長が中心となって自治を進めている現状があった。このように区と自治会が並存するなかで、自治会を組織している地区に重ねて区長を設置することを廃止した。

地域組織で自ら提供するサービスとは

実際にどんなサービスを始めたかを少しお話しします。「コミュニティバス」を自分たちで始めました。バスといってもワゴン車です。このサービスをやるにあたり、「中古の車を買うための予算案」だけは市役所でつくりましたが、それ以外は市民の皆さんからの発案です。これは地域内で高齢化が進んで、団地住民の移動が大変だということで始めたサービスです。

ほかには配食サービスや有償ボランティアもあります。有償ボランティアは、「一人暮らしで電球替えるのも植木の手入れもできない。手伝ってほしい」という人たちのために有償ボランティアのチームをつくっています。いま、15地区のうちの10地区にこのチームができています。どんな頼みごとでもいいんですが、1時間一人500円でやってくれます。なかにはおもしろい頼みごとがあります。お墓参りに一緒に行ってくださいと。こういうことがどんどん地域間の競争でできているのです。

「コミュニティスクール」というものも始めました。これは学校に地域の人が入っていくことですが、初めは学校から〝迷惑〟と言われたんです。ところが、いろいろな信頼関係ができてきたら、今度は学校のほうから「こういう授業をやるのでちょっと補助に入ってくれませんか」といくつか要請が来るようになりました。

例えば、小テストをすると、そのあと先生が放課後や家に持って帰って採点して返さなければなりません。それをその場でやってしまうわけです。その地域の方々が採点をやってしまうので、先生はテストの結果を受けて指導ができるわけです。これを導入した小学校は、成績がちょっと上がってきています。

ほかには、先生方がミシンの使い方を知らないというので、要請を受けてすぐに出かけていって指導をしたりします。こうした活動に対して文部大臣表彰をもらったんですよ。実際に学校に行って、おらが村の子どもはおらたちも関わって育てていこうというような感じでやってくれています。

ここに至るまで、信頼関係をつくるのに10年、15年といろいろやってきました。一つは挨拶運動です。「●●くん、いってらっしゃい」とか「おかえり」という挨拶運動をやってきて、そんななかで信頼関係ができてきたので、住民が学校に入れるようになってきたのです。

地域の活動拠点としての「まちの保健室」

地域と行政を結ぶ効果が最もあったと私が思うのは、「まちの保健室」です。

介護保険がスタートして次の段階に進もうとしていたときに、厚生労働省の老健局の総務課長をしていた私の友人から、「亀井市長、介護保険を進化発展させていくのにアイデアがないか」と問い合わせがあったんです。「いいアイデアがある」とすぐに返事をして、実現可能かどうか、当市の担当部長に聞いてみました。すると「おもしろい、ぜひやってください」ということで始められた事業です。

「補助金はだめ。うちは対応する予算が確保できない」と厚労省に言ったところ、「わかりました。交付金でやってください」ということで、2005年、2地域から「まちの保健室」事業が始まりました。

その後、2007年には5地域に、2008年には7地域に増えていって、2010年からは15の市民センターの中に「まちの保健室」を設置しました。そこに看護師、社会福祉士、介護士など2～3人に常駐してもらいました。

おかげさまでこの事業はうまくいきました。ここが「身近な総合相談機関」となって地域の方との信頼関係ができましたし、地域の方と行政とのつなぎ役もできるようになりました。おかげでいろいろなことがここを基点にできるようになりました。

このときには国にはまだお金あったんです。1億円を3年間渡してくれましたから。これで15地域に「まちの保健室」をそろえられたんです。その後、会計検査院の調査がありましたが、「いい取り組みをしていますね。これはすごい。将来生きてきますよ」と言われました。

あんなこと言われたのは初めてです。まさにいま、これが生きてきているんです。今後はさらにいろいろなところをつないで、15の地域の社会的処方センターの機能を持たせるようにしたいなと思います。

「まちの保健室」に名張版ネウボラを設置

ネウボラとは子育て相談のことで、そもそもフィンランドで始まった出産・子育て支援制度です。妊娠期から出産、子どもの就学前までの間、母子とその家族を支援する目的で、地方自治体が設置した、いわゆる子育ての相談所です。私は「まちの保健室」にネウボラの機能を持たせました。ここなら続けられるし、子育て広場など、どんどん進化させていけると考えたわけです。

なぜこんなことを思いついたか。名張市では、母子手帳をもらいに来た妊婦さんに保健師がアンケート調査をしているのですが、1人目の子どもさんを授かったときはものすごくうれしいという人は86・5%で、ちょっと不安だわという人は13・5%しかいなかったのです。ところが2人目、3人目と子どもが増えていくと、不安のほうが大きくなっていく。それはなぜかといったら、ご主人の協力がなかったとか、地域が冷たかったとか、そういった理由からでした。

学生の皆さんも、これからお父さんになられる方もいらっしゃる。妊娠出産というのは女性にとって大変な事業ですから、それは協力していかなければなりません。その協力が２人目、３人目につながっていくわけです。

さて、このアンケートを受けて、きちんとサポートしていく体制をつくろうと始まったのが名張版ネウボラでした。２０１４（平成26）年８月に当時の森少子化担当大臣が名張に来られました。視察後、その場で記者会見をやって「この名張の取り組みを来年度から全国展開します」と発表して、平成27年度からこの名張の取り組み「名張版ネウボラ」をモデルにして、全国で子育て支援の体制づくりが始まりました。

地域包括ケアネットワークとは

「地域の包括ケアシステム」とは、いろいろな主体が提携しながら地域の包括ケアというものを進めていくということです。介護保険法のなかではこういう地域包括ケアという言葉は出てきませんが、「医療介護総合確保推進法」[6]のなかに初めて出てきました。

私はこの法律ができた当初から、「これは地域包括ケアシステムとは、ちょっと違う。地域包括ケアネットワークではないか」と言っておりました。ところが、国は一度法律化してしまったら名称は変えられません。

そこで我々としては「ネットワーク」だと思って、２０１１年からこの「地域包括ケアシステム」の事業をスタートしました。これは、そもそも医師会が在宅医療支援センターを市役所でやっていたのでできた事業です。市役所のなかにある地域包括支援センター、あるいは「まちの保健室」が連携して、いろいろなものをつないでいくことでかなえられていきました。

それに伴い、地域のなかで総合事業を行っていくようなチームもできたのです。これがいま9地区にできています。具体的には、有償ボランティアのお助けセンター、ライフサポートクラブ、助っ人の会、などの組織をつくって、庭掃除をしたり料理をつくりに行ったりということをやらせていただいています。

最後にこうした取り組みの成果についてお話しします。

「病院よりも薬よりも大事なことがある、人と人との結びつきがある」（イチロー・カワチ）

こうした共生社会を目指し、名張で「ブルーゾーン」をきっちりとつくっていったら、その成果として「健康寿命」が延びてきました。

健康寿命というのは、人の手を煩わさずとも自分のことはだいたい自分でできるというその期間を言いますが、全国平均は男性が72歳、女性が75歳。名張市は男性78歳、女性81歳。健康な方が多いです。心疾患や脳血管疾患、肝疾患でお亡くなりになる方も全国平均より少ないですが、実はがんだけは高齢化と共に伸びてきています。このがんをなんとかしたいなと思っています。

いま名張市の高齢化率は32％です。全国では28％ですから高齢化率は高いですが、にもかかわらず、医療費、介護給付金は抑制されています。

私が考えた指標なので全国的に通用するかどうかわかりませんが、医療費の総額と介護給付金の総額を足して、それを市民一人ひとり、国民一人ひとりに割り戻しました。そうしたら国は一人あたり142万5994円、名張市は132万5586円となりました。こうした成果ができています。

そして2013年から世帯数が増えて、さらに15歳未満の方の転入が転出を上回ってきました。いま小学校は市内に14校あるのですが、そのうちの5つの小学校で児童数が増に転じてきました。

もう一つ、要介護の認定率が国よりも県よりも相当低い。介護保険の在宅サービス受給率ものすごく低い。高齢者は多いのですから、それだけ健康な方が多いということです。

6…正式名称は「地域における医療及び介護の総合的な確保を推進するための関係法律の整備等に関する法律」。持続可能な社会保障制度の確立を図るために、効率的かつ質の高い医療提供体制を構築するとともに、地域包括ケアシステムを構築することを通じ、地域における医療及び介護の総合的な確保を推進するもの。

名張市地域福祉教育総合支援システムの構築

市民からはいろいろな相談がありますが、近頃は福祉だけ教育だけで解決できることは、ほとんどなくなっています。

2018年3月に目黒区で船戸結愛ちゃんが虐待で亡くなりました。地獄を見るような思いです。これ、通報があったけど、それでも防げなかったんです。そこで名張では、市役所の中に5人のエリアディレクターを置いて対応するようにしました。いろいろな相談、通報がありましたらエリアディレクターが受けて、各地域の課題を解決する「エリア会議」に「こういう相談があった」と連絡します。そして警察、児童相談所、小学校の先生などに声をかけて集まってもらって、ワンストップでスピード感を持って対応策を講じています。

いままでは市役所にそういう通報あるいは相談があると、市役所の職員が、「警察に行かなあかんわ。児童相談所にも行ってくるわ。学校にも行かなあかん……」とやっていたんです。けれどそんなことしている時間はありません。これは国の機関も、県も、あるいは警察も協力し合いましょうというシステムです。ワンストップでやっていて、おかげさまですごく機能しています。たぶん今後は国がやりだすと思います。

2017年3月、名張市では「まちじゅう元気!!推進都市宣言」をしました。人生100年時代ですから、その一生涯を、健康で活力に満ちた生きがいのある生活を送りたいというのが誰しもの願いです。その願いをかなえるために、それぞれの部門で取り組みをして健康づくりを一生懸命やっていきます。介護予防、疾病予防を含めてやっていきます。

さらに2017年12月には、妊婦応援都市宣言もしました。「子育てに優しいまち。産み育てるのに優しいまち」を目指して、「こそだてサポーター」を養成しています。いま、200人ぐらいの方々に受講していただいているのですが、2時間ぐらいの研修を受けた方には、「こそだてサポーターです」としてホワイトリングを渡しています。多くの方に、サポーターになっていただきたいと思っています。

また、かねてから約1時間の養成講座を受けた人に「認知症サポーター」としてオレンジリングをお渡ししています。高齢者にやさしいまちをつくっていくということで、名張でも1万人ぐらいの方々に持っていただいています。これを発行している地域ケア政策ネットワークというのがあるのですが、ホワイトリングはこれに対抗して全国展開していこうかどうか、いま迷っているところなんです。そうしたら「次は障がいもつくらなければ」と言われまして、またまた思案中です。

福祉自治体ユニットであったり、地域ケア政策ネットワークであったり、人口減少に立ち向かう自治体連合もひっくるめた共生社会をテーマとする団体をつくる準備もしています。

学生からの質問

Q1

住民の地域参加があまり進んでいない現状の背景として、互いの信頼関係を築けないといったことが特に都心部では大きいと考えているのですが、地域の住民同士の信頼関係や学校と住民の信頼関係を築き上げるのに必要なことはなんですか。声かけ以外にも具体例があればお聞きしたいです。

【亀井】 信頼関係を築く。これは都心部だったら難しいだろうなと思っています。例えば田舎でしたら、同一の目的でいろいろなことをやっていくなかで徐々に信頼関係が醸成されていきます。ところが都市部の人は呼びかけても出てきてくれないと思うのです。

信頼関係は支え合いのなかでつくっていかなければいけないので、名張では同一目的の行事をやっていくことによって、顔の見える関係をまずつくっていきました。ワールドカフェなど行い、いろいろな目的に対して、ドクターや民生委員など、関係ないような方々にも集まってもらって語り合いました。そのなかで、顔の見える関係ができていきました。「あのドクター、いつも難しい顔をしていたけど、話してみたら、なかなか気さくだな」と。こういうことができて、信頼関係が生まれてきているかなと思っています。

Q2

地域包括ケアネットワークに関しておうかがいします。コミュニティーに参加できるアクティブな人は、より健康になって健康寿命が延びることはいいと思ったんですけれども、逆にコミュニティーに参加できないような弱者も一定層いるかと思います。そうした弱者の救済については、システムとして存在していますか。それとも、ある程度自治体として専門的な支援も含めて対応しているのでしょうか。

【亀井】 地域包括ケアを推進していくに当たり、「まちの保健室」は非常に大きな役割を果たしています。「まちの保健室」は民生委員のたまり場みたいになっているので、「あそこのおばあちゃんはいまこういう状況だから気をつけてね」といった情報が寄せられます。すると今度は「まちの保健室」の職員が情報を寄せられた方の隣近所と連携しながら、サポートをしていきます。信頼関係ができてきたので、こうした連携ができるようになりました。「まちの保健室」

を地域のなかにつくったおかげだと思っています。

Q3

若い人たちを健康づくり隊に入れていったというお話をされていましたが、どうやって若い人を巻き込んでいったのですか。

【亀井】 若い人といっても、それはもう40代、50代です。そのあたりが若い人なんですが、健康づくり隊のリーダーになっていただいています。この事業の開始から10~15年経って、立ち上げ当初からがんばってきた方たちが70歳、80歳になりましたので、そういった若い方たちに優先して入っていただいています。

名張市で残念なのは、15歳未満の人口が増えてきているのですが、それ以降、大学進学、就職となると都市部に出ていかれるのです。これは、学生のニーズに合う大学がないからです。これは致し方ないことです。とはいえ大学を卒業したら、「何とか地域でがんばってみるか」と言っていただける人がどんどん出てきてほしいなと思っています。

ただ、大阪に出ていったけれど、結婚して子どもができたら、「やっぱりおばあちゃんにちょっと面倒を見てもらわなあかん」と言って、帰ってきてくれる方たちがたくさんいる、つつじが丘という団地があるんです。若い方たちに名張を選んでいただいているというのはありがたいなと思っています。

【駒村】 三重県の名張市は大阪から車で1時間程度の典型的なベッドタウンとして発展しました。しかし、ここでも人口構造の変化の影響をまぬがれることはできません。

亀井市長は、高齢化・人口減少社会においても、地方都市の持続性を高めるために、いち早く地域共生社会確立のための改革を行い、国のモデルケースとなっています。小学校区単位で地域自治組織を導入し、補助金や区長を廃止し、まちの保健室を設置し、住民自治組織が地域を運営する仕組みを導入し、ソーシャルキャピタルの醸成を進め、健康長寿の町づくりを推進している。自治体内の地域運営組織を使った「地域分権化」を進めた改革として全国から注目を集めています。

おわりに

――コウテイペンギンの子育ての寓話

本書は、地域社会、日本社会が劣化しつつあるなかで、踏みとどまり、社会の崩壊を支えようとする「しんがり」たちの実践を紹介することが主題でした。しかし、しんがりの頑張りだけに頼るわけにはいかない、しんがりはあくまでも、下支えであり、社会そのものが再生しないといけないわけです。その鍵は社会における「信頼」の回復です。

信頼というのは言葉を交わせて、共感できる人間だけの専売特許ではないようです。南極に住むコウテイペンギンは雄が中心になって子育てします。雌は産後の肥立ちを回復するために、南の海にイカを獲りに行ってしまうので、雄が卵を温め、卵が雛になると自分の内臓を溶かして、ペンギンミルクをつくって養分を雛に分け与えて育てます。ただ、南極の厳しい寒さのなかで立ったまま、しかも絶食状態で子育てをするため、体重は40％減少するとされています。そのため、コウテイペンギンは最も過酷な子育てをする鳥として知られています。

彼らは厳しい環境を乗り越えるために、さまざまな工夫をしています。一羽一羽が別々に分かれて子育てをすると寒さで、親子もろとも死に絶えます。そこでコウテイペンギンは、何百羽も集まって円陣（ハドル）をつくってお互いに温め合っているのです。

ただ、これだと一番外側に立っている厳しい環境にある親子は弱って死んでしまいます。するとと今度は次の親子が外側の寒さにさらされるので、そこも倒れるでしょう。結局、全滅してしまいます。では、彼らはどうしているのか。実は円陣を組みながらも、円陣のなかを徐々に移動しているのです。あるときは外側に立って仲間を守る親子も、時間が来ればだんだん内側に入れてもらえます。すると今度は内側にいて、体力の回復した親子が外側に出て、仲間を寒さから守るという行動をしているのです。一方的に守るわけでも、守られるだけでもない、まさに交代で「しんがり」の役を果たす互助の仕組みを確立しているわけです。

なぜ、どのようなルールで交代しているのかはまだ不明の部分が多いようです。人間でしたら、一回暖かい内側に入ると、いろいろ権利を主張して、もう動かない人もいるかもしれませんが、コウテイペンギンの社会は「お互い様」で、「しんがりの役割を交換」しています。

ペナルティも契約もないのになぜ助け合いが可能になるのか。そのルールが世代を超えて引き継がれるのか、詳しいことはわかりませんが、ペンギン社会には「信頼の見えざる手」があるようで、「お互い様」の信頼関係により種の持続可能性を高めているようです。

この話を以前ラジオで紹介したときに、宮崎県の高校生から、世代を引き継いで助け合いのルールが守られるのは、雛たちが親の振る舞いから、学習しているのではないかという興味深い説を手紙でいただきました。確かにそうかもしれないですね。

コウテイペンギンの子育ての例でもわかるように、社会のなかのお互い様、助け合い、信頼関係が欠如すると、社会は崩壊し、皆が不幸になると思います。衰退や格差が拡大すると自分と自分の家族だけを大事に思う人が増えると思います。格差と不信は相関関係があるのです。まさに世界的にそのような状態になっているのが現代社会ではないでしょうか。しかし、自分の子どもや孫だけが幸せになる社会はありません。

円陣の真ん中に入れて助けてもらうときもあれば、しんがりとして外に立って仲間を守ることもある社会をつくるべきです。ここで紹介したしんがりはそうした互助の社会システムをつくる役割を果たしているのです。

2020年1月

慶應義塾大学経済学部教授

駒村康平

編著者プロフィール

駒村康平（こまむら・こうへい）

慶應義塾大学経済学部教授、ファイナンシャル・ジェロントロジー研究センター長
1964年生まれ。慶應義塾大学大学院経済学研究科博士課程単位取得退学。博士（経済学）。国立社会保障・人口問題研究所、駿河台大学経済学部助教授、東洋大学経済学部教授などを経て、2007年から慶應義塾大学経済学部教授。厚生労働省顧問、社会保障審議会委員（年金部会、年金数理部会、生活保護基準部会部会長、障害者部会部会長、生活困窮者自立支援及び生活保護部会部会長代理、人口部会）、金融庁金融審議会市場WG委員、社会保障制度改革国民会議委員など。
著書に『日本の年金』（岩波書店）、『社会政策』（有斐閣）、『中間層消滅』（角川新書）、編著書に『検証・新しいセーフティネット』（新泉社）など多数。

社会のしんがり

2020年3月26日　第1版第1刷発行

編著者　駒村康平

発　行　株式会社 新泉社
東京都文京区本郷 2-5-12
TEL 03-3815-1662　FAX 03-3815-1422

印刷・製本　萩原印刷株式会社

ISBN 978-4-7877-2003-0　C0036